本书得到北京市科技专项

"北京工业设计促进专项优秀青年设计人才"

项目支持

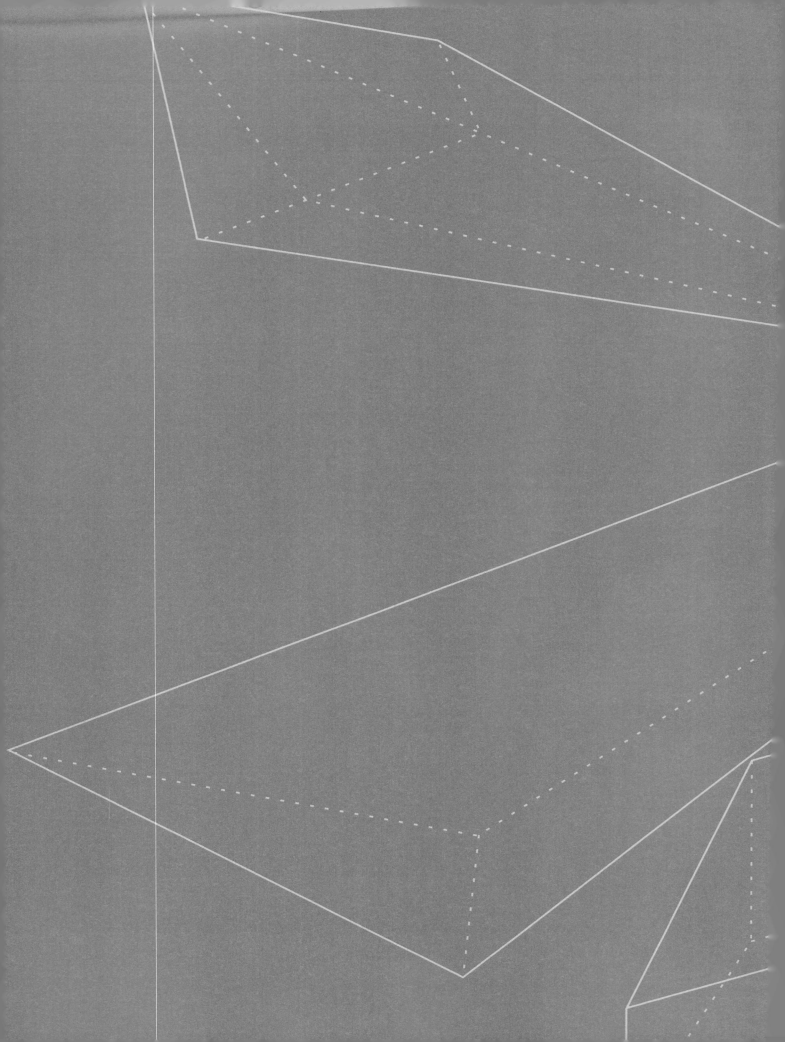

文物
展具与装具

刘彦琪　著

中原出版传媒集团
中原传媒股份公司

大象出版社
·郑州·

图书在版编目（CIP）数据

文物展具与装具／刘彦琪著. — 郑州：大象出版社，2023. 2
ISBN 978-7-5711-1666-8

Ⅰ. ①文…　Ⅱ. ①刘…　Ⅲ. ①文物-展览会-陈列设计-研究
Ⅳ. ①G245

中国版本图书馆 CIP 数据核字（2022）第 230155 号

文物展具与装具

WENWU ZHANJU YU ZHUANGJU

刘彦琪　著

出 版 人　汪林中
责任编辑　吴韶明
责任校对　张绍纳　万冬辉
装帧设计　王莉娟

出版发行　大象出版社（郑州市郑东新区祥盛街 27 号　邮政编码 450016）
　　　　　　发行科　0371-63863551　总编室　0371-65597936
网　　址　www.daxiang.cn
印　　刷　郑州新海岸电脑彩色制印有限公司
经　　销　各地新华书店经销
开　　本　890 mm×1240 mm　1/16
印　　张　29
字　　数　674 千字
版　　次　2023 年 2 月第 1 版　2023 年 2 月第 1 次印刷
定　　价　398.00 元
若发现印、装质量问题，影响阅读，请与承印厂联系调换。
印厂地址　郑州市鼎尚街 15 号
邮政编码　450002　　　　　电话　0371-67358093

前　言

　　笔者从 2006 年开始师从白荣金先生学习青铜器修复，攻读硕士学位期间，由导师苏荣誉指导，在修复实践案例的基础上探讨了中国青铜器的修复理念。毕业后就职于北京大学考古文博学院，在文物保护教研室继续从事文物修复工作，同时也参与博物馆的展览实践。前者主要在于对病害文物进行分析、研究及应急性的保护处理，后者更多涉及的是文物保存、管理、展陈等。在多数博物馆的部门工作职责划分中，文物修复保护工作与展览实践业务的交叉往往不多，而本单位文物保护与博物馆工作的交叉合作则是历来的传统。在起初参与博物馆工作时，主要是参与展览布置、文物摆放和一些形式设计的内容。当时笔者所属的文物保护教研室主任胡东波教授曾建议我多关注展览中文物的安全固定问题，如支架、捆绑固定等，可在展览中多多观察搜集，如可成书，可填补此领域的空白。于是笔者在随后参与展览业务时，做了一些尝试，但始终难成系统。2015 年前后，我国博物馆的临时展览数量普遍大幅增多，展览中的文物预防性保护问题得到越来越多的重视，笔者工作也转移到北京大学赛克勒考古与艺术博物馆。随着对博物馆工作的深度参与，笔者越来越深刻地认识到博物馆实践业务与文物预防性保护交叉融合的重要性和紧迫性，在博物馆常务副馆长曹宏及诸位同事的鼓励、支持下，近年对相关领域进行了一些思考，并结合文物展览的需求，设计、制作了为数不少的展具，目的是在确保文物安全的前提下提升展陈效果，并在展览中验证了它们的效果和安全性。在此期间，笔者应邀参与了博物馆展陈业务培训的多次授课，在与博物馆领域的同行们交流时，了解到同行们对展具设计制作与文物预防性保护交叉领域的知识需求。因笔者供职于高校博物馆，不仅要重视实践业务的完成，还要注重理论学习和资料的记录与积累，以便教学，在此基础上形成了本书上编的主要内容。

　　笔者过去也承担了为数不少的文物修复工作，一些保存状态极差的文物，为了得到更好的研究和保护，需运送到北京进行处理。许多文物已经通体矿化、严重糟朽甚至表面呈酥粉状，经过修复保护处理，虽然有一定程度的强度提升，但仍然面临运输过程中严峻的安全问题。如果没有合理的包装设计，文物经过千里陆运的颠簸，势必再次损坏。起初我们曾试图聘请相关的包装公司设计制作文物装具，但相关人员观察了解过文物的保存状态后，皆表示无法确保长途运输中糟朽文物的安全，运输时发生再次破损的可能性极大。此事使笔者意识到，文物装具设计与制作同样是文物预防性保护的重要内容，应当做些尝试。由于装具设计制作的对象皆为笔者亲自修复保护过的青铜器或漆器，对其保存状态、病害程度及装具设计需求有深刻的认识，这是"合理包装"设计与制作的基础。如果文物保护工作人员掌握一定的包装设计与制作方面的知识与技能，显然更利于和便于为文物提供符合预防性保护要求和博物馆使用需求的装具。于是笔者从博物馆专用产品供货商处购得无酸瓦楞纸及无酸泡棉等材料，开始自行设计和制作文物装具。在这个过程中，想到以往工作实践中对脆弱文物碎片的安全固定等需求，也进行了一些装具与展具功能集成化的尝试。完成包装的脆弱文物，许多已经经历了长途陆运的考验，证明了相关装具的安全性与合理性。在这些过程中积累的经验、新的结构设计和新的设计思路，形成了本书下编的主要内容，希望可以为那些面临同样难题的同行提供参考。

近年来，气候变化、环境保护和资源节约等问题越加受到重视，我国由此提出碳达峰、碳中和等目标。2021 年 7 月，教育部印发了《高等学校碳中和科技创新行动计划》。中共中央、国务院也印发了《关于完整准确全面贯彻新发展理念做好碳达峰碳中和工作的意见》，提出构建绿色低碳循环发展经济体系、提升能源利用效率等目标。在这样的背景下，博物馆作为为社会及其发展服务的，向公众开放的，集教育、研究及传播等功能于一体的机构，也应在相关业务实践中有所思考，反思鼓励无节制消费的设计思维，在设计决策过程中考虑到环境效益和节约。因此，本书也对展具及装具设计制作中的节能环保、减少浪费、节省经费、可持续使用和减少排放等绿色设计的问题，提出一些尝试性的解决案例。相信在不远的未来，会有更多同行在相关领域开展研究与探索。

刘彦琪

2022 年 5 月于北京大学

目 录

下 编

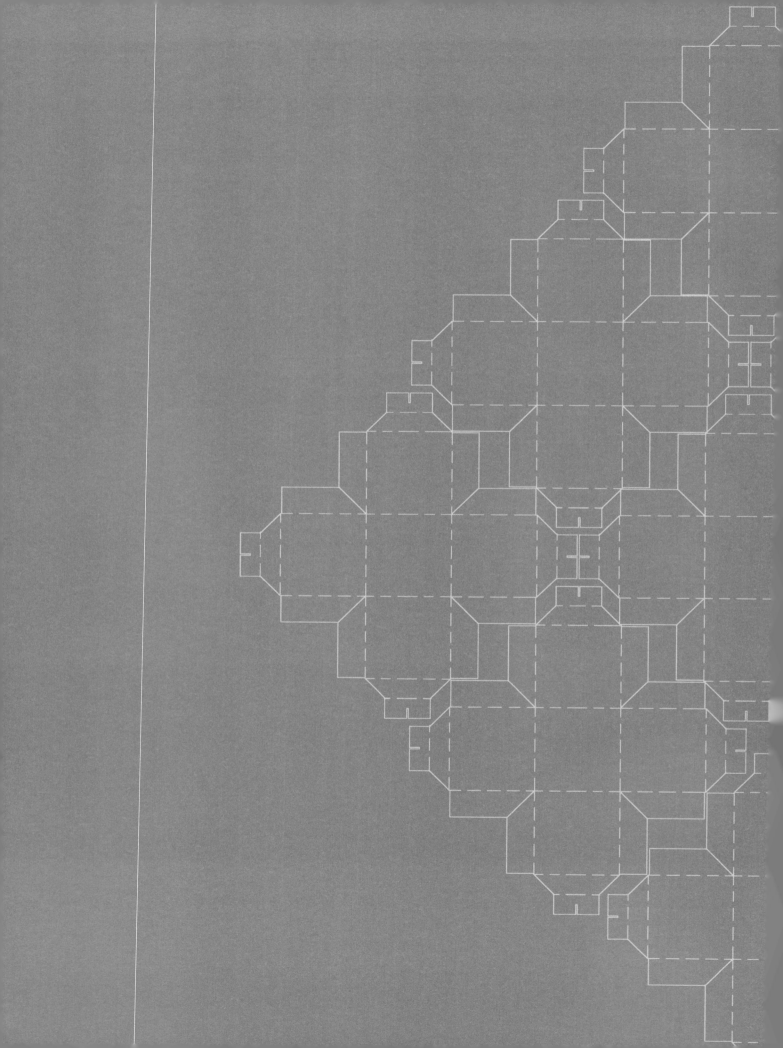

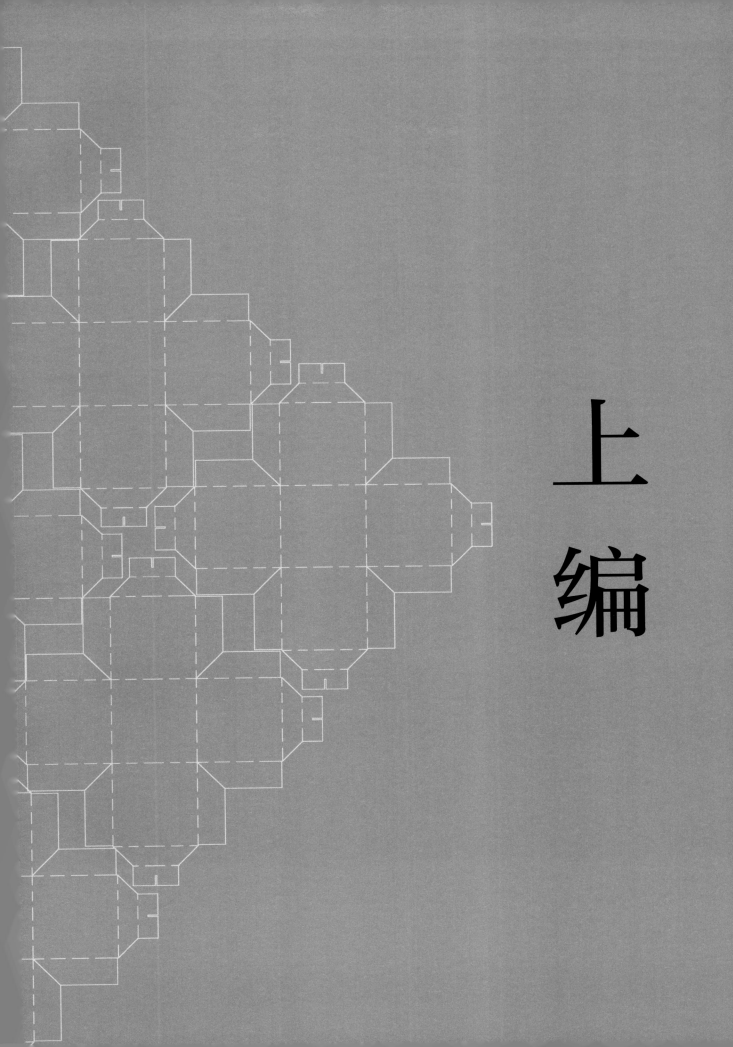

上 编

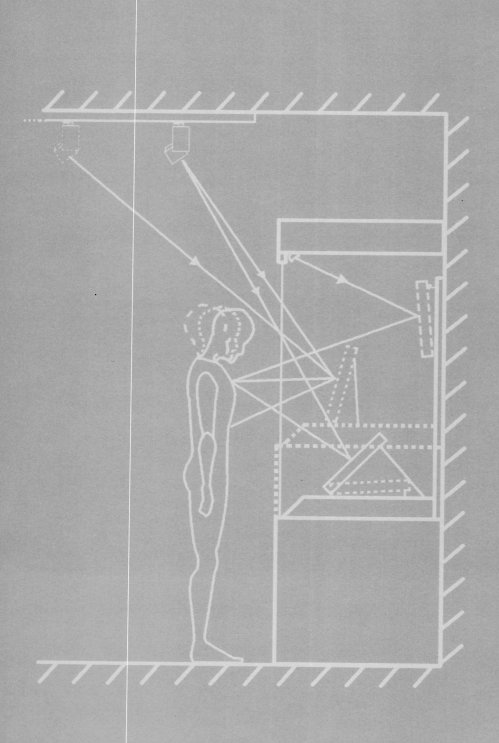

第一章
文物展具设计、制作与使用的基本问题

在当前的博物馆业务实践中，展具的设计、制作，普遍被划分在"展览形式设计"之下。而博物馆的藏品保护，关注藏品的应急性保护修复及预防性保护，预防性保护又重在关注文物保存环境的温湿度、有害气体、有害生物、照明等等的控制。展具作为直接接触文物的物品，其结构、材料、工艺的安全性，显然与文物的安全相关，然而展具的设计、制作实践却缺少和藏品保护尤其是文物预防性保护领域的交叉。基于这一不足，本章试图在兼顾文物预防性保护和展览形式设计的前提下，提出若干理念与原则。

第一节　文物展具的概念

展具，可以定义为展示陈列活动中使用的器具。展览中常见的展柜、展台、展架、道具、展板、说明牌、隔断、护栏、灯箱、多媒体设备等都在展具的范畴内，已有专著对相关内容进行过宽泛的介绍。而本书所论文物展具，是指直接接触文物的，用于文物固定支撑和摆放的卡扣、支架、展托、展块等；另外，用于诠释文物内涵的辅助模型和用于复原已逝历史图景的沙盘，也在本书所论的"文物展具"范围内。

第二节　文物展具设计的基本理念

文物展具的功能在于支撑和衬托，通过文物展具的辅助来凸显文物，使文物处于视觉主体地位。展具不可喧宾夺主，因此展具的色彩、质感、结构要弱化，采用极简主义的设计原则。当观众观看文物时，被文物本体所吸引，而未觉察展具的存在，是最佳的设计效果。

商用展具通常对视觉冲击力和审美效果特别重视，用以烘托商品的美感和经济价值。文物展具则不同，其与作为不可再生文化资源的珍贵历史文物直接接触，或与文物共处于同一保存环境中，其作用在于在保证文物安全的前提下，增强展陈效果，便于观众欣赏和理解文物的历史价值、艺术价值和科学研究价值。

文物展柜内的展托、支架、辅助模型等展具，用以辅助文物

图 1.1

图 1.2

图 1.1　石雕残件稳定平放的效果
图 1.2　用展具辅助陈列的石雕残件

的展示和陈列。它们是博物馆陈列设计中柜内设计的重要内容。过去通常认为展具的作用在于突出文物的美感，当下文物保护意识日渐提高，展具设计中关系到文物保护与文物安全长久保存的因素——如展具受力结构是否稳定、与文物直接接触的材料是否妨害其安全长久保存等等，也越来越受到重视。将文物以最稳定的平置方式摆放于展台上，是最有利于文物保护的，但是忽视了展陈效果，使观众不便欣赏和观察，文物的价值、内涵和美感无从呈现，这也是不利于文物发挥其社会功能的。例如图 1.1 所示石雕残件，以最稳定的方式平置于展台，虽然稳定，但其作为文物却美感不再，从观众的视角望去，甚至难以看清它的形体和整体面貌，文物的展陈效果和价值内涵的呈现更是无从谈起。而同样一件文物，通过展具的辅助，以图 1.2 的特定方式摆放陈列，它的历史感、美感和神圣庄严便被烘托出来了。

　　文物的保护与利用总是一对矛盾体，因此要在文物保护要求的限制下，利用在一定设计与制作原则指导下制成的展具，辅助文物进行展示陈列，兼顾文物保护要求与展陈效果。

第三节　文物展具设计、制作与使用的安全性要求

　　展具的设计、制作与使用，除了要考虑形式设计的诸原则，如色彩协调、材质搭配、光影造型、体量感的塑造等等，还必须符合如下要求以确保文物安全：（1）不破坏文物的真实性与完整性；（2）制作材料与成形工艺的安全性；（3）便于从文物上拆解且不在文物表面遗留痕迹；（4）最小干预；（5）材料的耐久性。

　　文物的真实性与完整性，有多种层面的理解。对"真实性"的最常见而基本的理解是文物的材质与物质的真实，诸如"原材料""原工艺""原结构""原形制"等等。"完整性"常被理解为文物曾经有过的完整状态。真实性和完整性也可以从其他层面理解，如文物所承载的历史信息的真实性和完整性。文物作为历史证物，其上所赋存的信息是诠释其历史价值、艺术价值和科学研究价值的物质基础。因此，真实性也意味着不可以在文物上增加信息。完整性也可以理解为文物上的痕迹、结构、附着物等

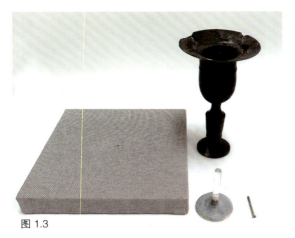

图 1.3

图 1.4

未被随意删减。以石器支架的制作为例，石器表面的微痕对于研究其制作工艺和用途有重要价值，制作支架和使用支架时，不可使文物表面形成新的划痕，干预文物的真实性，妨害器物的研究。再如，一些器物上有细微的结构，关乎器物研究，若制作和使用展具时将其不慎损伤，也就破坏了文物历史信息的完整性，这是不被允许的。图 1.3 为北京大学赛克勒考古与艺术博物馆所藏山东龙山文化蛋壳陶杯，其侈口直径大于底部圈足直径，器物重心较高，展陈时直接置于展台就容易倾倒，需配置支架。从器物宏观结构上看，圈足及柄中空，可用支架穿入其内以便器物稳定又不妨碍展陈效果。支架设计制作前先观察文物，了解文物历史信息的内涵和价值，是妥善保护它们的前提。如图 1.4，陶杯柄部有长镂孔，而高柄内壁有凸起的细微结构，说明镂孔是器物坯体处于湿态且有塑性时，用工具戳刺而成。这是研究器物的重要细节，也是确定该器物制作工艺的重要物证。若设计、制作和使用托架时未关注到这些细微结构，支架的尺寸形状不合理，布展、撤展时将这些细微结构碰损，虽然并未造成器物在宏观上的明显改变和损坏，但体现这件器物制作工艺的重要信息被删减，文物作为历史证物的价值也被折损。

各类材质的文物都有妨害其安全长久保存的禁忌。如氯离子和酸性气体会对青铜器保护构成威胁，酸性材料会加速纸张老化，碱性材料不利于丝织品的保护，等等。因此，展具的制作材料不能妨害文物安全，必要时应对展具制作材料进行封护处理，或者在展具与文物的接触部位增加缓冲材料。不仅仅要求展具制作材

图 1.5

料不可含有有害物，展具成形工艺同样要严格控制，比如使用无酸瓦楞纸制作的古籍展具，虽然无酸瓦楞纸本身符合文物保护的要求，但展具成形过程中如果大量使用酸性黏合剂，那么所得展具依然会释放有害物，使置于其上的古籍的安全长久保存受到威胁。图 1.5 为北京大学赛克勒考古与艺术博物馆藏"三体石经"残片及其展具，为防止石经残片碰损并获得良好的展陈效果，使用花梨木制作展托；为防止木材内可能含有的可溶性盐类及有机酸侵蚀石质文物，用微晶石蜡封护木材表面。而石经展托背衬用环氧树脂制作，为防止其长久接触文物时发生渗透作用，使用文物保护常用的封护材料——丙烯酸树脂 Paraloid B-72 的 5% 浓度丙酮溶液涂刷树脂背衬表面，使之与文物本体隔离。

展具与文物接触部位不得使用黏合剂固定，要便于文物从展具上取下，而且展具所用材料不能在文物表面留下污损或划痕等。依然以北京大学赛克勒考古与艺术博物馆藏"三体石经"的展具为例，石经残片与木质展托之间，依靠黄铜卡扣的卡锁予以固定（图 1.6），而不是使用黏合剂将石经残片粘接在展具上，致使不便拆解，一旦展具出现损坏或病变，势必殃及文物。黄铜卡扣接触石经残片的部位，用热缩胶管进行封护，以防黄铜卡扣在石经表面留下划痕（图 1.7、图 1.8）。

展具的"最小干预"，是指支架设计和制作过程中，减少对文物本体的按压或不当接触，避免对文物造成损害。例如为图 1.9 所示头骨化石制作黄铜支架展具，应使用测量取形工具取得文物造型信息，并将其描绘于纸面，然后将烧热的黄铜在纸样上矫形（图 1.10、图 1.11）。切不可以文物为模，将烧热软化的黄铜按压文物

图 1.6   图 1.7   图 1.8

图 1.9   图 1.10   图 1.11

本体进行取形，给文物安全造成极大隐患。

展具材料的耐久性，则是指制作展具的材料应有较长的老化周期，以便在较长的展陈周期中，确保文物的稳定和安全。例如使用黄铜材料制作铜器、陶瓷器等文物的支架，早已被诸多知名博物馆付诸实践，其安全耐久性已经经过大量实践检验和长时间的历史验证，适合作为支架制作材料。黄铜的耐久性优于塑料，不易脆化断裂而造成文物的意外跌落和损坏。

第四节　文物展具形式设计的基本原则

文物展具的形式设计，首先就是要达到烘托展品的作用，避免喧宾夺主。色彩搭配设计上，文物展具多用亚光处理的灰色系材料，如灰色的亚麻布展块、无酸瓦楞纸展具等。如需使用明快的色彩烘托某种特定的展陈氛围，也要在色彩理论的指导下进行，通常不宜使用五光十色的配色或撞色，应选取某一视觉主色调，尤其是在同一展厅内。支架色彩应与文物和展陈环境协调，可以

图 1.12

图 1.13

图 1.14

通过随色做旧，使其"隐蔽"，弱化其存在感。展块与文物要有一定的色彩和质感反差，避免靠色。如图1.12，使用黄灰色系的质感较粗的亚麻布展示泥土色的陶范，缺少适度的反差，效果较差。如图1.13，使用蓝灰色的无酸瓦楞纸衬托陶范，虽然质感的对比效果尚可，但蓝而冷的色彩倾向的背景与黄而暖的色彩倾向的陶范，色彩冲撞过于强烈，使观众的视觉焦点不自觉地在文物与背景之间跳跃，容易导致视觉和心理疲劳，展陈效果不佳。如图1.14，使用中性的浅灰无酸瓦楞纸，烘托文物的效果优于前二者，文物本体被凸显出来，而背景色在视觉心理感受上退居文物之后，有利于观众将注意力集中在文物本体上。

在材质的质感选择方面也要注意与文物的搭配。以常见的亚克力支架为例，其质感光亮，摆放其上的多数文物的质感往往难以和其相称。如图1.15，使用亚克力展具辅助展陈石雕造像，亚克力展具表面总会在某个观展视角产生强烈眩光，弱化文物的视觉主体地位，也不利于良好的观展体验。使用亚克力展具衬托文物时，可将其做磨砂处理，使其成为亚光质感。

使用展具要考虑到与照明条件的配合。文物展柜多为全封闭式，主要借助柜顶灯具或展块底部提供的照明。这就要求展具设计要考虑到展陈现场的照明条件，以便更好地塑造文物的立体感、体量感。以北京大学赛克勒考古与艺术博物馆为例，墙柜内为顶部照明，灯箱内有前后两排灯带，可分别控制开关。如图1.16，在使用支架支撑文物时，将后排灯具关闭，使得主光线位置在展品的前上方位，这样便可在展台上获得较好的明暗对比，使文物

图 1.15

图 1.16

图 1.17

的造型得以清晰呈现，并获得良好的体量感和立体感，后续章节将通过大量案例呈现具体效果。

展柜内的展陈空间，通常用大小高低不同的展块来衬托文物。为了使同一展柜内尺寸参差的展品获得均衡的视觉感受，展块使用的总体原则通常是大件展品使用较低的展块，小件展品使用较高的展块。但处理方式也要根据实际展陈需求灵活调整，比如图1.17右二的小件三足立耳鼎口沿内有铭文需要展示给观众，虽其体态较小，也不能摆放过高。再如，展陈空间有限，文物在展柜内需要以前后两排分别陈列时，通常会将较小的器物摆在前排较低的展块上，而较大的器物摆放在后排较高的展块上，以前排器物不遮挡后排且所有器物都能够观看清楚为准。

第五节　文物展具结构设计的基本原则

文物展具的设计、制作和使用，在满足以上基本要求的前提下，还应尝试实现以下一些原则，如展具的系统化、模块化、标准化、可扩展性、易拆解性、可持续使用等等，进而使得展具具有良好的展陈环境适应性、便于存储和运输、易于加工维护、重视环境保护与资源节约等。博物馆的文物工作是一项系统性的行为，每个工作环节都要考虑和顾及其他环节的顺利高效进行。展具完成其展陈辅助功能后，还会涉及撤展后的保管和管理及循环使用的问题。例如，展具如不具备易拆解性和模块化的特性，撤展后势必占用大量的存储空间，也不便与文物一同存放和运输，不便管理而日久混乱，再次展陈时往往需要重新制作，造成人力、物力的重复投入和浪费，不但降低了效率，还增加了文物被干预的次数而增加安全隐患。当展具具备易拆解性和模块化特性，可将其拆解得更为扁平，以便存放管理，各个模块之间也具有更加多样的搭配组合方案，从而容易适应多变的展陈环境。图 1.18 为北京大学赛克勒考古与艺术博物馆藏铜镜使用展具展陈的效果，文物如同悬浮在柜内，文物的视觉主体地位得到很好的强化。图 1.19 为展具拆解后状态。各个部件可做模块化的选用和组装。如图 1.20、图 1.21，展具的各个模块通过不同的组合方式，既可以使文物在水平展台上展示，又可以在垂直背板上展示。如图 1.22 ~ 图 1.24，拆解后展具各个部件为扁平化结构，便于与文物一同存入装具，实现展具与装具的集成化、系统化，这也更有利于展具的可持续使用。

图 1.18

图 1.19

图 1.20

图 1.21

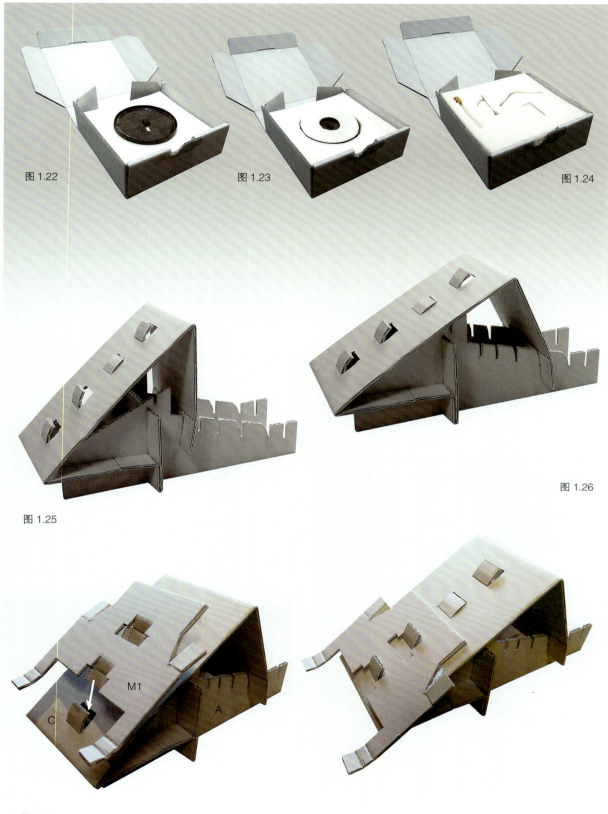

图 1.22

图 1.23

图 1.24

图 1.26

图 1.25

图 1.27

图 1.28

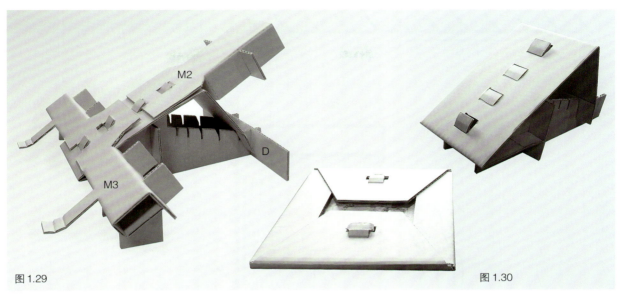

图 1.29   图 1.30

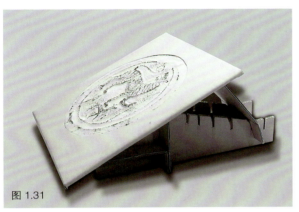

图 1.31

图 1.32

图 1.25、图 1.26 所示展具为可调角度、可扩展的无酸瓦楞纸插接支架。如图 1.27 ～ 图 1.29，其由可调倾角的基础部件和 M1、M2、M3、D 等若干扩展部件组成，基础部件和各个扩展部件上设置有标准化的插接锁扣，使用时可根据实际所需，将各个部件以"排列组合"的方式，进行多样化的搭配。可以用于展示多种尺寸的画作或类似的薄态展品，只要在待展模块上设置有标准化的插接锁扣，就都可以与基础部件搭配使用。图 1.30、图 1.31 为搭载拓片装裱模块的效果，也可以进行多角度的展示。如图 1.32，固定于硬木展托的铜镜，也可以搭配可调角度支架进行展示。

展具设计要考虑到人体工程学的要求，使文物摆放于合适的

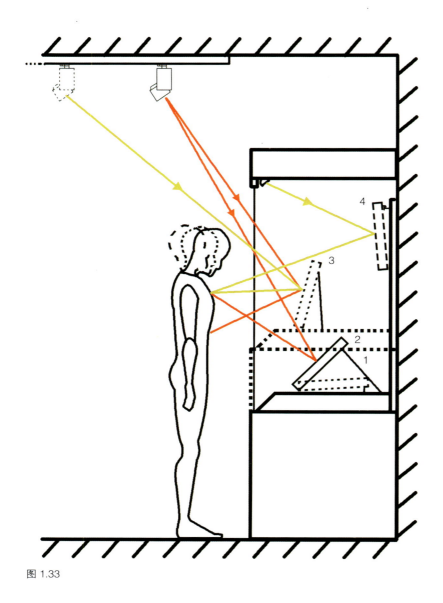

图 1.33

角度和高度，不产生刺眼的眩光，不使大部分观众长时间地弯腰低头或仰头观看，减少观展的体力消耗，改善观展体验。所谓"大部分"观众，是指展览的目标群体。例如，主要观众群体为我国成年人的高校博物馆展览，要按照我国成年人的平均身高作为人体工程学的设计参数。仍然以"三体石经"展具为例，考虑到文物未来处于多变的展陈环境，可能被置于不同高度的展柜中，其展具设计为倾角可调，使文物在大部分展陈环境中都符合人体工程学的要求，使观众的主视线与文物表面垂直，以较为舒适的姿态欣赏文物（图 1.33）。

考虑到近年来我国博物馆的临时展览较多，大量的展具在撤展后难以循环使用并且存储压力大等问题，展具结构设计要多采用折叠式、拆装式结构，只有一些有特殊要求的展具或长久使用的固定陈列展具，才考虑将其设计制作为整体式结构。整体式展具不可无损拆解和重组，也不能变换结构和形态，如当前展览中普遍使用的木质展块，切割板材后用黏合剂或枪钉做一次性连接，想要变换结构时只能重新制作。折叠式展具使用铰链等连接件进行部件连接，或使用纸张、高分子板材等具有韧性的材料进行折叠、插接成形，可反复拆解和重组。

如图 1.34，展块采用模块式设计，为单体组合式结构。可以将多个单体展具组装为造型和尺寸多变的展具。其基础单元为 45 度斜坡展块，截面为等腰直角三角形，可以单独使用，也可以用它插接组合成加高加宽的单面坡或双面坡展块。如图 1.35，挡板的伸出高度和挡板对斜面的空间分割也可调节。如图 1.36，还可将若干模块堆叠插接成顶部带有平台的斜坡展块等。该展具还可组合成远不止于图示类型的更多组合，满足多变的展陈环境需求。

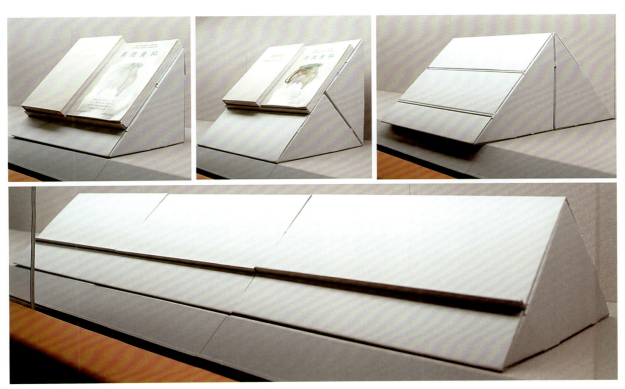

图 1.34

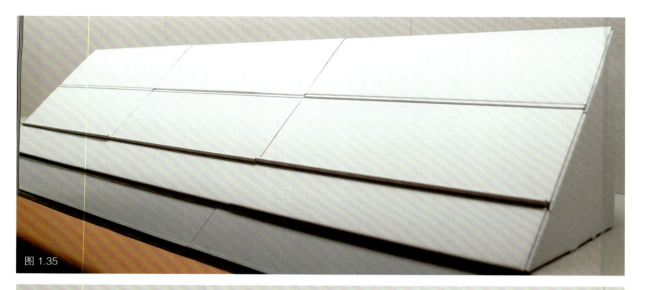

图 1.35

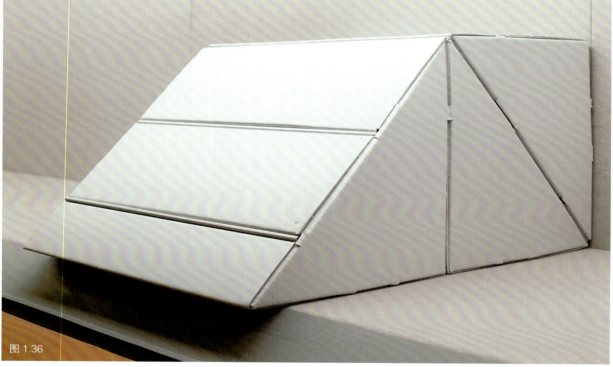

图 1.36

图 1.35　多变的挡板分割方式
图 1.36　多变的堆叠模式

当前国际通行的文物保护及文物预防性保护的诸多理念和原则，已经被文物和博物馆界普遍认可并重视。展具的设计与制作，属于展览陈列设计和文物预防性保护的交叉领域，同样需要重视上述诸多相关理念和原则。博物馆工作是一项系统性的工作，良好的设计可以规范人的行为，使文物受到损坏的概率降到最低。展具设计不应仅考虑文物的展陈效果和展陈中的安全，还应考虑到文物布展、撤展、包装、保管、运输等博物馆文物工作的各个环节。展具设计应使博物馆文物工作的每个环节更高效、更安全、更节能环保地完成，这就要依靠系统化与集成化的设计。

展具设计还要考虑环境效益与节约，强调绿色设计的思想，其核心是3R，即减少物资、能源消耗和有害物质排放（Reduce），使产品及零部件能够方便地分类回收（Recycle）并再生循环和重新利用（Reuse）。在满足展具使用需求和强度要求的前提下，制作材料要轻量化并尽量节省用量，制作材料要相对易得。原材料加工和制作展具过程中，要尽量少地产生粉尘、气味等污染，降低展览制作过程中和撤展后的垃圾排放量。以展块制作材料为例，使用木材，较为耗费资源，加工过程中也容易产生粉尘污染，木材切割造成的大量废料难以利用。而使用无酸瓦楞纸作为制作展块的材料，状况则明显改善。插接成形的展具，撤展后可以拆解为扁平化部件，便于分类保存并可节省空间，再次布展时可以重新插接拼装和再利用，因此展具制作和维护的成本也极大降低。

第二章
整体支架与可拆解支架

黄铜整体支架的设计与制作
可拆解支架的设计与制作

本章介绍以黄铜为主要材料制作文物支架。黄铜是铜、锌二元合金，分为双相黄铜和单相黄铜。H80、H70、H68等牌号的七三黄铜为单相黄铜，塑性好，可以冷加工。H62、H59牌号的六四黄铜为双相黄铜，室温下金属组织中的β'相很脆，冷变形性能差，高温β相塑性好，可以热加工形变。以下黄铜支架皆采用六四黄铜，各个部件热锻成形，然后再钎焊为整体式支架或用螺栓连接为可拆解支架。支架部件采用自由锻造，用砧块、锻锤、钳子等简单的通用工具，直接对加热的坯料施加外力，使其产生塑性滑移，获得所需形状，制成形状较简单的小批量锻件。

钎焊采用熔点低于母材的合金作钎料，高温使其熔化，靠润湿作用和毛细作用填满部件接头间的缝隙。在这个过程中，母材始终保持固态，液态钎料与固态母材间相互扩散形成钎焊接头。电路板焊接、青铜器传统修复所用铅锡焊接，钎料熔点低于450℃，属于软钎焊。使用黄铜钎料、银基钎料等熔点高于450℃的钎料焊接，为硬钎焊，可承受较大的受力，适合铜合金部件的焊接。银基钎料虽成本较高，但强度、耐腐蚀性好，熔点也较低，焊接工艺性好，适合作为质量要求较高的黄铜支架的焊接材料。

第一节　黄铜整体支架的设计与制作

在博物馆展陈工作中，设计和制作文物支架，可以提升展品的展陈效果，并起到一定的防震作用，确保文物在展览中的安全。目前国际知名博物馆如纽约大都会博物馆、华盛顿特区的弗里尔－赛克勒美术馆、英国的大英博物馆等，所用主流的可移动文物随形支架制作材料为黄铜。黄铜以其良好的热塑性、加工硬化后较高的硬度和较简便的制作工艺，成为目前文物随形支架制作的最合适材料。

图2.1～图2.4是弗里尔－赛克勒美术馆的展具制作师对黄铜型材进行加工的过程，图2.5是博物馆供货商为他提供的种类丰富的黄铜型材。图2.6为制成后暂不使用的支架，支架上系有登记对应文物编号及名称的标签，以便日后管理和查找。该种类型的黄铜支架属于整体式展具，各个部件通过焊接成为一体，支架的稳定性高是其优点，适合博物馆长期基本陈列中文物的支撑和固定。但其也有一定的缺点，例如不便在一些特殊形体的文物上拆装，撤展后占用存储空间较大，等等。

以下以北京大学赛克勒考古与艺术博物馆临时展览的一件青铜发饰支架的制作过程为例，详述整体式黄铜焊接支架的设计、制作和使用。

如图2.7，将青铜发饰的剪影造型描画于白纸上。图2.8为所得纸样。取得

图 2.1

图 2.2

图 2.3

图 2.4

图 2.5

图 2.1 　使用台式砂带机打磨

图 2.2 　制作师用手持砂带机打磨修整
黄铜板材

图 2.3 　使用夹具固定黄铜部件

图 2.4 　用乙炔焊接黄铜部件

图 2.5 　各种型号的黄铜型材

图 2.6 　制成后暂不使用的支架（其上
系有标签）

图 2.6

第二章　整体支架与可拆解支架 ◥

一段锻造黄铜（在六四黄铜中加入铅、铁、锡等后得到的特殊黄铜，其热锻性能和可加工性提高）型材，按照图2.9所示方式将其敲打笔直。如图2.10，用切线钳截取所需长度的棒材。如图2.11，将黄铜型材比照纸样设计结构，根据所需调整长度。如图2.12，将确定好长度的黄铜型材用丁烷喷火枪煅烧，使其塑性增强。如图2.13～图2.15，将煅烧后的黄铜型材置于钢砧上锤锻，锤击数次至黄铜变硬后，需要再次煅烧至软化才可再次锤锻。如此反复，直到锻造出所需的造型和厚度。切不可一味大力锤锻，而不及时煅烧，否则必然造成黄铜型材断裂。如图2.16，锻造弯成的型材要比照纸样以便调整造型，检查无误后，将其按照图2.17所示方式，用机械夹具夹持固定黄铜支架的各部件，使其相对位置固定且对接严密。如图2.18，在接缝部位涂抹铜焊药。如图2.19，使用气焊法（硬钎焊工艺的一种），用含有银、铜、锌、锡的合金焊片，即银钎料，在低于黄铜熔点、高于钎料熔点的温度下，利用液态钎料在黄铜表面润湿、铺展和在黄铜间隙中填缝，与黄铜相互溶解与扩散，从而实现黄铜零件间的连接。在这个过程中需要确保黄铜零件受热良好，否则无法焊接牢固。黄铜零件的焊接一般使用乙炔气焊，由于本博物馆安全管理的限制，没有条件配置和使用乙炔气瓶，改用安全性高的一次性户外丁烷气罐配合喷火枪，可满足截面较小的黄铜型材的气焊。使用熔点比黄铜低的锡黄铜焊丝，也可达到较好的焊接效果。需要注意的是，铜焊并非温度越高越好，黄铜中的锌沸点较低，仅为907℃，在焊接高温作用下会大量蒸发，导致焊接接头的力学性能和耐腐蚀性能下降，使用气焊较适合黄铜支架的制作。焊接属于永久性连接，也称不可拆卸连接，其拆卸只有将零部件损坏才能实现。焊接的优点是结构的整体性、完整性好，比螺栓连接的重量轻，焊接结构不受外形尺寸限制等。焊接的缺点在于止裂性差，焊接接头及焊接机构的应力集中较大，如处理不当，焊接接头容易腐蚀等。

　　如图2.20，焊接完成后，焊料铺展良好，检查其是否有虚焊，并将焊接后的部件比照纸样，测试部件间的连接角度是否准确。如图2.21，支架顶部需要增设两处抓手，以防文物遇到展柜震动发生意外跌落。此两处顶部抓手，需在将文物与支架装配到位后再行折弯，以钩住文物上部，因此不宜使用粗而坚硬的型材。这

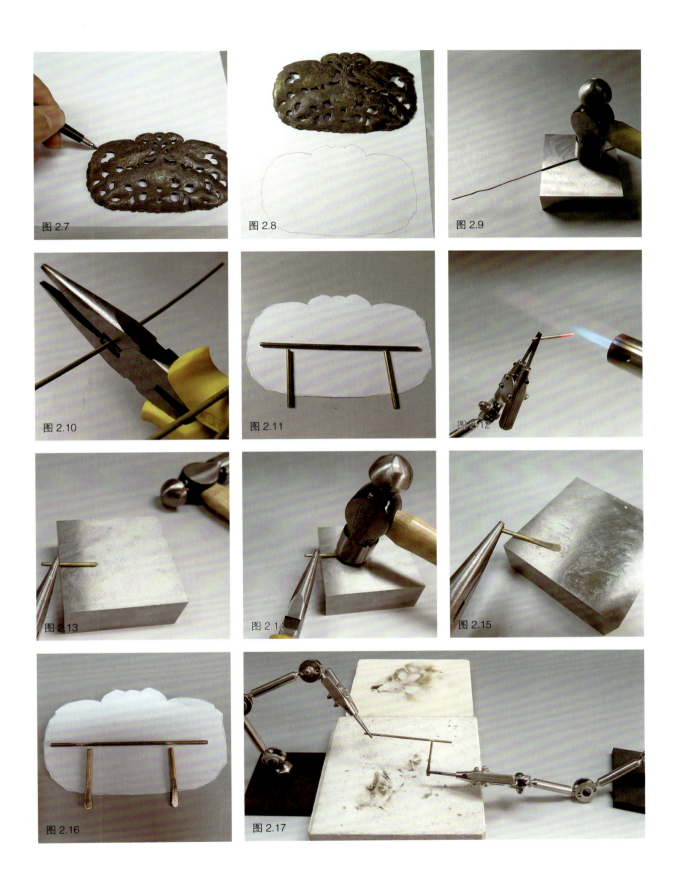

图 2.7

图 2.8

图 2.9

图 2.10

图 2.11

图 2.12

图 2.13

图 2.14

图 2.15

图 2.16

图 2.17

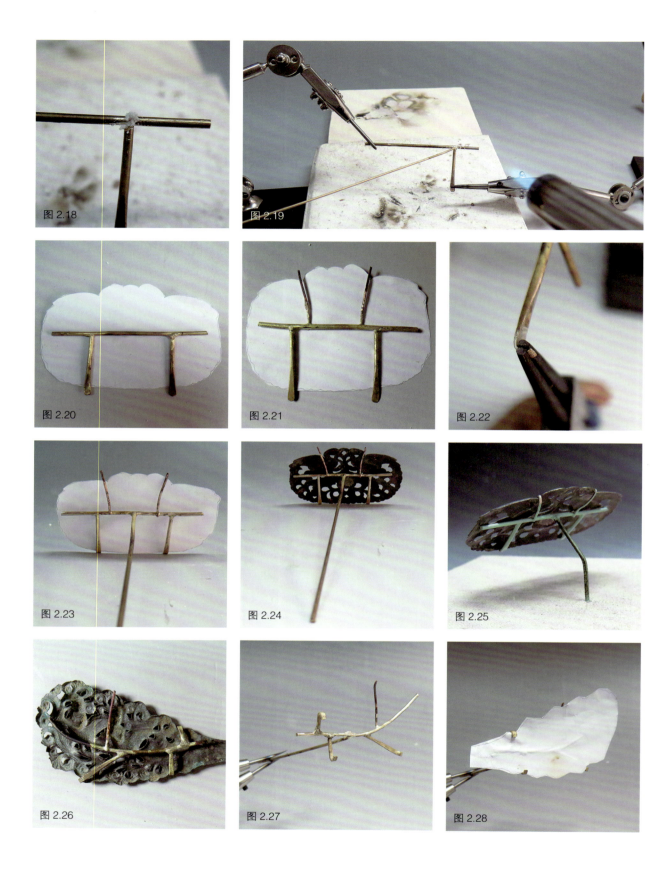

图 2.18

图 2.19

图 2.20

图 2.21

图 2.22

图 2.23

图 2.24

图 2.25

图 2.26

图 2.27

图 2.28

图 2.29

个案例中使用了较细的红铜丝，确保贴合文物折弯时不会损伤文物。如图 2.22，使用精密折弯钳折弯支架下部抓手，折弯前也需要先行高温加热相应部位，使其具备一定的塑性，折弯后出现加工硬化效应，承托力良好。如图 2.23，将制成的支架再焊接一较粗的主支撑柱，将纸样与支架装配好后查看效果，如需要，可再进一步煅烧折弯和调整抓手角度。如图 2.24，将文物装配于支架查看支撑效果和匹配度，确认无误后，按照图 2.25 所示方式折弯上部抓手，卡牢文物。图 2.26 ～ 图 2.28 为另外一件青铜头钗支架的设计制作过程，同样使用纸样帮助设计和成形。图 2.29 为两件头饰在展览现场的展陈效果，配合展厅的光环境，烘托文物的体量感和空间感，效果远胜于将其直接平放于展台。

第二节　可拆解支架的设计与制作

上节所述黄铜支架，是将若干黄铜部件焊接成整体以支撑文物，采用这种做法制成的支架虽然整体性好，但仍有若干缺点。图 2.30 为焊接的黄铜支架，主要由臂部和抓手接触和固定文物，支撑杆插入展台或展柜立壁，将文物支撑固定。如图 2.31，装配支架时，为便于将文物嵌入支架，只将抓手 3、4 预先折弯成形，然后将文物摆放在支架上，再将抓手 1、2 折弯，把文物夹持在支架上。从这个案例可见焊接成整体的黄铜支架有如下缺点：其一，为了便于抓手 1、2 的折弯，需要在将文物摆放到位后再折弯，如手法和力度不当，有损坏文物的风险。其二，制作好的支架为一

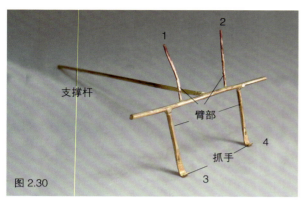

图 2.30

图 2.31

个整体，展览结束，欲将文物从支架上取下，需再次将抓手1、2拉直，再次展陈文物时需再次折弯该部位，反复的折弯与拉直易造成金属疲劳断裂，影响支架的使用寿命及文物安全。其三，焊接成整体的支架无法拆解，占用空间大，不易收纳。比较适合于常设展览，对于经常需要外出临时展览的文物，焊接成形的支架因不易包装携带，往往不能随文物反复使用，不但降低了展览制作的效率，也导致展览资源的重复投入而造成浪费。

为解决上述问题，本节对支架制作技术进行改进，制成的黄铜支架不使用焊接，而是将加工好的若干零件钻孔搭接后再用螺丝螺母紧固，工具和操作简单，更利于学习和技术的推广。以下以一件残石雕佛头的可拆解式支架设计制作为例，讲述其设计理念、制作材料与工艺流程。

图 2.32 为本节所述支架制作所用工具与材料：1. 铁砧，用于黄铜零件的锻造；2. 钣金锤，与铁砧配合锻造黄铜零件；3. 热缩管，用于黄铜支架表面的封护，防止文物磨损，也防止支架与文物之间发生电化学腐蚀；4. 喷火枪，用于给黄铜零件做退火处理，降低其硬度，细化晶粒，消除组织缺陷，减少黄铜零件在折弯、锤击过程中产生裂纹的倾向；5. 锉刀，用以磨锉黄铜零件机械加工后的毛刺；6. 钢钳，黄铜零件退火时用钢钳夹持以防操作者烫伤，折弯黄铜零件时也需要各种尺寸的钳子，钢钳把手越长越省力；7. 各种直径的黄铜圆棍与扁棍，是制作支架的基础材料；8. 各种直径的螺丝、垫片与螺母，用于连接支架的各个部件；9. 超硬钻头，用于在黄铜棍上钻孔；10. 户外野营所用一次性丁烷安全防爆气罐，用于配合喷火枪以便气焊；11. 手电钻，用于配合钻头进行钻

左页
图 2.30　整体式黄铜支架的结构
图 2.31　顶部抓手

右页
图 2.32　可拆解黄铜支架的制作工具与材料

孔；12. 热风枪，用于加热热缩管；13. 钢冲，用于在黄铜棍上冲出定位点以便精准钻孔；14. 砂带机，用于打磨黄铜棍；15. 台钳，用于夹持黄铜棍；16. 尼龙画笔，用于配合丙烯颜料对支架进行着色；17. 丙烯颜料；18. 地图胶，可以将缓冲垫贴附于支架表面。

　　文物支架的作用是使展陈中的文物处于合理的摆放位置，即文物在原始状态或原有使用状态下所处的空间方位。图 2.33 为北京大学赛克勒考古与艺术博物馆临时展览中展示的一件北魏残石雕佛头的四视图。佛头原本位于石窟立壁，在展柜内依然将其竖立是最合理的摆放方式。如果将其横卧

图 2.32

图 2.33

放置，文物的空间感被弱化。由于近大远小的透视作用，其被观看时形成严重的变形，布展后期调整展柜照明时，也无法通过光影将佛头的立体感烘托出来。光影的混乱无法展现佛头应有的神态与气质。

佛头的正确摆放位置确定后，也就限定了我们的支架设计。展览支架的结构设计理念可以用三个词概括：稳定、安全、隐蔽。确保被支架固定的文物在展柜震动甚至一般烈度地震时依然稳定，不会脱离支架而造成损毁；确保文物材质的安全，支架不与文物发生化学反应；在保证文物稳定与安全的前提下，支架结构应力求极简，易于安装拆解，视觉上不喧宾夺主，尽量做到隐蔽，从正面观看文物时，只应看到细小的支架抓手，支撑杆和支架臂应隐藏在文物背面或阴影中，不使支架结构过多暴露而破坏文物的展陈效果。

如图 2.33，先观察待展陈石雕的各个面，确定支架展具的设计制作方案。准备好必备材料与工具，即可按以下流程设计制作。首先选择适当尺寸的黄铜棍作为制作支架的基材，铜棍直径越大，支持文物的安全性、稳定性就越好，但是隐形效果也会越差，影响文物的美观和展陈效果，因此需要根据文物的重量、尺寸选择粗细适合的黄铜棍。如图 2.34，将手持喷火枪连接丁烷安全气罐，集中火焰加热铜棍尖端，直至红炽。通过此操作，铜棍的硬度降低，便于锤锻。如图 2.35，将黄铜棍横置于铁砧上，用钣金锤敲击数次，使黄铜棍一端变扁。如图 2.36，敲击数次后需要对锤锻过的黄铜棍进行再次煅烧，以防其加工硬化后被继续锤击而形成裂纹。如图 2.37，将再次煅烧后的黄铜棍进行再次锤锻，使其尖端进一步压扁。图 2.38 为完成锻造的黄铜零件。如图 2.39，将锻造后的黄

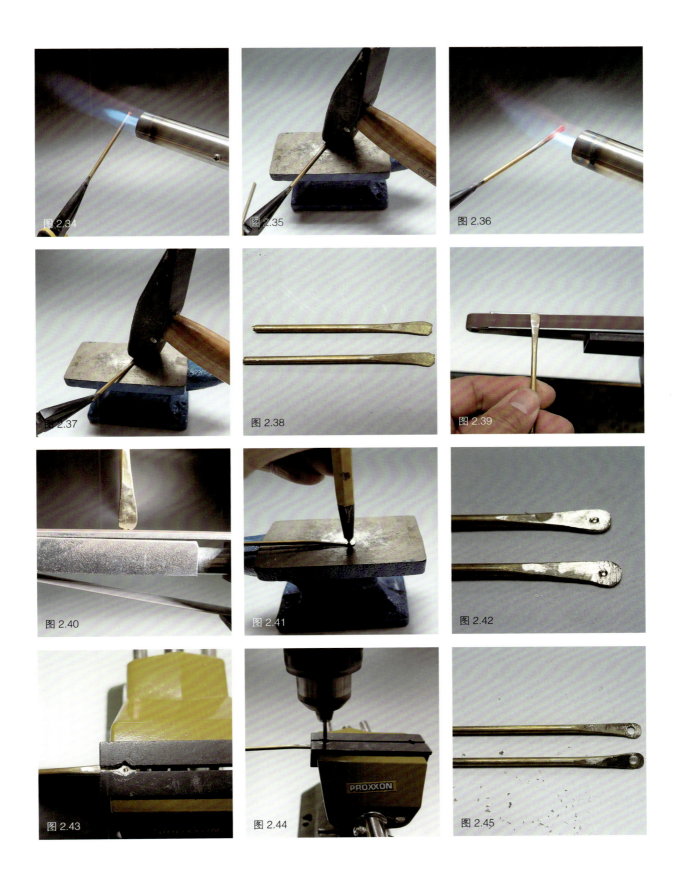

图 2.34

图 2.35

图 2.36

图 2.37

图 2.38

图 2.39

图 2.40

图 2.41

图 2.42

图 2.43

图 2.44

图 2.45

铜零件用砂带机磨去毛刺与锤印。如图 2.40，将锻造后的黄铜零件的尖端用砂带机磨圆，防止其划伤文物。如图 2.41，将黄铜零件置于铁砧上，用钢冲对准经过锻造压扁部位的中心，用钣金锤敲击钢冲，在黄铜零件上留下如图 2.42 所示冲击痕迹，其目的是使钻头对准此处打孔，防止钻头高速旋转时偏移错位。如图 2.43，将需要钻孔的黄铜零件夹持在台钳上。如图 2.44，手电钻安装超硬钻头后，对准黄铜零件的冲击痕迹打孔。图 2.45 为完成打孔的黄铜零件。如图 2.46，用锉刀清除黄铜零件被打孔后形成的毛刺。如图 2.47，在砂带机上抛光黄铜零件，磨去其表面被台钳夹持形成的毛刺。图 2.48 为石雕佛头支架所需的全部黄铜零件。对于截面直径较小的黄铜棍，将其尖端锻造扁平的目的是获得较大的平面以便加工穿孔安装适当截面的螺丝。三个黄铜零件互相搭接，钻孔互相对齐，穿入不锈钢螺丝进行连接。为防止不锈钢螺丝头接触文物造成划伤，或者文物被螺丝可能生成的锈蚀污损，使用如图 2.49 所示方法隔离不锈钢螺丝与文物：将 PET 热缩管裁剪成方片状，用地图胶粘接于不锈钢螺丝头，在文物与螺丝之间形成缓冲层。如图 2.50～图 2.52，将螺丝穿入三个黄铜零件。如图 2.53，将垫片穿过不锈钢螺丝。如图 2.54，用螺母紧固后即可将三个黄铜零件连接在一起。

在使用黄铜零件制作支架之前，还需先制作文物托块，其作用是增大文物与展台的接触面积，使文物更容易保持重心稳定。其使用的材料及最终制成品如图 2.55，使用美国 PSI 公司生产的双组份环氧树脂胶棒，该材料已经被广泛应用于文物修复补全，拆开包装后为固体棒状，为内外两层的夹心状，外层为树脂材料，内层为固化剂，用刀切下适量长度，撕去塑料薄膜，揉捏均匀即可用于造型。如图 2.56，在需要接触文物断面的环氧树脂表面用多层食品保鲜膜隔离，将文物按照重心稳定的角度放置在揉捏均匀的 PSI 树脂胶上并适度按压，树脂胶便将需要支撑的文物断面的形状复印下来。小心除去树脂胶表面的保鲜膜，以防破坏树脂胶复印下来的文物断面的形状。半小时后树脂胶放热固化，不再有黏性，即制作完成。如图 2.57，制作完成的树脂托块能够与需要支撑的文物断面吻合。

在"安全、稳定、隐蔽且易拆解"的设计理念指导下，将支

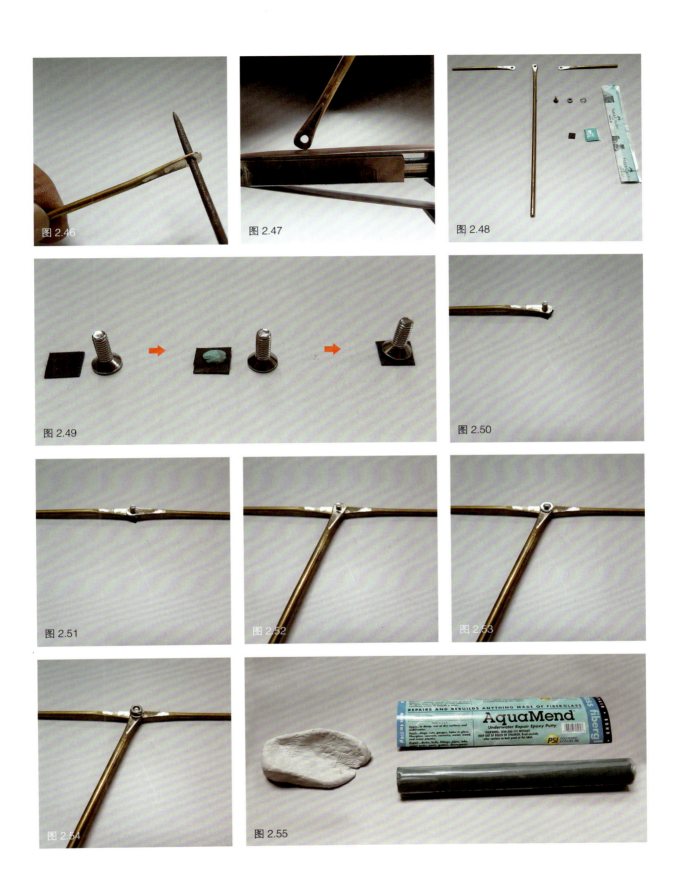

图 2.46

图 2.47

图 2.48

图 2.49

图 2.50

图 2.51

图 2.52

图 2.53

图 2.54

图 2.55

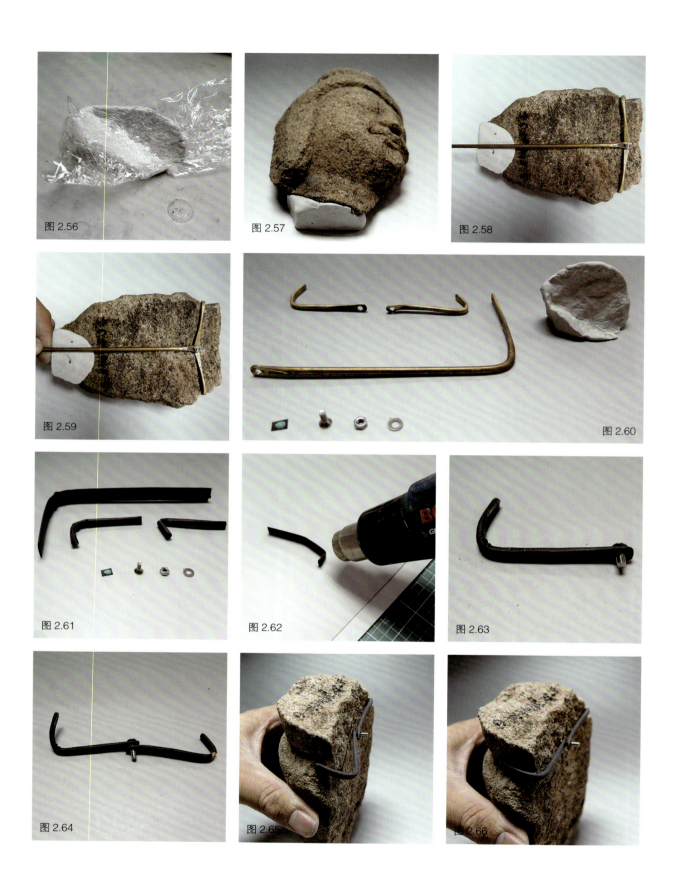

图 2.56

图 2.57

图 2.58

图 2.59

图 2.60

图 2.61

图 2.62

图 2.63

图 2.64

图 2.65

图 2.66

图 2.67

图 2.68

图 2.69

图 2.70

架抓手夹持于佛头上最不显眼且能够稳固夹持的位置，使其位于佛头顶端与发髻衔接的转角部位。如图 2.58 ～图 2.60，按照前文所述黄铜锻造成形的方法，将黄铜零件锻打成与文物造型匹配良好的支架零件。为确保文物嵌入支架时不会受损，支架臂应能灵活调整角度，而文物嵌入支架后，又可以通过调整零件间的连接角度，将文物锁紧卡牢而不至于从支架上脱落。如图 2.61，为防止文物被支架磨损和污染，支架和文物之间使用 PET 热缩管作为缓冲材料。该材料化学性质稳定、电绝缘性优良、耐摩擦、耐有机溶剂、阻燃、耐冲击、无毒无味，可直接用于食品包装。热缩管在 80℃ ～ 120℃时会发生收缩，冷却后定型。如图 2.62，使用热风枪加热套有热缩管的黄铜棍，数秒钟后热缩管收缩，紧箍在黄铜棍表面。由于加工工艺中不使用黏合剂，避免了在支架上粘缓冲胶垫可能给文物保存环境带入有害的酸性物质。如图 2.63 ～图 2.66，被热缩管封护过的支架即可开始安装调试，可拆解的活动抓手与文物之间留有较大余量，文物能够轻易嵌入支架而不被磨损。如图 2.67，将支撑杆与卡爪上的螺丝连接。如图 2.68，将垫片与螺母紧固在螺丝上，这时的支架卡爪依然松弛，文物能够从卡爪之间脱落。如图 2.69～图 2.71，将支撑杆下拉，两卡爪间的角度得以调整，两卡爪间距缩短，文物即被牢牢锁定。由于各个部件之间通过螺丝螺母连接，螺母未紧固时，支架各部件间角度容易调整。当支架与文物间的受力稳定，再将螺母紧固，支架底端打孔后，用螺丝连接于展块上，使支架的结构稳定。如图 2.72，最后使用丙烯颜料对支架卡爪进行着色旧化，使其颜色与质感接近于文物。

图 2.73 为文物使用可拆解黄铜支架支撑后的展览效果，配合展厅照明，该佛头的空间感和材料质感得到加强，神秘的微笑展现出该文物的内涵气质，获得了良好的展陈效果。而支架本身由于合理的结构设计，在展览中处于隐蔽的位置，如果未经专门提示，观众甚至不会注意到支架的存在。

本节所述可拆解式黄铜支架，所有支架部件皆经过加工硬化再装配成整体用于支撑文物，卡爪折弯过程脱离文物，不以文物为模具进行支架部件的折弯，不会损伤文物。使用后的支架可以打开螺丝螺母，拆解成若干零部件，便于收纳，可与文物一同存放在文物包装盒内。另外，拆解和再次使用支架时无须对支架上的抓手部位进行反复的拉直与折弯，较之传统的黄铜焊接支架，可反复拆解和使用。支架在制作和使用过程中皆符合文物预防性保护的相关要求，相比整体式黄铜焊接支架，更符合我国临时展览较多的情况。

图 2.71 确定支撑杆固定位置之二
图 2.72 完成安装
图 2.73 残石雕佛头的展陈效果

图 2.71

图 2.72

图 2.73

第三章
各种材质文物的支架与展托

文物支架与展托是典型的柜内展具，用于在保证文物安全的前提下，提升展陈效果。本章所述各种类型的支架、展托设计与制作，皆来自北京大学赛克勒考古与艺术博物馆的展览实践案例。在以往为数众多的临时展览中，笔者为展品制作了为数不少且种类多样的展具。它们经过了展览实践的长期检验，确保了文物的安全性、稳定性，并兼顾了展陈效果。

第一节　石器的展陈

图 3.1 所示旧石器时代系列石器，左起依次为大尖状器 2 件，石球 1 件，大尖状器 2 件，砍砸器 2 件，大尖状器 2 件，石核 4 件。石器展柜布展之初，由于临时展览准备时间有限，计划将系列石器按照图示方式平置摆放，既使得展品可以稳定陈列，又便于布展的顺利完成。系列石器被摆进展柜后，预展观众对其是否为人工制品表示怀疑。展览策划及制作人员查看展陈效果后，认为这一摆放方式未能将这些打制石器上的重要信息和人工痕迹很好地展示出来，需要通过一定的方式调整它们的展示角度，以便观众更好地观看和理解展品。图 3.2 为最终呈现的展览效果，使用展具支撑固定诸石器后，展陈效果明显改善。

确定展示方案之前，需要先了解展品内涵，与展览策划人员沟通每件器物的展示重点。以图 3.2 左数第四件大尖状器为例，该石器是由砾石制成的形似等腰三角形的打制石器。其后部圆钝，向前渐薄，形成略扁的尖端。如图 3.3，其背面隆突，保留砾石面。其可用于挖掘根茎类植物，或者用来锥扎、刺杀。借助图 3.4 所示支架，使石器圆钝的后部与随形黄铜支架的抓手贴合。展陈时，使其尖端向上，稳定地倾斜摆放，柜内顶部提供的斜侧照明，可使悬空的大尖状器通过光影造型获得良好的体量感，也更便于观众从多角度观察石器各个部位的特征。

砍砸器是一侧器身厚重、另一侧有钝厚曲折刃口的旧石器工具，可劈砍、挖掘等。配合支架，使其抓握面朝上，而刃部向下作正在劈砍状。而一些底面相对平整的尖状器，则使用速成胶棒制成随形衬垫，使其竖直站立。速成胶棒可选用美国 PSI 环氧速成系列胶棒，可在文物底面快速取形和硬化。为防止胶棒污染石器表面，用双层或多层 PE 保鲜膜隔离石器和胶棒。若展期较长，为防止胶棒衬垫与石器间发生渗透作用，可用文物封护剂 B-72 封护胶棒衬垫表面，待其干燥后再配合文物展陈使用。

图 3.5 为几件细石核的展示方式。旧石器研究专家讲述了选择这些展品

图 3.1

图 3.2

图 3.1　石器平放展陈效果

图 3.2　借助展具支撑固定后的石器
展陈效果

图 3.3　大尖状器的背面结构

图 3.4　大尖状器的支架结构

图 3.5　细石核的展示方式

图 3.3

图 3.4

图 3.5

　　　　　　　　第三章　各种材质文物的支架与展托

的原因及其最佳展示角度，展览制作时，通过图 3.6 所示支架的支撑固定，实现了专家的展陈要求。

石核是旧石器时代一种重要的打制石器，其上蕴含着古人类行为和技术的相关信息。古人类使用石块、硬木或鹿角，在选定了的石料上的特定部位敲击或挤压，使石料的局部破碎、脱落，形成片状坯材。这一过程在考古学上叫作"剥片"或"打片"，所得片状坯材叫作"石片"。有锋利边缘的石片，可直接作为工具使用；没有锋利边缘的，可进一步敲击获得锋利边缘以便使用。石料被剥片后，遗留的内核叫作"石核"。石核表面内凹的疤痕称作"片疤"；石核受石块、硬木或鹿角等剥片工具作用过的面，称为"台面"；作用力发生在台面上的位置，称为"作用点"。旧石器时代的古人类，所用剥片方法有"直接打击法""间接打击法"和"压制法"。"直接打击法"是用石锤、硬木等工具直接打击石核；"间接打击法"则犹如使用凿子配合锤头一般，在剥片工具与石核间使用中间工具传导打击力；"压制法"需要借助鹿角等工具，在石核边缘挤压，从而获得薄石片。

细石核的出现，通常意味着古人类使用过"间接打击法"或"压制法"的石器生产方法。其属于复杂剥片技术所致的复杂剥片石核。相较于"直接打击法"产生的简单剥片石核，复杂剥片石核反映出它的生产者所采用的石器加工技术的复杂程度更高、更有程序，意味着从事生产的古人类的空间思维更为完善，具备更强的技术思维和生产能力。

综合以上内涵，旧石器研究专家希望将细石核的台面部分，沿着水平面方向摆放，再配合柜顶的斜侧光，使专业观众能够清晰地观察到作用点、片疤等构造。台面位置，也是古人类进行剥片加工时，朝向加工者的部位，将其面对观众，方可使观众从展品上获得尽量多的信息，达到最佳的展示效果。

面对上述需求，使用支架则为必需。假如不了解上述展示需求，单从文物摆放的稳定性考虑，细石核的台面朝向展台放置，更为稳妥和便于布展，但却无法展出器物的重要内涵。这也反映出使用支架展具的另一基本理念：并非单单为了获得展陈效果的"形式美"，更是为了良好地展示文物的特定内涵与价值。

图 3.7 所示脉石英拼合组，在考古遗址出土时为散落状态，整

图 3.6

图 3.7

理时发现它们可以拼合。其为石器打制过程中因人力控制产生的破裂产品，反映了古人类加工石器的剥片过程，记录了剥片的程序和方法，据此可更准确地判断古人类的剥片策略和生产者的技术水平。因此在展示时，以类似于"爆炸图（Exploded Views）"的空间组合方式，显示石片与石核的相对位置关系。所用支架制作材料为直径 0.5 毫米的黄铜丝。

第二节　化石的展陈

图 3.8、图 3.9 所示为金牛山遗址出土野猪头骨化石，其头较长，吻部突出似圆锥体，犬齿发达，下颌部缺失。为了更好地展示其各个角度，需将其支撑起来沿着水平方向展示并尽量少地遮挡底面。采用图 3.10、图 3.11 所示黄铜可拆解支架支撑固定野猪头骨化石，支架与文物接触的部位增加了隔离材料。图 3.12 为实际展陈效果。

金牛山遗址出土的肿骨鹿及犀牛下颌骨化石，是重要的第四纪哺乳动物化石。如图 3.13，将它们平放于水平展台，化石的细节完全无法显现，若不借助支架，不仅妨碍展示的美观，还严重影响

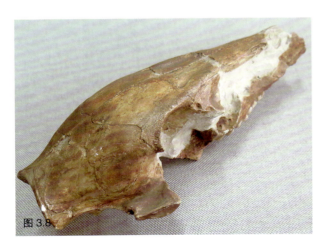

图 3.8

图 3.9

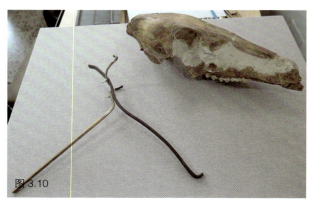

图 3.10

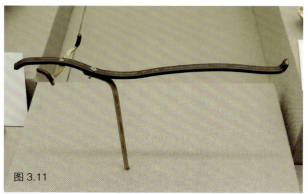

图 3.11

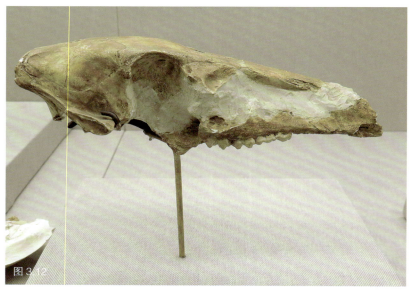

图 3.12

了文物上重要信息的展示，妨碍观众理解展品。如图 3.14，将其倚靠于展柜背板，也可以使其站立，但会给观众带来强烈的未完成感，似乎展览制作还没有完工。而且化石距离展柜玻璃太远，观众难以看清楚化石上的细节特征。

如图 3.15，展示犀牛下颌骨化石时，要便于观众比较下臼齿前叶和后叶的宽窄，便于观察后叶外壁的弧形结构，并使观众看到还未脱落的乳牙，以及其下尚未萌出的恒牙，给专业观众判断该动物的死亡年龄和自然寿命提供重要信息。如图 3.17，对于肿骨鹿右下颌骨，需将其较为肿厚的特征展示出来，以便专业学者将其与其他出土地点的肿骨鹿下颌骨结构作比较。这些动物化石的发现，说明当时此地曾经灌木丛生，草木茂盛。图 3.16、图 3.18分别为两件动物化石的黄铜可拆解支架。

南京人头骨化石，为重要馆藏，通常在展览时采用如图 3.19

图 3.13

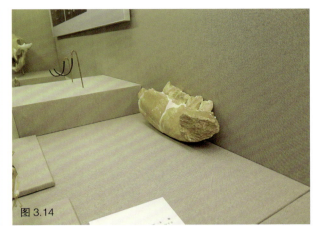

图 3.14

图 3.15

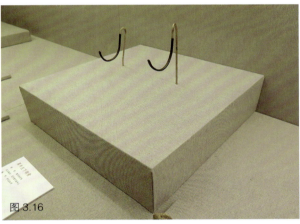

图 3.16

图 3.17

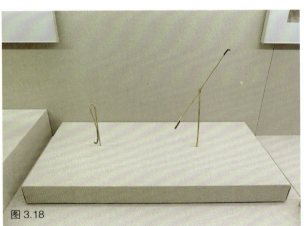

图 3.18

左页
图 3.10　支架侧面结构
图 3.11　支架俯视结构
图 3.12　野猪头骨化石的展示效果

右页
图 3.13　平放展示方式
图 3.14　背靠背板的展示方式
图 3.15　犀牛下颌骨化石展示方式
图 3.16　犀牛下颌骨化石支架
图 3.17　肿骨鹿下颌骨化石展陈效果
图 3.18　肿骨鹿下颌骨化石支架

　　　　　　　　　　第三章　各种材质文物的支架与展托

所示方式稳定陈列，专业观众对无法看到头骨化石底面结构的重要信息表示遗憾。于是我们通过特定的展具对其展示方式进行改善。设计展具时，首先需要考虑其稳定放置，且要使头骨化石悬空，所用展具要尽量少地遮挡头骨化石底面，以便观众观察。如图3.20、图3.21，先观察头骨化石各个角度的形状结构，选取最佳的支撑位置。在预定好的支撑位置，用仿形规取形后描画于纸上，煅烧黄铜使其延展性增强后于纸样上矫正造型，详见第一章图1.9～图1.11。如图3.22，使黄铜支架与文物预定的支撑位置贴合严密，主支撑杆采用1厘米直径的透明亚克力棒，展陈时有利于营造文物"悬浮"的视觉效果，不破坏文物视觉效果的边界完整性。如图3.23，为防止黄铜支架划伤文物表面，为其增加一层缓冲层，与文物隔离。在透明亚克力支撑柱上钻孔并插入黄铜支架。将亚克力支撑柱插入法兰盘，旋紧法兰盘上的顶丝以固定，最后将法兰盘底面用螺丝螺母固定于亚克力展示柜内。完成支撑和布置的

图 3.19

图 3.20

图 3.21

图 3.22

左页
图 3.19　常见的头骨化石展示方式
图 3.20　头骨化石底面的重要结构
图 3.21　头骨化石侧底面结构
图 3.22　装配黄铜支架

右页
图 3.23　复合材料的支架
图 3.24　头骨化石底部支撑效果
图 3.25　头骨化石正面的展陈效果
图 3.26　头骨化石侧面的展陈效果

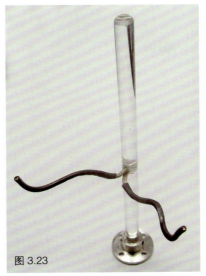

图 3.23

图 3.24

骨尺寸较
，脑容量
为距今35
有丘状膨
标本，而
因交流的

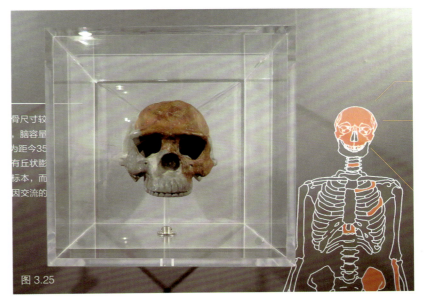

图 3.25

图 3.26

图 3.27

文物三视图，如图 3.24 ～图 3.26 所示。该文物在展厅中的展示效果如图 3.27 所示，观众可以围着透明亚克力展示柜无死角地观察该头骨化石的结构和细节。

第三节　陶器的展陈

图 3.28 为馆藏蛋壳陶杯展陈效果。本书第一章第三节已对这件陶器内壁的重要现象、展具拆解效果做过描述，展览时需要借助支架确保陶杯不易倾倒，又要确保支架不会伤及文物内壁的细微结构。制作支架时要将圈足轮廓描在木板上（图 3.29），用曲线锯切割（图 3.30）。为使柄部镂孔仍可透光，选用透明亚克力棒作为支撑杆（图 3.31）。将圆形木片固定于转盘上（图 3.32），调和环氧树脂胶（图 3.33），将亚克力棒粘接于木片圆心，再一边转动转盘一边修抹树脂胶（图 3.34），形成圆滑的弧度，增加其与陶杯圈足内壁的贴合度（图 3.35）。待树脂胶凝固，稍稍打磨其表面使其更平滑，制成支架。在亚克力棒中心钻孔并攻出螺纹，

图 3.28

图 3.29

图 3.30

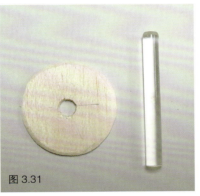

图 3.31

图 3.32

图 3.33

图 3.34

图 3.35

第三章　各种材质文物的支架与展托

用螺丝将展托、支架连接后，将陶杯坐于其上，以求稳定展示。

小口尖底瓶，为新石器时代晚期仰韶文化半坡类型陶器。其口小，腹部有双耳，尖底，是仰韶文化最具代表性的典型器。采用图3.36～图3.38所示几种摆放方式，皆无法显示出器物的造型特征。通常认为这类器物在当初使用时，下半部插入地面，竖直放置，展示文物时也应该复原其原本的摆放方向。过去研究认为其用作汲水器，近年有学者通过模拟试验，认为推测不成立。如果器物出土后未经干扰，可尝试提取其内壁残留物做分析，也许可为器物用途的判断提供新的证据。对于这类器物，早年常用的展法是用支架固定底部，向器物腹部内填充小半瓶细沙，使器物重心降低，而使器物站立，从而达到新、奇的展示效果。从当今文物保护和器物研究的视角看，这种展法已不足取，应避免向器物腹内添加新材料而造成信息的干扰，影响残留物分析等科技考古方法的使用，最近确有使用瓶内残留物分析而确认类似器物曾用于酿酒的案例。当前常用展法是将亚克力板折弯成"门"字形底座，顶面切出圆孔，将尖底瓶坐于其上以站立。展柜内顶部设置角度不可调的照明灯具，使用亚克力支架难以避免眩光的发生，影响器物展陈效果和观众观展体验。因此，使用图3.39所示黄

图3.36 　　　　　　　　图3.37 　　　　　　　　图3.38

图3.39 　　　　　　　　图3.40 　　　　　　　　图3.41

铜随形支架，从器物背后支撑和扶持文物，再向上钩住文物两侧双耳，防止其滑脱，尖底瓶犹如倚靠在圈椅中一般稳定。为进一步提高支撑的稳定性，尖底瓶底部还配合有三爪支架，支架底面用螺丝固定于展块顶面。展览中的小口尖底瓶正、反面效果如图3.40、图 3.41 所示。

图 3.42 为晋侯墓出土陶鬲残片的原始状态。在展览内容策划阶段，欲将不同时代晋侯墓出土陶鬲按顺序排列，使观众直观了解系列陶鬲尤其是鬲足造型的演变规律。但其中晋侯墓 M2 出土陶鬲残缺严重，仅存残片且尚未修复，展览借展方无权对器物进行干预式的修补，为了实现最初的策展理念，唯有借助图 3.43 所示随形黄铜支架，使无法修补的陶鬲残片按照本来的空间方位站立展示。图 3.44 为系列器物按照时代顺序排列后的展示效果。

图 3.42

图 3.43

第三章 各种材质文物的支架与展托

图 3.44

第四节　铜器的展陈

图 3.45 为馆藏山西曲沃天马－曲村遗址出土车马饰物，多为体量较小的薄态器物。通常在展览中为了稳定摆放和方便布展，将其平置于展台上，但从观众视角看，器物因透视现象造成的变形严重，无法正确展现器物造型，各个饰物间的相对位置关系也较为混乱。展览时采用图 3.46 所示方式展示，借助黄铜支架，将它们按照原本的相对位置关系展示陈列。

编钟陈列时，因钟体下部瓦口造型无法稳定摆放于展台上，通常用支撑杆将其撑起，使其稳定站立。如图 3.47，观众从稍低的视角观察展品，即可见到内部支撑杆的结构，视觉感受不佳，看似不稳定的支撑结构也使得观众心理感受不佳。在展览中，为钟体下部瓦口部位制作了随形支撑，分散内部支撑杆对舞面内壁顶压的同时，也获得更好的视觉效果和更稳定的心理感受。

制作时，如图 3.48，先用无酸纸取下钟体瓦口部位的弧线形状。如图 3.49，裁切纸样后，将其轮廓描于无酸瓦楞纸板上并用壁纸刀裁切。如图 3.50，在裁切好的无酸瓦楞纸板上贴一层无酸双面胶带，再将其贴于无酸亚麻布上，用裁布滚刀切下多余麻布后完成装裱。如图 3.51，将制得的裱布无酸瓦楞纸衬板托于钟体瓦口下方，一方面遮挡了钟体内的展具结构，另一方面也帮助支撑柱分散了压力，避免钟体舞面内壁承担整个器物的重量而受到过大

图 3.45

图 3.46

图 3.47

图 3.48

图 3.49

图 3.50

第三章　各种材质文物的支架与展托

顶压。所用麻布需与展台裱布一致，使展具与展台协调，避免视觉感受的冲突感影响到文物的视觉主体地位。

图 3.52 所示为两件馆藏铜镜的展示效果。通过支架将铜镜固定于亚光的亚克力展托上，使其获得看似"悬浮"的视觉效果，在保持良好观赏角度的同时，最大限度地"隐蔽"支架结构，不破坏文物的视觉主体地位。左侧一面铜镜展示其光可鉴人的正面，而将纹饰面背向观众；右侧一面八曲镜则展示其纹饰面。

第一章图 1.19 已经展示了左侧铜镜的展具全部结构，在此不再赘述。此处系列图片所示为展具部件的安装流程。图 3.53 为铜镜背面，中央有带穿孔的桥钮。欲展示铜镜光亮的正面，可用穿孔固定支架。图 3.54 为支架抓手部件，将螺丝穿过其中央孔眼。如图 3.55，将另一抓手穿入螺丝。如图 3.56，将螺丝穿入垫片并旋紧螺母，完成支架各个部件的固定。如图 3.57，将各个部件按照上述顺序与铜镜装配为整体，第二抓手顶端穿入铜镜桥钮穿孔。铜镜抓手的黄铜棍截面较小，而亚克力主支撑柱的截面大，为使二者稳定而牢固地连接，可使用铝合金联轴器。如图 3.58 为法兰盘底座、透明亚克力主支撑柱、联轴器及其内六角安装工具。如图 3.59，将联轴器侧壁的内六角顶丝旋出，插入透明亚克力支撑柱。如图 3.60，用内六角工具旋紧顶丝，固定支撑柱。如图 3.61、图 3.62，用同样方法连接支撑柱与法兰盘底座。图 3.63 为装配完成的主支撑柱模块。如图 3.64、图 3.65，将铜镜上的黄铜接头插入联轴器另一端，旋紧顶丝，完成铜镜抓手与支撑柱模块的连接。图 3.66 为展陈现场的支架装配效果。图 3.67 为八曲镜的黄铜支架、转接头、支撑柱及安装工具。主体支撑柱被加工为斜切的断面。如图 3.68，支撑柱在万向节连接件（d）内插入到底后，会抵住结构 b，锁紧顶丝 e 后，万向节的倾角被锁定，形成 A 模式，可使铜镜支架插入展台或展块顶面，如第一章图 1.20 所示。而当各个部件以 B 模式连接时，可将铜镜的支架横插于背板进行上墙展示。加工支撑柱斜切端面的方法如图 3.69，使用可精准调节打磨角度的台式砂盘机。以上两铜镜通过调节支架转接模块，实现固定于背板的展示效果，如第一章图 1.21 所示。

右页
图 3.51　改进后的编钟展陈效果
图 3.52　铜镜的展示效果

图 3.51

图 3.52

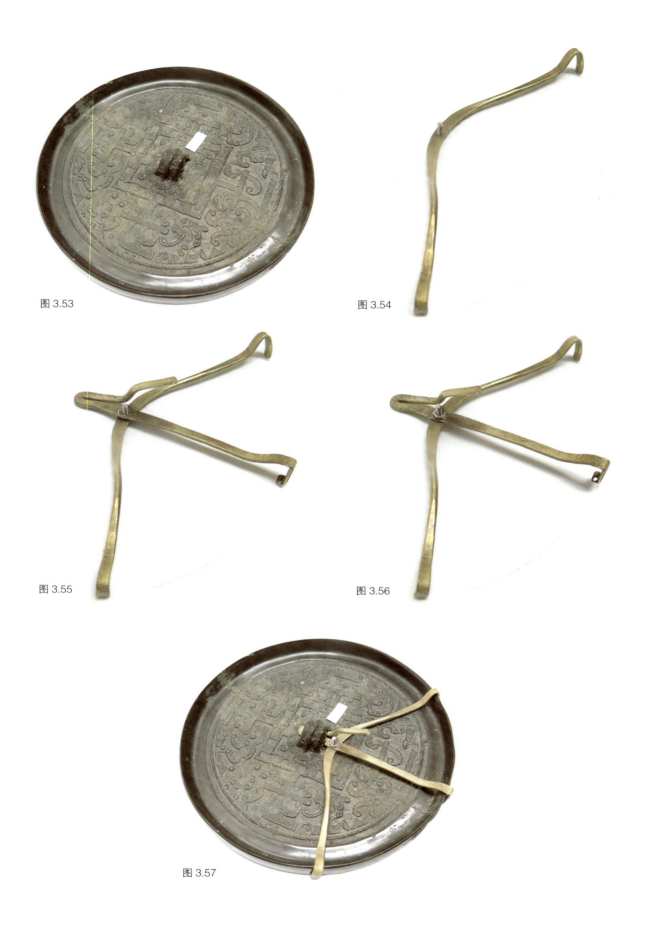

图 3.53

图 3.54

图 3.55

图 3.56

图 3.57

图 3.58

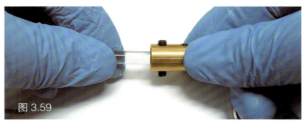

图 3.59

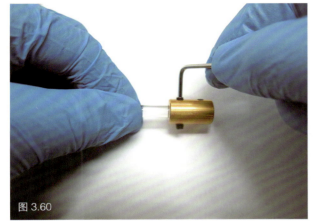

图 3.60

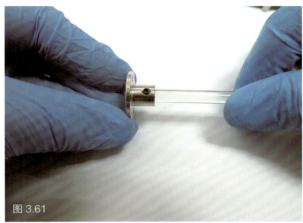

图 3.61

图 3.62

图 3.63

图 3.64

左页

图 3.53　铜镜背面

图 3.54　螺丝穿过抓手

图 3.55　螺丝穿过另一抓手

图 3.56　设置垫片并旋紧螺母

图 3.57　支架与铜镜装配

右页

图 3.58　支撑模块各个部件

图 3.59　亚克力支撑柱插入联轴器

图 3.60　旋紧顶丝

图 3.61　连接法兰盘

图 3.62　旋紧法兰盘顶丝

图 3.63　支撑模块完成安装

图 3.64　铜镜抓手与支撑柱的连接

第三章　各种材质文物的支架与展托

图 3.65

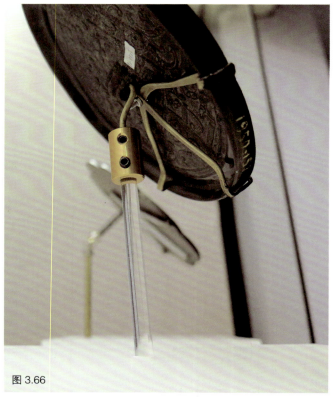

图 3.66

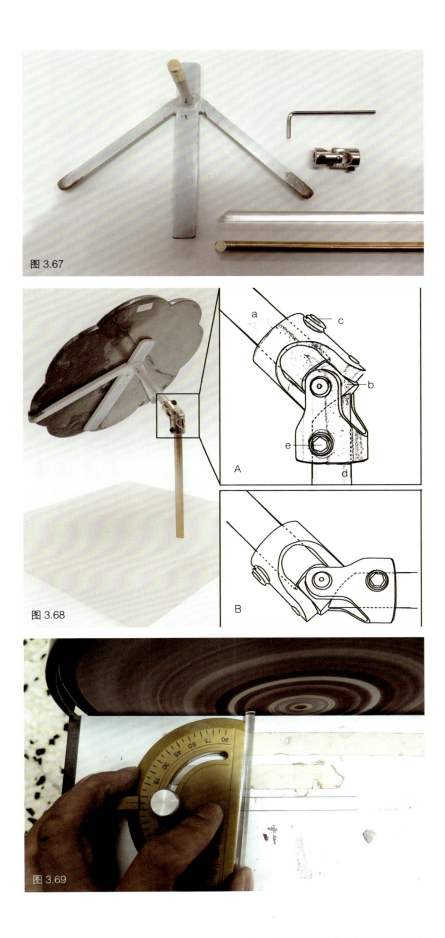

图 3.67

图 3.68

图 3.69

　　　　　　　　第三章　各种材质文物的支架与展托

第五节　瓷器的展陈

　　结构相对完整、强度和受力较好的瓷器，常用捆绑法固定。图 3.70 所示为北京大学赛克勒考古与艺术博物馆临时展览中展陈的一件珍贵青花瓷器，使用了捆绑固定法。为防止文物表面被过度遮盖，通常使用鱼线作为捆绑固定的材料。传统鱼线为尼龙材质，当前可选用性能更加优越的超高分子量聚乙烯纤维鱼线。常见型号的鱼线，截面直径从 0.1 毫米到 0.3 毫米皆有，抗拉强度好，可满足瓷器捆绑的需求。捆绑时根据器物体量大小，选择粗细适宜的透明鱼线。鱼线打结后连接于透明画钉，再将画钉固定在展块的合适位置，使器物从各个方向上以均衡的力度被牵引固定。鱼线需采用特定的打结方法，确保不会滑脱。图 3.71、图 3.72 所示为笔者常使用的一种打结方法，打结后套于画钉，拉紧鱼线的自由端完成打结固定。此种死结只会越拉越紧，不会滑脱。

　　细高或者形态较扁的器物，单凭鱼线拉紧捆绑固定于台面，有倾倒风险，可通过两种方式改善：其一是在柜内吊顶或格栅上拉线固定；其二是固定瓷器底部，防止其侧滑。固定底部时可以用亚克力外部固定件，但考虑到支架隐形性和改善展陈效果，也可根据器物自身结构作出改进。图 3.70、图 3.73 所示青花瓷器，

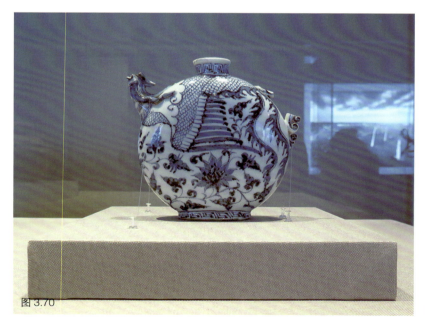

图 3.70

左页

图 3.70　瓷器的鱼线捆绑固定

右页

图 3.71　鱼线打结流程之一

图 3.72　鱼线打结流程之二

图 3.73　器底圈足

图 3.74　圈足固定件

图 3.75　圈足与固定件配合

底部有圈足，可将底部固定件隐藏于圈足内。为了获得最佳的受力效果，底部固定件与圈足和器底随形，贴合度高而接触面积大。具体做法是：使用 PSI 环氧胶棒，切取适量揉捏均匀后，用多层保鲜膜覆盖，防止其沾染文物本体，趁胶块尚未放热硬化，将其置于圈足内壁轻压取形。静置数分钟，待其微微放热开始变硬，旋即取下，要控制好脱模的力度，以防变形。静置片刻直至定型，制得固定件。如图 3.74，在固定件顶面钻孔并修出倒角，选择适配的沉头自攻钉，使自攻钉的平头可以沉入倒角，防止自攻钉磨损瓷器。将树脂固定件用自攻钉固定于展块顶面。如图 3.75，将瓷器坐落于固定件上，以防圈足位移。随后用鱼线捆绑瓷器上受力较好的部位，并用透明画钉将鱼线固定于展台或展块上，防止瓷器发生意外倾倒。

对于造型完整的瓷器，某些特定部位的细节需便于观众着重关注，要用特定的展陈角度，再配合展柜内的侧光，使瓷器上的暗纹更清晰地显现出来。图 3.76 所示白釉印花三鱼纹盘，其胎白，釉面泛黄，若将其直接平放于展台，即使配合柜内照明也无法显现出瓷器表面的暗纹，观之似为素面瓷器，器物的装饰、美感和重要信息未能展现。如图 3.77，为瓷器制作展陈支架，使其在所需的展陈位置和角度被支撑固定，再配合展陈现场的照明条件，清晰地显现出器表印纹。

图 3.78 所示涩胎暗刻龙纹窝盘，其从景德镇明清御窑厂遗址出土时，即为半成品，策展时计划用该展品展示瓷器的烧制工艺，因此，需要将其涩胎的质感及暗刻龙纹展现出来。限于展台较高而

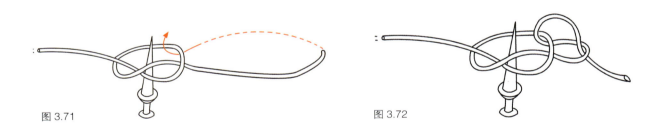

图 3.71

图 3.72

图 3.73

图 3.74

图 3.75

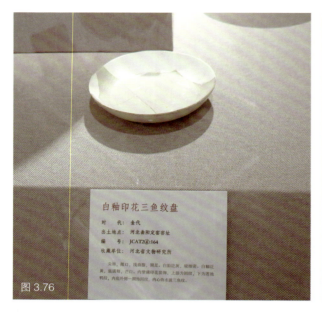

图 3.76

白釉印花三鱼纹盘

时　　代：金代
出土地点：河北曲阳定窑窑址
编　　号：JCAT2④:164
收藏单位：河北省文物研究所

图 3.77

白釉印花三鱼纹盘

柜内灯光角度不可调节的现场条件，只有借助展陈支架，才能达到展陈效果的要求。又因为所借展的该件器物存在残缺，展览承办方无权擅自修复补全器物，盘子边缘不便使用支架卡扣，因此为其制作图 3.79 所示结构的支架，将其圈足部位卡扣并撑起。如图 3.80，布展完成后，不但达到了策展的要求，还使得这件稍显单薄的素胎残缺器通过悬空后的光影，获得了更好的体量感。

图 3.81 所示为另外一件涩胎暗刻龙纹窝盘，策划展览时，想要观众看到的是器物圈足和底面已经施釉的部位及外壁尚未施釉部位的对比，使观众了解这件瓷器多次施釉的烧制工艺，因此采用图 3.82 所示支架结构，将其底面示人。支撑固定后的文物展陈效果如图 3.83 所示。

图 3.84 所示为经补全修复之黄釉堆彩盘，其残片外壁施黄釉并堆饰绿彩五爪云龙纹，云龙纹采用沥粉工艺，纹饰凸起。为了在展陈现场凸显纹饰的立体感，也需借助支架，将文物以特定角度展示，支架结构及展陈效果如图 3.85、图 3.86 所示。

对于一些不便在展台或展块上钻孔固定支架的情况，可以使用图 3.87 所示支架结构，使用自带底座的黄铜支架。为使支架能较好地凸显瓷器，根据展陈环境的色调，将支架涂刷为白色，可使用丙烯颜料进行着色。

图 3.88 所示为明宣德白釉印花碗，为了凸显内壁印纹，也需

左页

图 3.76　平摆于展台的白釉印花三鱼纹盘

图 3.77　配合支架后的展陈效果

右页

图 3.78　残缺的涩胎暗刻龙纹窝盘
图 3.79　器物托举支架
图 3.80　配合展具支撑固定后的效果
图 3.81　涩胎暗刻龙纹窝盘
图 3.82　器物支架结构
图 3.83　配合支架支撑固定后的展陈效果

图 3.78

图 3.79

图 3.80

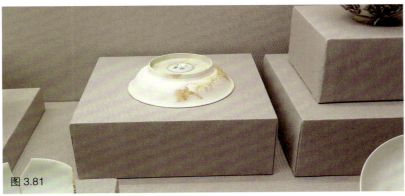

图 3.81

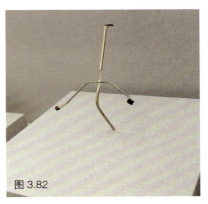

图 3.82

图 3.83

　　　　　　第三章　各种材质文物的支架与展托　◣

图 3.84

图 3.85

图 3.86

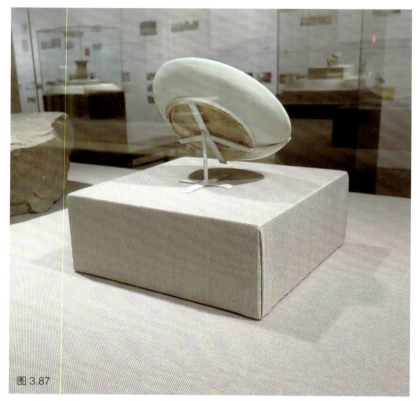

图 3.87

图 3.88

图 3.89

要以特定角度展陈。由于该器物体量感较强，也可不必像前述案例那样将器物托举而悬于展台上，可以借助 PSI 胶棒制成树脂展托，支撑圈足部位，使文物按照所需角度倾斜展示（图 3.89）。需要再三强调的是，用 PSI 胶棒在文物圈足取形时，一定要趁胶块柔软而塑性较强时，不可大力按压文物。另外，按压取形时，必须在胶块表面贴附数层保鲜膜作为隔离，防止其在放热硬化过程中侵蚀、沾染文物本体。展具制作过程中对展陈效果的追求，绝对不能以妨害文物安全长久保存为代价。

　　对于一些残缺瓷器，想要有良好的展示效果，除了可以借助修复，还可使用支架，使残片恢复其本来的空间方位。图 3.90 所示青花龙纹梅瓶残片的缺失部位过多，已经没有造型复原的依据，因

图 3.90

图 3.91

图 3.92

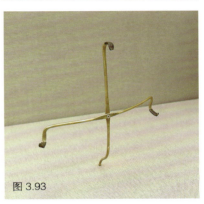

图 3.93

图 3.94

图 3.95

左页

图 3.84　黄釉堆彩盘

图 3.85　器物支架

图 3.86　支架支撑后效果

图 3.87　自带底座的文物黄铜支架

图 3.88　白釉印花碗及其支撑展托

图 3.89　支撑后的展示效果

右页

图 3.90　青花龙纹梅瓶残片

图 3.91　青花人物纹罐残片

图 3.92　青花龙纹梅瓶残片支架及树脂胶托

图 3.93　青花人物纹罐残片支架

图 3.94　青花龙纹梅瓶残片展陈效果

图 3.95　青花人物纹罐残片展陈效果

此无法对其进行修复补全。在这样的情况下，借助支架，也可以达到良好的展陈效果，还不会触犯臆造器物造型的修复禁忌。图 3.91 所示青花人物纹罐残片，也采用同样的处理理念。图 3.92、图 3.93 可见二残片的支架结构。梅瓶残片底部碴口较为锐利，与展台接触面积较小，为防止碴口进一步损坏并确保支撑的稳定性，为其制作了 PSI 树脂胶托。借助支架支撑固定后的文物残片的展陈效果如图 3.94、图 3.95 所示。

　　　　　　　　第三章　各种材质文物的支架与展托

第六节　瓦当的展陈

瓦当是中国古代建筑上檐头筒瓦前端的部件，起到保护檐头和美化装饰的作用，其正面还常有文字或图案。出土瓦当多从筒瓦上脱落，如图 3.96、图 3.97 所示瓦当，缺失的筒瓦无法确定原状，不便修复。直接将瓦当平摊于展台上，装饰图像透视变形，在柜顶直射光照射下，展品明暗关系较为模糊，其立体感、体量感弱化，展示效果很差。而对于不了解这类展品原本结构的观众，这样将瓦当摊平摆放的方式，往往使观众难以想象瓦当与筒瓦相结合的原貌，容易错误理解展品内涵。图 3.98 中的几件建筑构件残片，借助展具的支撑，复原其原始的空间方位。瓦当按照其在历史上安放于建筑檐头上的空间方位展陈，而前排左一的柱础则用亚光的亚克力展块平托。瓦当展示效果较好，再配合柜内和展厅内的照明，文物的空间感、体量感、立体感都得以良好呈现，也使得观众更容易准确理解展品的内涵。

图 3.99 ～图 3.103 所示为人物瓦当及兽面瓦当的支架结构及展示效果，使用拆解式黄铜支架，支撑后的瓦当从正面观看，呈现看似"悬浮"的效果。为使支架展具不破坏文物的视觉主体地位及器物的造型轮廓，尽量减小抓手的暴露面积，而主体支撑杆折弯为一定角度，在正面观看文物时，使支架更为隐蔽。

而未脱离筒瓦的瓦当的支撑结构则需要装配更多的支撑部件，以确保其稳定的支撑。其部件制作过程如下：

如图 3.104、图 3.105，将黄铜型材煅烧折弯并冷却后，安放在待支撑部位，用记号笔描画下待折弯的抓手位置。再次煅烧部件以增加其延展性，按照图 3.106 所示方法折出双直角的抓手。如图 3.107 ～图 3.111，为防止受力较大的抓手部位擦划文物表面造成损伤，将热缩管套在抓手上，用热

图 3.96

图 3.97

图 3.98

图 3.99

图 3.100

图 3.101

图 3.102

图 3.103

左页
图 3.96　人物瓦当
图 3.97　兽面瓦当

右页
图 3.98　借助展具将柱础和瓦当以区
别化的方式展陈
图 3.99　人物瓦当支架

图 3.100　人物瓦当侧面
图 3.101　正面展示效果
图 3.102　兽面瓦当支架
图 3.103　兽面瓦当侧面

风枪加热，而使热缩管套紧，在黄铜抓手表面形成缓冲层。在另一待支撑位置，如图 3.112，使用仿形规取下筒瓦内壁弧面的形状，如图 3.113 描画于纸上，剪成纸样后置于筒瓦内壁进行比对，不合适处进行剪裁调整，直到与筒瓦内壁弧面严密贴合。再取黄铜扁棒，煅烧获得足够延展性后，如图 3.114 比照纸样弧度折弯。全部部件制成后如图 3.115 所示，还需在部件间的连接部位打孔，用于装配螺丝螺母。组装后的支架结构如图 3.116 所示。将展品坐落于支架后的效果如图 3.117 所示。

　　需要特别强调的是，黄铜材料有很强的加工硬化效应。折弯和锤锻前必须先经过高温煅烧，待其得到足够的延展性并保持适当高温时再进行机械加工。稍事加工后，黄铜变硬，此时若继续锤锻或折弯，材料便会脆化而易形成细微裂纹（图 3.118）。有时即便没有产生肉眼可见的裂隙，但黄铜的晶粒变得粗大，机械强度也已经明显降低，无法承受大的剪切力。一旦支架制作的型材发生此类加工缺陷，必须废弃重做，以防用其支撑的文物发生意外跌落和损毁。

图 3.104

图 3.105

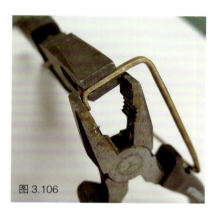

图 3.106

图 3.107

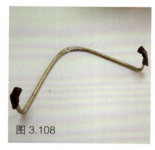

图 3.108

图 3.109

图 3.110

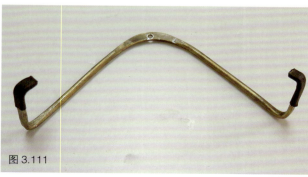

图 3.111

图 3.112

图 3.113

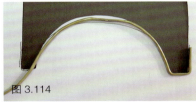

图 3.114

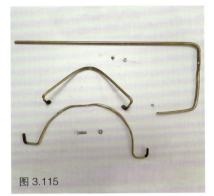

图 3.115

图 3.116

图 3.117

图 3.118

第三章　各种材质文物的支架与展托

为避免加工硬化的影响，制作黄铜支架过程中，必须将煅烧与锻造轮番进行，并且要积累经验，掌握好不同标号黄铜的最佳折弯和锻造温度。

第七节　泥塑石雕的展陈

图 3.119 所示菩萨泥塑残件，将其背部平面贴于水平展台放置，最利于其稳定和安全展示。但从观众视角，仅可见到图 3.120 所示颈部断面，文物的美感和尊严不再，展示效果无从谈起。因此，要借助特定的展具，既确保其安全，又不牺牲展示和合理利用。此泥塑成形后未经烧制，强度不高，不适合使用前文所述的黄铜支架对泥塑的局部进行抓持。为其制作颈部断面的随形展托，使泥塑残件能够按原本的竖直方位站立，最为合理和安全，且不失展示效果。使用 PSI 速成胶棒，切取适量后，佩戴丁腈手套揉捏均匀。若欲使其更加柔软，也可混入适量酒精。将胶块铺设于防粘平台，待胶块柔软时，顶面贴敷数层保鲜薄膜，以便与文物形成隔离层，避免胶块沾染污损文物。如图 3.121、图 3.122，将泥塑断面对准胶块进行适度按压取形，用手轻扶持，数分钟后，胶块开始放热定型，谨慎地向上移开泥塑，避免破坏胶块顶面的形态。待胶块硬化冷却而失去黏性，揭去薄膜，即可用于支撑泥塑残件。如展陈时间较长，为避免胶块与文物断面发生渗透效应，可在胶块与文物的接触面用 5% 浓度的 Paraloid B-72 丙酮溶液进行封护隔离。

图 3.123 ～图 3.125 所示石雕残件的上部分厚重而下部分轻薄，重心偏上，底部断面不平整且较顶面小很多，单凭底面垫块无法确保文物重心稳定。需要借助文物背部支撑，确保其不会向前倾倒。如图 3.126、图 3.127，从石雕残件顶视图和抓手形状可见，待抓持部位截面为平行四边形，若抓手为整体式结构，则无法顺利安装和严密抓持石雕残件，通常需要做好一侧抓手，而另一侧抓手保持开放，与文物进行装配时就难免以文物为模，进行按压取形和折弯，这是不符合文物预防性保护要求的，有可能给文物安全带来隐患。拆除支架时，也需要强行拉开一侧抓手，以便与文物脱离，黄铜支架经过如此反复的冷加工折弯和拉伸，易发生金属疲劳和断裂，影响其安全长久使用。而此件石雕残件的支架采用两段式分体结构，将其分别装配于文物两侧后，再用螺丝螺母紧固，就可以很好地解决上述整体式支架的缺陷。

图 3.128 所示为一件北魏石雕龙头及其支架部件的拆解状态。在不借助支架展具的情况下，石雕龙头只能平摊放置，文物仅能以底面示人，展陈效果差。各个部件通过螺丝螺母以可反复无损拆解和重组的方式连接，石雕接触展台的位置配合垫块，增加接触面积，避免文物局部受压过大。因器物较重，制作支架的黄铜扁棍较厚，可用如图 3.129 所示大力钢剪方便剪切，型材煅烧时也需要火力更大的设备才能更均匀地传导热量。制成的主体支撑柱和两个分体式抓手用螺丝螺母连接，不与文物装配使用时，可以图 3.130 所示扁平化状态方便存储和管理。使用时，将支架各部件与文物装配好后，调整到图 3.131、图 3.132 所示合适的角度，再将螺母紧固。如图 3.133、图 3.134，为避免黄铜直接接触石刻文物表面，以热缩管作为隔离层。

图 3.119　残件正面

图 3.120　断面

图 3.121　按压取形

图 3.122　隔离防粘

图 3.123　石雕残件一侧

图 3.124　石雕残件另一侧

图 3.125　石雕残件背面

图 3.126

图 3.127

图 3.128

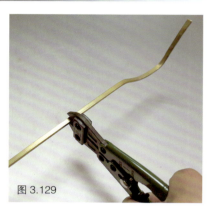

图 3.129

图 3.130

图 3.131

　　制作完成的支架展具可以直接插入展台固定，也可固定于展块顶面。如展块顶面的厚度较薄，承重能力和牢固度不够，如图 3.135，可在展块内增设实木块、树脂块等加强结构，并在其上钻孔用以插入支架的主体支撑杆。如图 3.136，将石刻与支架装配到位，调试各个部件的角度和相对位置。制成的支架在色泽和质感上，与文物反差太大，破坏了文物的视觉主体地位，可使用丙烯颜料进行旧化着色，使支架尽量隐蔽（图 3.137）。

　　图 3.138 所示为北魏石雕龛楣残件的展示效果，其下以随形垫块作为支撑，使其按照历史上本来的空间方位进行复原陈列。若不借助垫块而将其倾斜摆放，展陈效果和文物的受力稳定性都会逊色许多。

　　因石雕重达数十千克，如图 3.139，需要先选用较粗的木材制成支撑底座，确保石雕坐落其上后

重心稳定，不会向前后倾倒。木材底座的顶面，难以加工到与文物严密贴合的程度，可借助 PSI 树脂胶做成随形顶面。如图 3.140 ～图 3.142，将揉捏混合均匀的树脂胶块置于木材支撑块顶面，在其依然柔软时，铺设数层保鲜薄膜作为隔离层，随即将石刻坐落其上，用手扶持石雕，使其调整至合适的竖立角度，完成按压取形。向上移去石雕，待树脂胶放热硬化后，仍需静置 24 小时，使树脂达到最高使用强度。将石雕再次坐落于垫块上，文物虽然已可稳定竖立展陈，但暴露的木材垫块很不美观，破坏展陈效果，可依照本书第三章第四节铜编钟瓦楞纸托的做法，制成表面裱布的无酸瓦楞纸遮盖板，隐藏支撑块的结构和材料。所用裱布应与展台裱布一致，这样更有利于展具保持整体感并更好地烘托石刻文物。

　　图 3.143 ～图 3.154 所示为北魏石雕供养天人像的展具制作与装配过程。文物残件重达 40 千克，需借助支架展具竖立放置，使其既可良好展示，又确保安全稳定。如图 3.143，由于底面不平，且与展台接触面积小，对底面局部构成较大压力，需要为底面配置随形垫块。

图 3.138

图 3.139

图 3.140

图 3.141

图 3.142

图 3.143

图 3.144

图 3.145

图 3.146

图 3.147

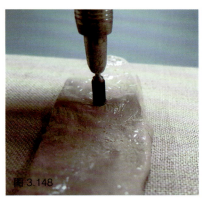

图 3.148

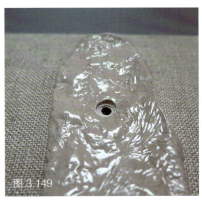

图 3.149

图 3.150

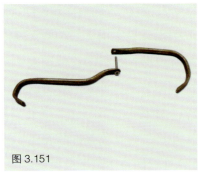

图 3.151

图 3.152

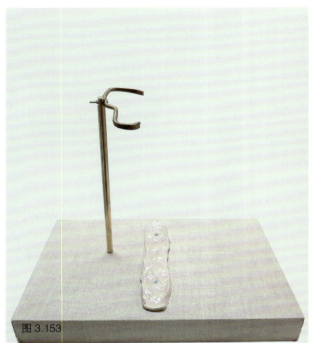

图 3.153　　　　　　　　　　　　　　　　　　图 3.154

　　依照前文所述方法，如图 3.144、图 3.145，用 PSI 树脂胶制得随形垫块。截取适量直径 1 厘米的黄铜棒材制成文物的主体支撑柱，如图 3.146，将其一端用砂带机磨出相对两侧的平面，以便随后安装抓手及紧固螺母。为防止沉重的石雕坐落在垫块后向前滑移，需要将垫块固定在展块顶面。如图 3.147 ～图 3.150，先确定好垫块与展块的相对位置，用电钻给二者钻孔，再用铣刀铣出圆形凹槽，用沉头自攻钉连接垫块和展块，自攻钉的沉头顶面陷入垫块凹槽，防止自攻钉磨损文物底面。如图 3.151、图 3.152，按照前文所述方法制成两个分体的黄铜抓手，通过螺丝螺母固定。完成装配的支架、垫块及展块如图 3.153 所示。与石刻文物进行装配时，先拆解螺母，取下两个分体抓手，将石刻坐落于垫块，依次装配两个抓手，使其搭扣在石刻两侧，最后用螺丝螺母将两个抓手与主体支撑柱紧固为整体，确保支架及文物的稳定，展示效果如图 3.154。

　　图 3.155 ～图 3.157、图 3.158 ～图 3.160、图 3.161 ～图 3.164 为三件石雕造像头部残件的展示方法及支架结构。如图 3.165 ～图 3.167，菩萨头像残件颈部断面以下采用树脂随形托块支撑，为防止展柜晃动导致展品意外倾倒，文物背面再以黄铜支架辅助夹持。

　　图 3.168 所示石雕菩萨立像残片呈楔形，不借助支架便无法正常展示陈列。图 3.169 ～图 3.171 所示为其可拆解支架、垫块及展示效果。如图 3.172 ～图 3.175，为使支架更隐蔽，还使用丙烯颜料对支架进行着色做旧处理，使其颜色、质感与文物接近，防止其破坏文物的视觉主体地位及文物造型轮廓的完整性。处理支架颜色时要小心，与文物接触的表面不能用颜料做旧，防止污损沾染文物。

　　图 3.176 ～ 3.178 为残缺石刻文物展柜的整体展示效果。

图 3.155

图 3.156

图 3.157

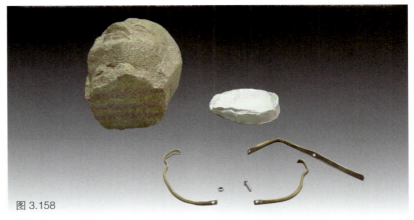

图 3.158

左页

图 3.153　完成的支架、垫块及展块

图 3.154　石雕展陈效果

右页

图 3.155　石雕残件

图 3.156　配置底托

图 3.157　黄铜支架夹持固定

图 3.158　另一石雕残件的全部支架
部件

图 3.159　正面效果

图 3.160　背面效果

图 3.159

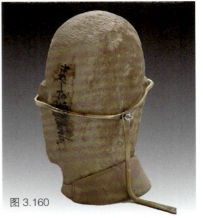

图 3.160

图 3.161

图 3.162

图 3.163

图 3.164

图 3.165

图 3.166

图 3.167

图 3.168

图 3.169

图 3.170

图 3.171

图 3.172

图 3.173

图 3.17

图 3.175

图 3.176

图 3.177

图 3.178

第八节　石碑残片的展陈

　　图 3.179、图 3.180 为馆藏"三体石经"残片正、反面状态。"三体石经"亦称"正始石经"，开刻于曹魏正始二年（241），内容为《尚书》《春秋》及部分《左传》。碑文每字皆刻古文、小篆、隶书三种字体。石经原立于曹魏都城洛阳南郊太学讲堂西侧。此件馆藏石经残片残存内容为《春秋》的部分内容，文物历史价值极为重要，必须妥善保存与合理展示。

　　石经残片背面凹凸不平，展陈时将其直接摆放在展台或展块上，皆无法保持稳定。因石经正面有刻字，不同的展陈环境需要不同的摆放角度，才能使文字的字口清晰呈现，便于观众观赏和理解展品。因此需要设计制作特定的展具，一方面使石经残片以可调角度展示陈列，适应多变的展陈环境；另一方面，残片锐利薄脆而不规则的边缘，也需用一定的装裱方式予以保护，减少文物在展陈过程中被意外碰损的概率；最后，这件石经残片虽然体量较小且单薄，但其历史价值极重要，需要一定的展具烘托，使其体量感和美感得以呈现。

　　制作展具之前首先需要得到文物的原比例造型轮廓，如图 3.181，将石经残片的正面贴合在无酸白纸上，在直角尺边缘用无酸纸胶带临时固定一铅笔芯，沿着残片边缘描画一周。如图 3.182，剪下无酸白纸上的纸样，用无酸纸胶带将其临时固定于预先制好的花梨木展托上。木材的机械加工性能和质感良好，受到许多设计师青睐，其与多种文物材质搭配后皆可获得良好的效果，是常用的展具制作材料。然而，从文物预防性保护角度考虑，选择木材有诸多限制。所用木材要求收缩率小，不易变形开裂，密度较大且坚硬的木材（如花梨木）较为合适。选定的木材还要防止其含有的有害物如可溶性盐类、有机酸等侵蚀文物，应使用微晶石

图 3.179

图 3.180

蜡进行封护。

选定的花梨木板经过切割和打磨抛光，达到所需尺寸和厚度后，将纸样贴合其上并在木材表面描下纸样边缘墨线。如图 3.183，用曲线锯沿着墨线切割，在木板上形成镂空，镂空部位的侧壁也要用微晶石蜡封护。将石经残片嵌入镂空部位进行装配试验，如石经残片不能顺利无阻地脱落，则需进一步打磨木板镂空部位的侧壁。将石经残片的正面朝向操作台面，台面上预先衬垫无酸泡棉，防止石经在制作展具过程中被意外碰损。如图 3.184，在石经凹凸不平的背面贴敷两到三层食品保鲜膜，再将石经残片嵌入木板。

如图 3.185，选用 PSI 环氧树脂胶棒作为石经背衬的成形材料，切取适量后撕去塑料包装，双手戴丁腈手套防护，将胶棒反复揉捏，直到其颜色均匀。迅速在木板镂空部位的侧壁喷涂硅油隔离剂，趁树脂胶块柔软而尚未放热时，如图 3.186，将其沿着木板镂空部位内壁适度按压取形。静置几分钟到十几分钟（操作环境的温度会影响树脂放热硬化的速率），树脂胶块开始放热定型时，如图 3.187，翻转木板，与石经残片分离。再静置半小时，树脂胶块定型，撕去保鲜膜，并适度用力，使树脂胶块与木板分离，稍事打磨刮削树脂胶块侧壁，如图 3.188，使其能够在木板上顺利无阻地反复拆装。

将树脂背衬取下，用 5% 浓度的丙烯酸树脂 Paraloid B-72 丙酮溶液，对树脂背衬的所有暴露表面进行涂刷封护，静置待其干燥。这样做既可以隔离树脂胶块与文物本体，又可以保护树脂胶块，减少其氧化，延长其老化周期（图 3.189）。如图 3.190，在石经残片的背面装配好树脂背衬后，石经的正面处于水平面，石经残片得以更稳定地放置。依照前文所述的黄铜支架锻造加工方法，制得如图 3.191 所示造型的卡扣，其圆形横截面的一端用于插入木质展托，其较短的另一侧热锻成宽扁造型，用于制约石经残片的移动。

如图 3.192，将制成的黄铜卡扣预装配于木板镂空部位的内壁，确定黄铜卡扣的安装深度后，用铅笔描下记号。如图 3.193，用 90 度弯头电磨夹持木工钻头，在记号位置打孔。如图 3.194、图 3.195，将黄铜卡扣插入钻孔到底。

如图 3.196，将黄铜卡扣贴合木板镂空处侧壁，用铅笔描画下

图 3.181

图 3.182

图 3.183

图 3.184

图 3.185

图 3.186

图 3.187

图 3.188

图 3.189

图 3.190

图 3.191

图 3.192

图 3.193

图 3.194

第三章　各种材质文物的支架与展托

黄铜卡扣的两侧位置。如图 3.197，使用 90 度弯头电磨夹持铣刀，在两道铅笔记号线之间铣出凹槽，用以嵌入黄铜卡扣。如图 3.198，将黄铜卡扣上接触石经残片的部位包裹热缩管并用热风枪加热，形成隔离层。如图 3.199，将黄铜卡扣插入木板侧壁，观察其是否可以全部嵌入木板侧壁，使其不妨碍石经残片的顺利装配和拆卸，如不合适，需用铣刀和木工锉刀修整凹槽并反复安装调试。

依照上述方法制得四个黄铜卡扣并完成其与木质展托侧壁的装配，使其不妨碍树脂展托的顺利拆装（图 3.200），亦不妨碍石经残片的顺利拆装。石经残片被四枚黄铜卡扣限位，不会向木板正面一侧脱落，树脂背衬起到衬托石经残片背面的作用。与展托装配后的石经残片，刻字的表面应高出展托 1 毫米，凸显其视觉主体地位，而将展托退后为衬托背景（图 3.201）。

树脂背衬需要一部件，限制其向木板背面脱落。可以购买市面现有的相框背板固定件，也可自行用黄铜棒材锻造强度更高的背衬限位部件（图 3.202）。在树脂背衬的背面边缘铣出凹槽用于嵌入背衬限位部件，木板上钻孔，用于固定自攻钉（图 3.203）。将背衬限位部件用自攻钉连接于木板背面，将其搭接于树脂背衬的凹槽内，紧固自攻钉（图 3.204）。依照这一方式，在木板背面布置四处背衬限位部件，确保稳定与牢固。

图 3.205 为花梨木展托背面、黄铜卡扣、树脂背衬限位部件装配后的效果，可见三者的相对位置关系。图 3.206 为展托背面（A）、石经残片（B）、树脂背衬（C）拆解状态。展托镂空部位侧壁配置四枚黄铜卡扣（a、b、c、d），展托背面配置有四枚背衬限位部件（h、i、j、k），展托背面顶端还配置两枚黄铜挂画齿条，用于将展托悬挂于展柜背板。

图 3.207 为石经残片与展托装配的流程图。其中 A 为石经残片，B 为木质展托，C 为树脂背衬，a 为黄铜锻造卡扣，b 为黄铜锻造的背衬限位部件，D 为预埋在木质展托背面的拓展模块连接柱，G 为木质展托背面预装好的挂钩。

安装流程可归纳为九个环节：

（1）测绘石经残片 A 的正投影。

（2）选择硬木材料作为石经残片的展托 B，展托 B 尺寸应大于石经残片 A 正投影和侧投影，将石经残片 A 的正投影绘制于木

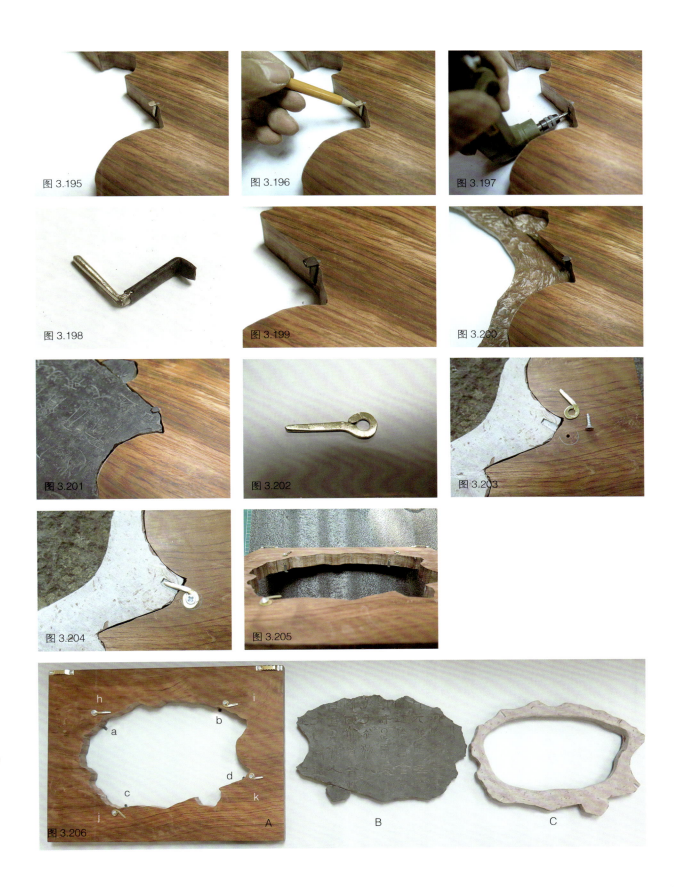

图 3.195

图 3.196

图 3.197

图 3.198

图 3.199

图 3.200

图 3.201

图 3.202

图 3.203

图 3.204

图 3.205

图 3.206

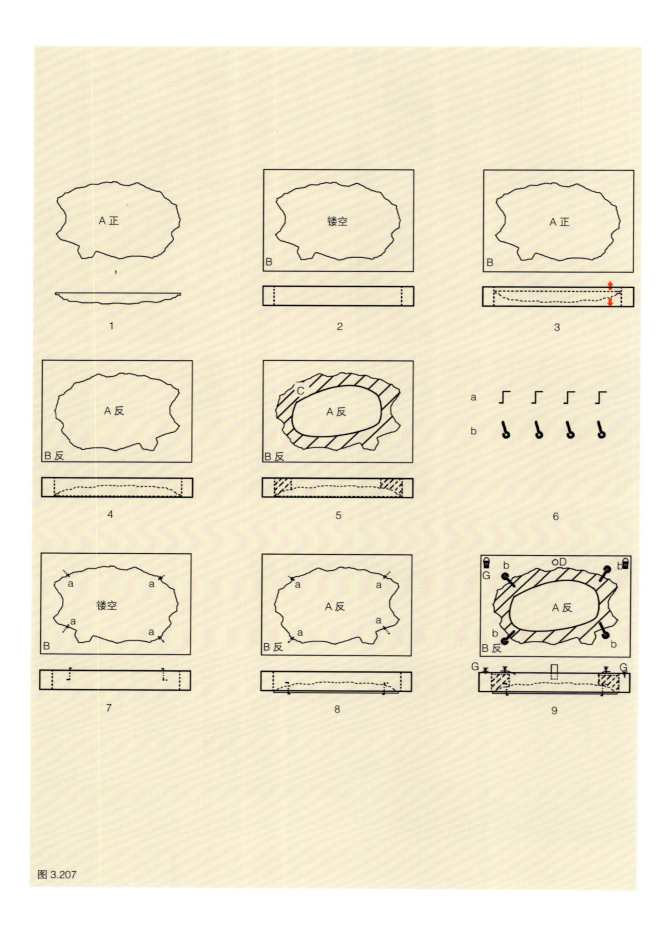

图 3.207

质展托 B 中央，然后用曲线锯将投影线以内区域镂空。

（3）将石经残片 A 置入木质展托 B 的镂空区域做装配试验，应确保石经残片 A 能够在木质展托 B 的镂空部位自由上下移动。

（4）将木质展托 B 翻转后摆放于光滑平面，使 B 的底面向上，并将石经残片 A 翻转后嵌入 B 的镂空处，A 的底面亦向上。

（5）在石经残片 A 的反面用 PE 保鲜膜进行隔离保护，使用环氧树脂材料制作出石经残片的背衬 C，其造型与石经残片背面吻合。待 C 的材料硬化且不具有黏性，将其拆卸并去除石经残片背面的 PE 保鲜膜。

（6）使用黄铜材料锻造出 a、b 两种类型的卡扣。a 的造型近似"Z"字形，其短足被锻造为长方形截面，其长足为圆形截面，两足连接部位也为圆形截面。b 为带有穿孔的近似"δ"字形的黄铜零件，其横截面为长方形。

（7）在展托 B 镂空部位侧壁钻孔、铣槽，将黄铜卡扣 a 的长足插入 B 镂空部位侧壁圆孔并嵌入凹槽。

（8）将石经残片 A 嵌入镂空部位进行装配调试，需确保 A 仍可以自由上下移动而不与黄铜卡扣 a 挤压，还需确保 A 正面边缘略高于展托 B 正面表面。

（9）将上述流程（5）制成的背衬 C 嵌入 B 镂空部分并与 A 背面密切接触。用自攻螺丝将黄铜卡扣 b 固定在展托 B 背面，这样，即可使石经残片 A、展托 B、背衬 C 与卡扣 a、b 形成互相限定的机械连接，使各个部分的相对位置稳定。在展托背面预埋进扩展模块连接柱 D，用于外接其他模块以提高展托对多变展陈环境的适应性。在展托背面装好用于悬挂展托的黄铜挂钩 G。

如图 3.208，为使装裱石经残片的木质展托有更完整的视觉效果，需为其配置装饰木框，木框颜色、纹理应与展托有一定反差。木框四边用自攻钉固定限位部件，防止木质展托脱落。如图 3.209，在展托背面顶部钻孔，插入亚克力柱，即为扩展模块连接柱。

如图 3.210，扩展模块使用万向联轴器作为连接件。万向联轴器为既有工业成品，原本用于模型电机传动轴的连接并变换传动方向，对其结构进行改造便可适用于文物托架系统。如图 3.211，拆除"E"形卡簧片后，可取出连接销钉，并用螺丝螺母和垫片替代（图 3.212）。如图 3.213，将改造后的万向联轴器一端插入扩展模块连接柱，如图 3.214 旋紧顶丝，使二者完成固定。将亚克力支撑柱一端加工成斜面，插入万向联轴器另

左页
图 3.207　展具与石经残片
的装配流程图

图 3.208

图 3.209

图 3.210

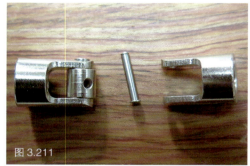

图 3.211

图 3.212

图 3.213

图 3.214

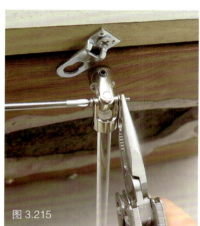

图 3.215

一端并旋紧顶丝，使二者固定牢固。如图 3.215，再将螺丝螺母旋紧，万向联轴器即被限制转动，可使展托稳定固定在某一斜度进行展陈。改装后的万向联轴器可以固定在任意角度，使石经以最合适的角度展陈（图 3.216 ～ 图 3.218）。拆除扩展模块和支柱后，石经也可以平置在水平展台上展示（图 3.219），或悬挂于展柜背板上竖直展示（图 3.220）。

此件石经残片的展具因其展陈角度可在 0 度到 90 度之间任意调整，使展具对展陈环境的适应性极大地提高。无论展柜高度如何，柜内柜外的照明条件如何，可调角度的展具总能使得石经以最合理的方式展陈，更符合人体工程学的要求，使观众可以舒适地观看文物。展陈环境有变化时，不需要现场重复制作临时展具，在减少材料和资金浪费的同时，也最大限度地避免了反复制作展具对文物的过多干预，确保可持续使用的展具符合文物预防性保护的严苛要求。

这种展陈技术不但可以为石经残片及类似案例提供合理展陈，也可用于容器残片的装裱、展示

图 3.216

图 3.217

图 3.218

图 3.219

图 3.220

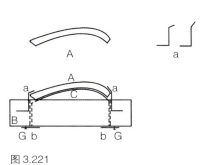

图 3.221

图 3.222

和保存。图 3.221 所示为改进的技术方案，其中 A 为破碎容器的残片，其背面为弧面造型，a 为黄铜卡扣，C 为随形背衬，B 为木质或其他材质的展托，各个部件的安装方法与前文所述石经残片展具一致。

石经残片配置展具后的展陈效果如图 3.222 所示。

"三体石经"残片所用展具的特点如下：

（1）展具系统不使用任何黏合剂，仅使用卡锁式的机械连接结构。

（2）可反复拆解和安装。

（3）展具系统具有良好的可逆性，将石经残片从展具上拆解后可恢复到未被处理前的状态，不会破坏文物上历史信息的真实性和完整性，符合文物保护要求和博物馆行业规范。

（4）展具的系统化和模块化设计，使其具有高扩展性，能适应多变的展陈环境。

（5）卡扣等连接结构皆在展览不能观看到的隐蔽部位，使得连接结构具有良好的隐蔽性，不会破坏器物的美感和展陈效果。

（6）展具拆解成若干模块后可以直接放入文物保存囊匣，使展具便于收纳和管理。作为展览辅助用具的展具在展览结束后，其背衬模块又可以实现其作为文物包装模块的功能，为石经残片提供稳定的随形支撑，防止文物在存放和运输过程中因受力不均衡而发生意外损坏。

第九节　玉石饰物的展陈

图 3.223 所示为晋侯墓出土西周早期组玉佩，由 400 多颗玉石珠穿缀而成。因穿孔细小，只能使用很纤细的棉线。常见展法是将其展开平铺于裱亚麻布或天鹅绒布的展台上，或者用针线将其缝合在展柜背板上悬挂展示。前一种做法可在展陈时保持玉石饰物的稳定，但展示效果较差，最大的缺点则是在布展、撤展时提取饰物局部的过程中，易发生纤细穿线的意外断开，造成玉石饰物的散落甚至意外丢失或损毁。后一种展示方法，往往使得局部穿线承担玉石饰物的大部分重量，受力效果不合理，也容易造成纤细棉线断开而导致文物损毁。

为有效保护和合理展示珍贵文物，展览前为这件玉石饰物设计制作了符合文物预防性保护要求的随形无酸展托。所用材料有灰色无酸瓦楞纸、诺梅克斯柔软布（一种无酸的超细纤维布）、无酸棉线等，展托制作和成形过程中不使用任何黏合剂或胶带。

取幅面足够大的白色无酸纸，摊平置于铺设有泡棉缓冲垫的水平台面上。如图3.224，将组玉佩按照所需的陈列方式摆放于纸上，用无酸笔将组玉佩的轮廓描在纸上。取一张幅面足够大的3毫米厚无酸瓦楞纸，置于水平台面，将刚描好的轮廓线图纸样平铺于无酸瓦楞纸表面。如图3.225，用画钉沿着红色的轮廓线刺穿纸样和瓦楞纸（每间隔1厘米刺一点，间隔越小精度越高），将白色无酸纸样上轮廓线的若干关键点转移到无酸瓦楞纸上。如图3.226，用直尺和铅笔将无酸瓦楞纸上的关键点针孔连成线。在

图 3.223

图 3.223　晋侯墓出土组玉佩

无酸瓦楞纸和操作台面之间铺设切割胶垫。如图 3.227，用直尺和壁纸刀沿着连线切割。如图 3.228，切下一片完整的纸芯，取下后得到镂刻有组玉佩轮廓造型的瓦楞纸板（图 3.229）。

将上述瓦楞纸板叠放在另一张幅面足够大的瓦楞纸板上，用铅笔将镂空处的边缘描画在新的瓦楞纸板上并用壁纸刀镂刻。按照此法制得三块尺寸和镂空位置一致的无酸瓦楞纸板。将三块纸板上下叠放，使镂空部位对齐（图 3.230）。为确保瓦楞纸承托结构有良好的强度，三块瓦楞纸板的瓦楞方向应垂直错开。

图 3.224

图 3.225

图 3.226

图 3.227

图 3.228

图 3.229

裁切适当大小的诺梅克斯柔软布，平铺于最上层瓦楞纸板上（图 3.231）。如图 3.232，将之前预留的瓦楞纸芯 4、柔软布 5、纵向排列瓦楞的无酸瓦楞纸板 1、横向排列瓦楞的无酸瓦楞纸板 2、纵向排列瓦楞的无酸瓦楞纸板 3，从上到下依次排列，使三块纸板叠加，用纸芯 4 将柔软布 5 挤压进最底层的瓦楞纸板 3 的镂空部位。所得效果如图 3.233。仅仅使用无酸瓦楞纸和无酸柔软布，不依靠任何黏合剂或胶带，即可获得用于嵌入组玉佩的凹槽空间，而柔软布表面褶皱较多，需要进一步处理。

图 3.231

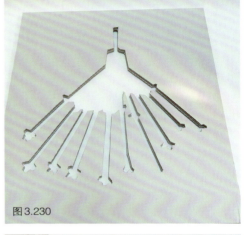
图 3.230

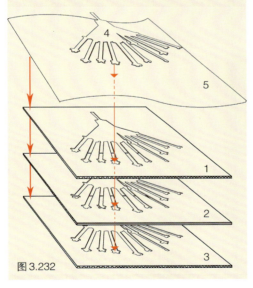
图 3.232

图 3.233

第三章　各种材质文物的支架与展托

为防止柔软布在被展平并拉紧的过程中从凹槽中滑脱，翻转展托，从背面用大头针插入柔软布和最底层的瓦楞纸板固定（图3.234、图3.235）。再次翻转展托，用不带喷雾功能的电热熨斗将柔软布熨平，一边烫熨，一边向纸板展托四周拉伸柔软布，并在无酸纸板侧壁扎大头针固定裱布（图3.236、图3.237）。

将加工平整的裱布无酸纸展托镶嵌入预先定制好且尺寸合适的画框（图3.238），在展托背面用无酸纸条将裱布四周压边固定并用码钉加固，在画框上用自攻钉安装数枚相框背板固定件，防止嵌入画框的展托脱落（图3.239）。

图3.234

图3.235

图3.236

图3.237

图3.238

图3.239

将组玉佩嵌入展托的凹槽内，并给每两串珠饰间的部位配置无酸纸活块，从左至右依次编号1～9，防止其在反复移去和安装过程中混淆位置（图3.240、图3.241）。在白色无酸纸上绘制待裱布的无酸纸活块位置的扇形展开图，将其铺在已经熨平的柔软布上，用裁布刀沿着纸样的扇形图滚切，得到扇形柔软布（图3.242、图3.243）。将珠串全部从凹槽中移开，在活块表面铺扇形裱布（图3.244），随后将全部串饰嵌回凹槽，调整扇形裱布，使其贴紧无酸纸活块（图3.245）。用针线将裱布缝合于活块侧壁（图3.246、图3.247）。

图3.240

图3.241

图3.242

图3.243

图3.244

图3.245

每一条串珠的凹槽底面皆需要裱柔软布作为衬托。裁切合适形状的柔软布片（图 3.248、图 3.249），置入凹槽后，用打磨抛光平滑的钢片将柔软布边缘挤压进凹槽周边的缝隙（图 3.250、图 3.251）。不使用任何黏合剂或胶条粘贴布片，以防其透过布面侵蚀或沾染文物本体。

图 3.252 所示为裱布展托正、反面及横切面结构，1、2、3 分别为上层、中层和底层瓦楞纸板，4 为镂刻的无酸纸芯，5 为柔软布，6 为固定大头针。展托凹槽底面的裱布 7 通过图 3.253 所示方式挤压入镂刻纸芯和底层瓦楞纸板间的缝隙，通过摩擦力固定。

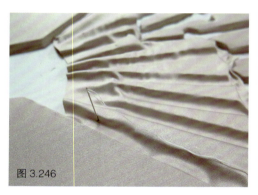

图 3.246

图 3.247

图 3.248

图 3.249

左页
图 3.246　针线缝合
图 3.247　棉线锁紧活块边缘
图 3.248　处理凹槽底面
图 3.249　底面布料

右页
图 3.250　将布料塞入纸板间缝隙
图 3.251　处理凹槽底面边缘
图 3.252　展托正、反面及横剖面结构

图 3.250

图 3.251

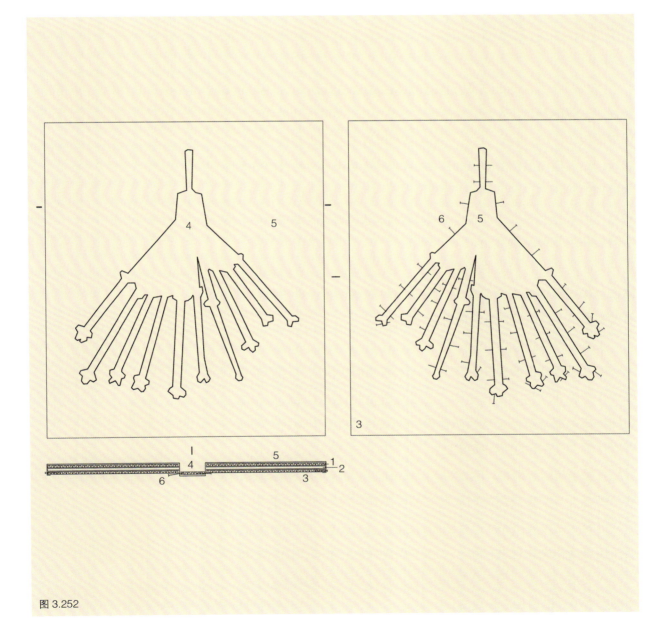

图 3.252

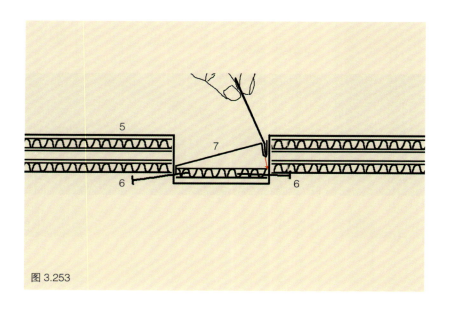

图 3.253

完成制作并嵌入组玉佩的展具效果如图 3.254 所示。还可为承托组玉佩的展具（A）配置花梨木外框（B）和可拆卸的亚克力保护面板（C）、背板（D），将花梨木框拆去亚克力面板，防止眩光，在展柜内展示的效果如图 3.255。展览结束后，可打开花梨木框顶边可拆解活块，将面板和背板再次插入花梨木框，以便文物日常保管和观摩研究时的防尘与保护。当文物需要外展运输时，不需要将组玉佩从展具上取下另外包装，只要在展具内的玉佩上铺设柔软的缓冲材料，在木框上插入亚克力面板，即可确保组玉佩在运输过程中的安全与稳定。到达临时展览位置，也不需要重新定制展具，移除缓冲材料即可直接布展。

本处理方案的特点如下：

较之现有常见的展托制作方法，本案例所提供的方法能够更好地保护脆弱文物如玉石串饰等。展托所用的材料（无酸纸和超细纤维布）都是符合文物预防性保护要求的材料，不含对文物有害的物质，所采用的免胶插接工艺，也不会将有害物质带入展托。展托表面裱超细纤维布，不会磨损文物，而且该布面材料色彩柔和、质感细腻，与文物搭配能形成良好的色彩和质感对比，并且不会像常用的亚克力展托那样产生眩光，使观众视觉不适。展览结束后，展托还可兼作文物包装模块，文物不需离开展托就可以随整个模块放入文物包装盒，便于保存和运输，而且最大限度地减小了文物被过多干预而增加受损风险。

左页
图 3.253　凹槽底面布料的嵌入方式

右页
图 3.254　展览现场的展陈效果
图 3.255　另一种展陈模式

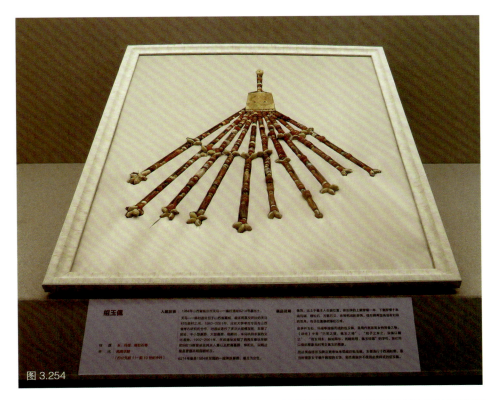

图 3.254

图 3.255

C A B D

第三章 各种材质文物的支架与展托

第十节 小件文物的展陈

对于一些体量小的文物，可以不必按照前文复杂的技术制作支架展具，可使用一些简便易行的成形方法和容易加工的材料。因不需要较大的承重，可以使用红铜棒材，不需加热锻打，用精密钳子直接折弯成形（图 3.256）。多个细小部件的连接，可以不使用焊接或螺丝螺母连接，而用现成的模型制作配件如"塑料三通轴套"直接插接成形（图 3.257）。最后将文物坐落在简易支架上，使其以特定角度展陈，便于观众观赏（图 3.258）。还可在支架上接触文物的抓手部位套热缩管，防止磨损文物。

图 3.256

图 3.257

图 3.258

本章所述支架展具采用可无损拆解的结构设计，使用后的支架可以松脱螺丝螺母，拆解成若干零部件，成为扁平化结构。图3.259与图3.260分别为诸支架在使用状态和拆解状态的效果。可见其拆解为扁平化结构后，有效节省了存储空间，便于收纳和管理，可与文物一同存放在文物包装盒内，便于实现后文所述的展具与包装的集成化。另外，拆解和再次使用支架时无须对支架上的抓手部位进行反复拉直与折弯，较之传统的焊接成形整体支架，使用寿命更长，安全性更高。这些优点都使得支架展具更利于长期、反复使用，减少经常发生的临时展览对反复制作展具的人力物力投入，在减少浪费的同时，也更利于符合文物预防性保护要求的精密文物展具的可持续使用。

图 3.259

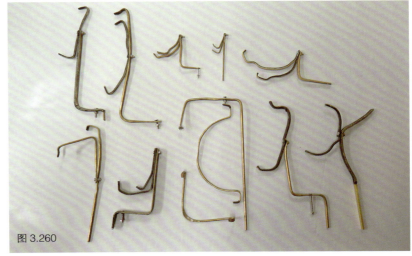

图 3.260

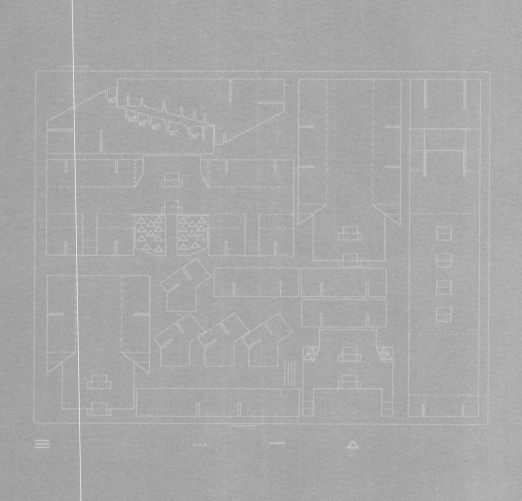

第四章
无酸瓦楞纸插接展具

书籍、文件等纸质材料，日久老化，除了有外界环境的因素，也有材料内因。造纸过程中若使用松香或硫酸铝等酸性添加剂，就会留下纸张酸化变黄的内因，日久纸张质地变脆。质地良好的纸张如接触酸性材料或存放于不良环境，也会加速老化。无酸纸，并非"没有酸味的纸"，而是指用纯木浆为原料，不含木质素也不使用酸性助剂，pH 值为中性或弱碱性的纸。在良好的保存条件下，无酸纸寿命可达百年以上，适合耐久使用。瓦楞纸板是多层黏合体，至少由一层波浪形芯纸夹层及至少一层纸板构成，机械强度较好，适合于包装箱制作。无酸瓦楞纸坂使用无酸材料制成，广泛应用于文物装具的制作。

材料的常见连接方式有粘接、机械固定和焊接，机械固定又包括铆接、钉接、螺纹固定等。这些连接方式要么需要对材料钻孔，要么是对接触面产生一定破坏性的不可逆连接。相比之下，插接式的连接方法工艺简单，操作便捷，且具有可逆性，便于反复拆装。本章介绍以无酸瓦楞纸为成形材料，以单纯插接为连接方法，制作一系列符合文物预防性保护要求的展具。

第一节　小型拓片的无胶装裱与插接展具

我国有着悠久的书画传统，为便于保存纸张上的书画，通常需要对书画进行装裱。文物拓片是将石刻、青铜器、瓦当等文物的形状及其上文字、纹饰，使用宣纸和墨汁拓下来的纸片。为便于保存、展示拓片，通常也需要对其进行装裱。装裱的传统方法是先用纸托裱在书画背后，再用绫、绢、纸镶边，然后安装轴杆或版面，使书画成卷、轴、册页或片。近年我国还出现了机器装裱，通过高温定型、化学胶膜粘压的方法装裱。

传统的拓片装裱较复杂，与书画装裱有别。石刻、青铜器、瓦当等文物上的文字、纹饰是凹凸不平的浅浮雕状态（图 4.1），装裱时不能将其压平，以免文字、纹饰变形而失真。

传统书画装裱经过历史考验，其有效性、安全性、耐久性良好，至今仍然是一种优良的书画保存和展示方法。但是其操作需要由经验丰富的装裱师完成，合格的装裱师需要经过多年培训并积累大量经验才能胜任，而大多数的中小型博物馆并无相关工作人员，

右页
图 4.1　瓦当残件及其宣纸拓片
图 4.2　小型拓片及其装裱部件

也难以支付聘请相关人员的费用。尤其是拓片装裱，难度更大，对装裱师要求更高。近年出现的机器装裱大大提高了效率并降低了成本，但是不易揭裱、翻新和修补，其安全性、耐久性、可再处理性差。最大的缺点则是机器装裱无法处理凹凸不平的拓片，会导致其变形失真。

基于上述诸多因素，尝试使用无酸瓦楞纸，通过插接成形，进行小型拓片的免胶装裱，并通过插接成形展具完成拓片的展陈。图 4.2 为小型拓片无胶装裱所需各个部件平面结构。其中 A 为一件汉代瓦当的宣纸拓片；B 为无酸瓦楞纸制成的装裱模块，其中

图 4.1

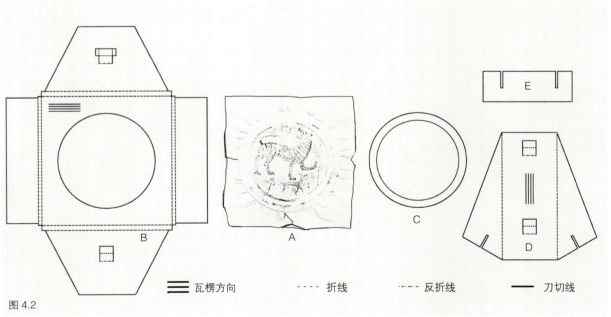

图 4.2

≡ 瓦楞方向   ---- 折线   -·-· 反折线   ── 刀切线

央有圆形透空部分，左右两侧有长方形护翼，上下两端的梯形护翼上有插扣；C 为无酸瓦楞纸支撑圆环，其外径与装裱模块 B 中央圆形透空直径一致；D 为展陈支架模块；E 为支架插接固定模块。

如图 4.3，将装裱模块 B 沿折线折叠。如图 4.4，将宣纸拓片的正面朝下，摆放在模块 B 上，拓片的画面主体正对着模块 B 的圆形透空处。如图 4.5，将支撑圆环 C 对准模块 B 中央透空处，轻压，使其与拓片一同嵌入模块 B 中央透空处。如图 4.6，将模块 B 两侧护翼沿折线向内折。如图 4.7，将模块 B 顶端梯形模块沿折线向内折。如图 4.8，使模块 D 上的插孔与模块 B 上的插扣对准。如图 4.9，使模块 B 上的插扣穿入模块 D 上的插孔。如图 4.10，轻压模块 B 上的插扣使其两侧翼弹开，实现 B、D 两模块的连接。

如图 4.11，将模块 D 翻起。如图 4.12，使模块 B 底部梯形护翼上的插扣插入模块 D 的另一插孔。如图 4.13，将模块 D 向上推。如图 4.14，将模块 B、D 锁定。至此，拓片完成装裱，可供收藏、悬挂展示或摆放于台面水平展示。如图 4.15，需要拓片倾斜摆放展陈时，借助支架插接固定模块 E。将模块 D 沿折线折 90 度。如图 4.16，将模块 E 插入模块 D 的凹槽。

图 4.17 ～图 4.19 为完成插接的展陈支架，可将其摆放于展柜内进行倾斜展陈。另外，如所展陈物品为单张纸质文件，还有图 4.20、图 4.21 所示替代方案，使用透明 PE 扁带将文件压覆在无酸纸托块 C 上，再嵌入装裱模块完成固定。

扫码观看第四章第一节图 4.3 ～图 4.19
1 分 36 秒

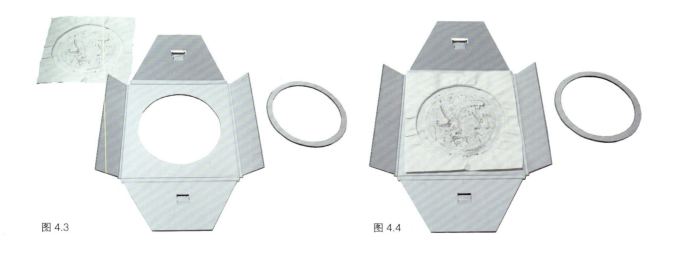

图 4.3

图 4.4

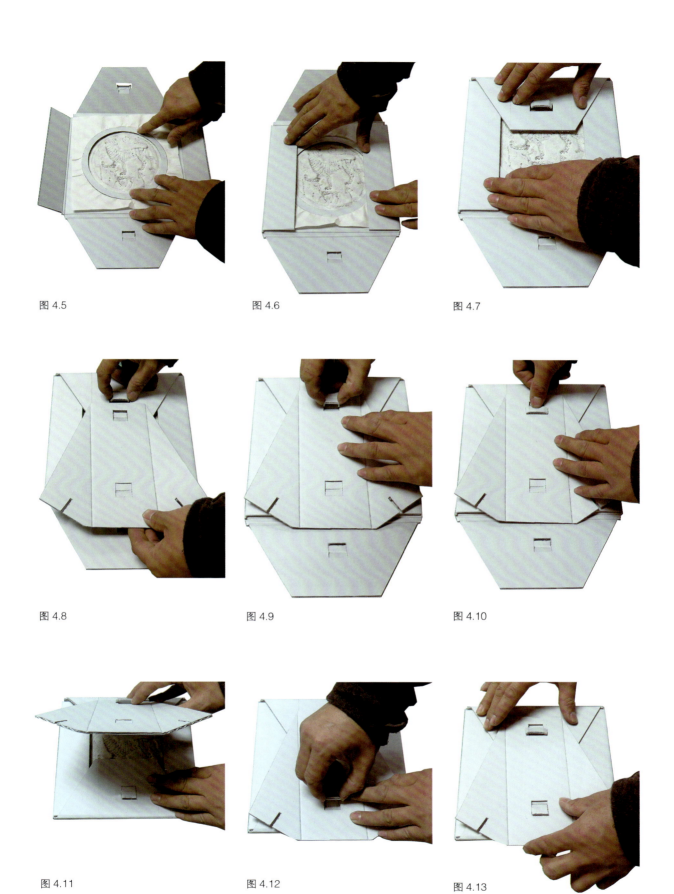

图 4.5

图 4.6

图 4.7

图 4.8

图 4.9

图 4.10

图 4.11

图 4.12

图 4.13

展览结束，这一装裱及展示用具还可拆解为扁平结构，不但便于减少存储空间的占用，还能作为拓片存储模块存入包装盒，使展具与包装集成化，相关内容在后文章节再行详述。

图 4.14   图 4.15

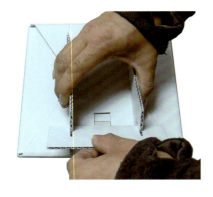

图 4.16   图 4.17

图 4.18   图 4.19

左页

图 4.14　锁定
图 4.15　支架折叠
图 4.16　插入插板
图 4.17　完成插接
图 4.18　展示效果
图 4.19　背面效果

右页

图 4.20　替代方案
图 4.21　替代方案连接结构

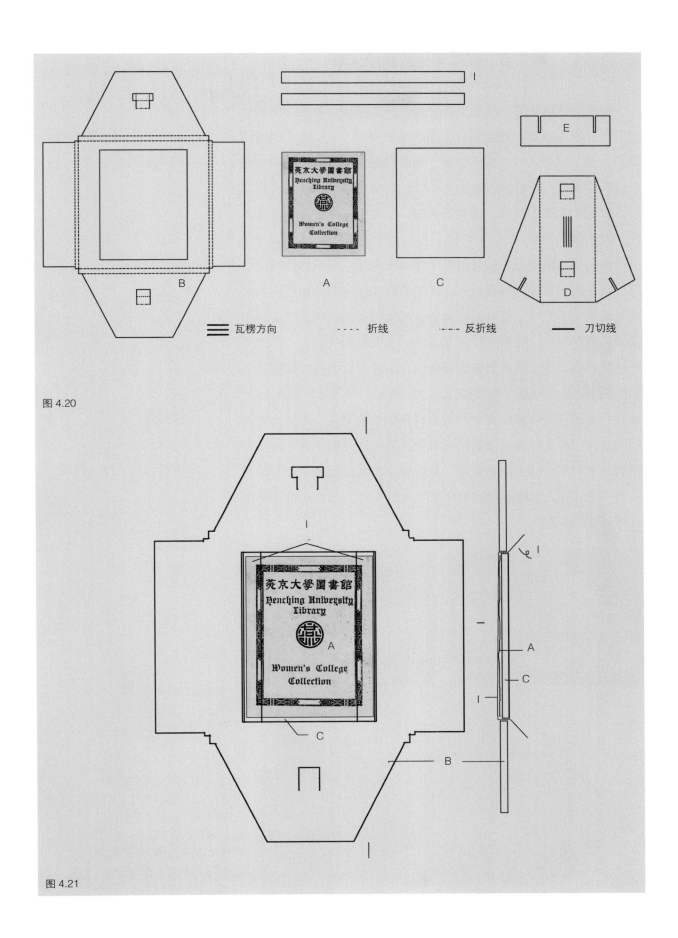

图 4.20

＝＝＝ 瓦楞方向   ---- 折线   ----- 反折线   —— 刀切线

图 4.21

第二节　展陈画作的插接支架

　　在博物馆展陈中，通常需要将画作等调整摆放角度，使其处于特定的空间位置，既能体现美感、便于观看，又能防止画框玻璃反光等，获得良好的展陈效果，这就需要借助展陈支架。对于一些珍贵画作，还要求支架的制作材料和生产工艺不使用有害文物安全长久保存的物质，比如不含酸，不含可溶性盐类，尽量不使用黏合剂，等等。

　　当画作展陈现场不需要调节画作展陈角度，而只需要将画作按照某一特定角度倾斜摆放时，可使用由几块无酸瓦楞纸板插接而成的支架，配合画框背面顶端安装的黄铜挂画齿条，实现画框的倾斜稳定摆放。如图4.22～图4.28，支架插接成形后，顶端卡于画框背面顶端安装的黄铜挂画齿条，画作与支架间形成稳定受力而达到倾斜支撑画作的效果。图4.29、图4.30所示众多插接支架，皆为利用制作文物装具剩余的边角料裁切插接成形，用于诸多画作的支撑，展览后还可以再次拆解为平面部件分类存放。如使用传统的木材展块或亚克力支架，制作成本将增加十倍以上，且展览后不便收纳，也难以再次循环使用。图4.31为画作被插接支架支撑后的展陈效果。

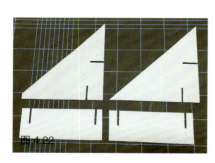
图4.22

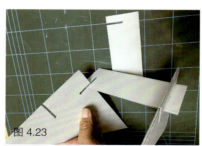
图4.23

图4.24

图4.25

左页
图4.22　四张纸板部件
图4.23　插接过程之一
图4.24　插接过程之二
图4.25　插接过程之三

右页
图4.26　插接完成效果
图4.27　插接完成另一侧效果
图4.28　插接支架配合画框顶边黄铜挂画齿条支撑画作
图4.29　批量制作的插接支架
图4.30　与画框的装配
图4.31　画作支撑后的展陈效果

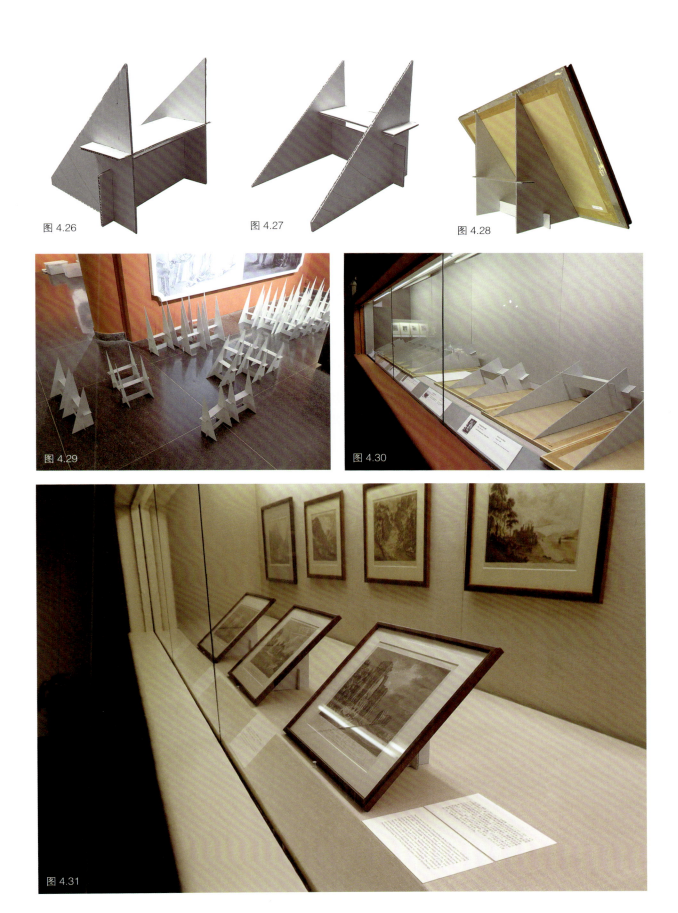

图 4.26

图 4.27

图 4.28

图 4.29

图 4.30

图 4.31

第三节　可调角度支架

扫码观看第四章第三节图 4.34 ~ 图 4.66
2 分 37 秒

　　上节所述瓦楞纸插接支架，可以为展品提供某一特定的展陈角度，而在多变的展览环境尤其是临时展览中，展柜的高度、灯具的位置等多有变化，展品往往需要多变的展陈角度，以更符合人体工程学，更利于观众观看。而一些容易产生眩光的展品，如带有玻璃面板的画作，更是需要调整到合适的角度，防止眩光的产生。

　　在当前博物馆展陈中，对于画作等薄态展品，其展陈支架通常为图 4.32 所示几种类型：1. 纸背撑，使用一张瓦楞纸折叠而成；2. 木材或亚克力材质的支架，常用于画作、纸张、瓷盘展示；3. 木材、尼龙或亚克力材质的支架，主要用于展示瓷盘，也被用于支撑带框画作；4. 画架型支架，通常为木材制造；5. 金属线材经折弯、焊接、喷漆制成的支架，也常用来展陈带框画作、纸张等；6. 市面最常见的相框支撑背板，在相框或画框背板上使用五金件连接支脚以便倾斜展陈。

　　这六种类型的展陈支架中，第一种类型采用无酸瓦楞纸制作，虽然材料满足博物馆环保要求，但制成的背撑角度、大小皆不可调，对展陈环境的适应性差。另外，纸背撑通常需要使用黏合剂等与画作背板黏合才能稳定支撑展品，黏合后留下的痕迹不容易清理。第二种类型的缺点也是支架角度、大小、宽度不可灵活调节，展览中常见到此类支架的抓手、背撑从作品画框周围伸出，破坏画作的视觉主体地位，展陈效果较差。而且这种支架较占用空间，在不使用时也不便收纳存放。第三种类型是常见的传统支架，适合摆放瓷盘，用其支撑画作往往稳定性差，该支架的缺点也是大小、角度不可调。第四种类型的造型模仿画架，支撑杆的角度可调，但框架高度、宽度皆不可调，用其展陈画作时，不是支架太小、重心不稳，就是支架太大，伸出画作画框边缘影响展陈效果，用于托起画作的搁板也往往难以和画作的颜色与质感匹配，影响展陈的美感和画作主体地位的烘托。第五种类型的缺点也是角度、宽度、高度皆不可调，在展览中对展陈环境的适应性差。第六种类型的缺点仍然是展陈角度不可调，由于博物馆展柜高度通常是无法调节的，画作使用某一特定角度摆放，往往使画面展陈不符

右页
图 4.32　当前常用的展陈支架类型
图 4.33　可调角度支架的部件平面结构图

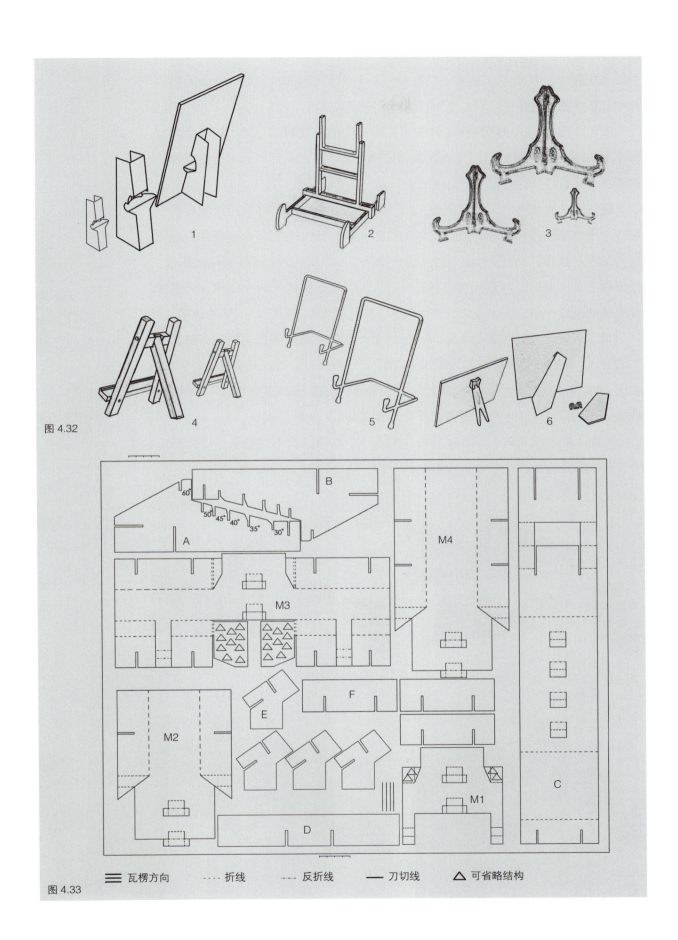

图 4.32

图 4.33

三 瓦楞方向　----折线　----反折线　——刀切线　△可省略结构

合人体工程学，观众不便欣赏和观看画作，有些带玻璃面板的画作还会因展陈角度的单一而造成眩光，这也是画作展陈所避讳的情况。

因此，需要提供一种角度可调的可扩展式无酸免胶展陈支架，解决当前博物馆展陈所用展具需具有较高适应性（如角度可调、大小可调）和符合文物保护要求（无酸材料、免胶、不妨害展品安全保存）的难题。

根据前文所述需求，设计出图 4.33 所示平面部件结构，并使用无酸瓦楞纸制作，通过插接成形，成为可调支架。如图 4.34，首先将纸板 A 插槽插入折弯后的纸板 C 插槽，至图示位置，完成第一次插接。如图 4.35，随后完成纸板 B、C 间的第二次插接。如图 4.36，将纸板 A、B 嵌入纸板 C 一端的插槽，沿逆时针推动纸板 C 一端。如图 4.37，使纸板 A、B 的插槽对准纸板 C 一端的插槽。

如图 4.38，用拇指推动纸板 C 一端的第一折弯处进行第三次插接，使其插入纸板 A、B 的插槽。图 4.39 为纸板 A、B、C 完成第一、二、三次插接的状态。如图 4.40，将纸板 C 另一端插入纸板 A、B 顶端任一插槽，完成基础款支架的装配。纸板 C 上有四处等距分布的插扣，可用于搭载本支架的其他模块。

如图 4.41、图 4.42，将纸板 C 插入纸板 A、B 顶端的不同插槽，可使插扣所在面板调整角度。可调角度依次为 60、50、45、40、35、30 度。

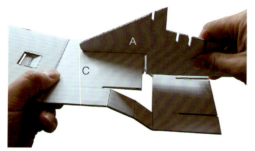

图 4.34

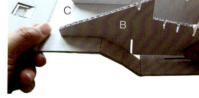

图 4.35

图 4.36

图 4.37

图 4.38

图 4.40

左页
图 4.34　插接过程之一
图 4.35　插接过程之二
图 4.36　插接过程之三
图 4.37　插接过程之四

右页
图 4.38　插接过程之五
图 4.39　插接过程之六
图 4.40　完成基础部件插接
图 4.41　50 度斜度模式
图 4.42　35 度斜度模式

图 4.39

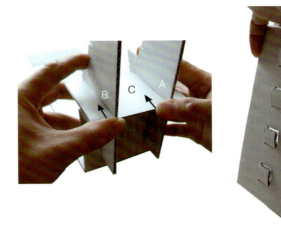

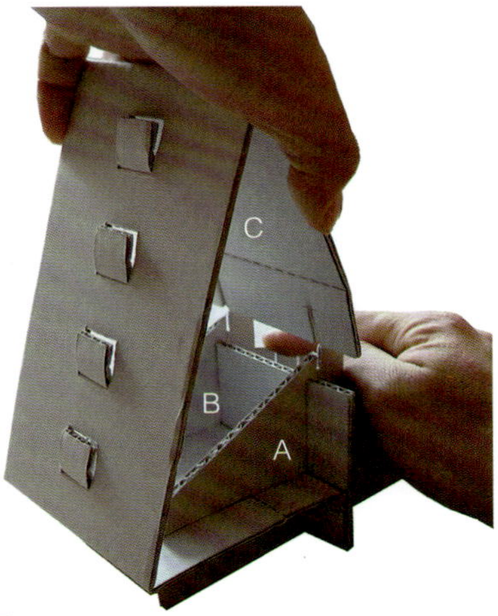

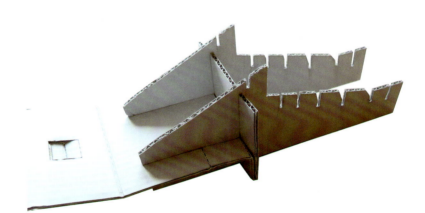

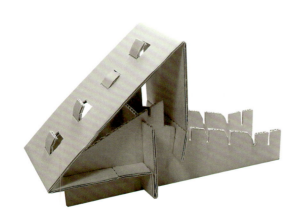

图 4.41

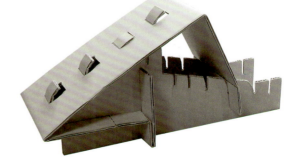

图 4.42

如图 4.43，将折弯后的 M1 模块的两插扣对准组装好的支架基础款的 C 面板的下面两个插扣。如图 4.44，M1 插扣与 C 面板插扣交叉放置。如图 4.45，一手指拉开 C 面板外伸插扣，另一手指按压 M1 插扣使其完全插入 C 面板后，M1 插扣的两侧护翼自动弹开，实现锁定。下部另一插扣依同法操作。如图 4.46，一手固定 C 面板，一手下拉 M1，自锁式插扣完成锁定，使二者锁紧。如图 4.47，M1 与支架基础款装配后，可用于支撑小幅带框画作，展示效果详见后文。

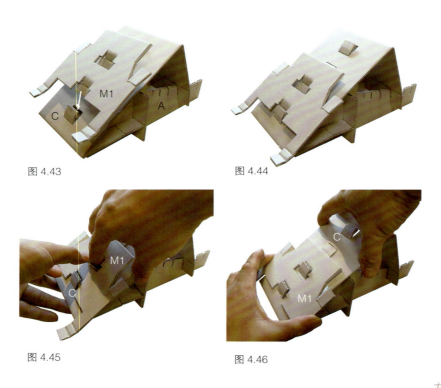

图 4.43

图 4.44

图 4.45

图 4.46

图 4.47

欲拆解 M1 模块，如图 4.48，先将 C 面板从纸板 A、B 顶端插槽中拔出并翻转，再一手抓住 C 面板，另一手向箭头方向推动 M1。如图 4.49，M1 推动到位后，两指以图 4.50 所示方式挤压 M1 插扣护翼。如图 4.51，两指挤压 M1 另一插扣护翼并向下轻按插扣。如图 4.52，一手抓住 M1 向左侧拉，另一手抓 C 面板向右侧拉。如图 4.53，将 M1 模块从 C 面板上拆下。

　　M2 模块的组装，如图 4.54，将插条 F 的插槽插入折弯后的 M2 插槽。M2 组装完成后如图 4.55。

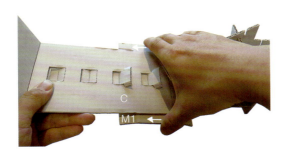

图 4.48

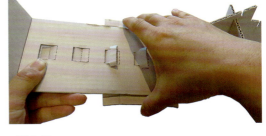

图 4.49

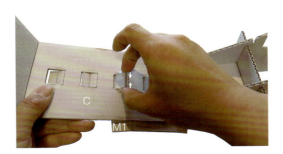

图 4.50

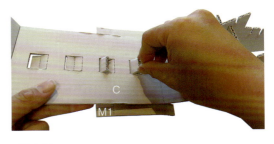

图 4.51

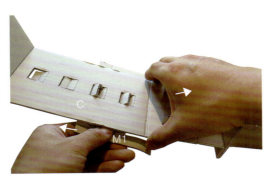

图 4.52

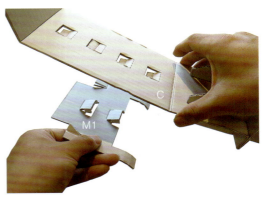

图 4.53

第四章　无酸瓦楞纸插接展具

M2 模块可连接 C 面板顶端两个插扣，如图 4.56，搭载于支架基础款上，也可与其他模块搭配，详见后文。

M3 模块的组装，借助四块插片 E。将 E 插入 M3 的下部插槽，如图 4.57、图 4.58 所示位置。如图 4.59，将插入 E 的 M3 下部上翻，使 E 的另一插槽对准 M3 上部插槽。如图 4.60，第一块插片 E 安装到位，其余三片同此处理。

M3 模块完成组装的正面结构如图 4.61。M3 模块完成组装的背面结构如图 4.62，带"△"标记的挡板可提高此模块承重能力，为便于成形，可以略去，以降低 M3 模块与基础模块的拆装难度。M3 模块与支架基础款的标准化插扣的装配方法，参考前文所述方法，装配完成后效果如图 4.63。

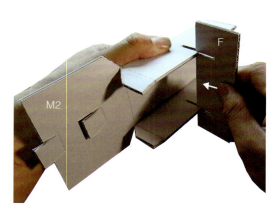

图 4.54

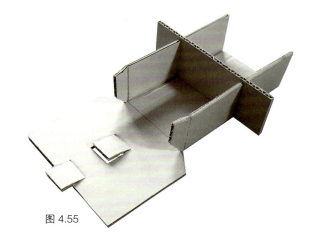

图 4.55

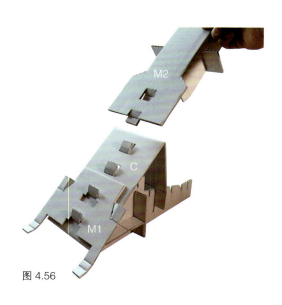

图 4.56

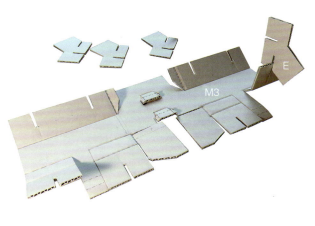

图 4.57

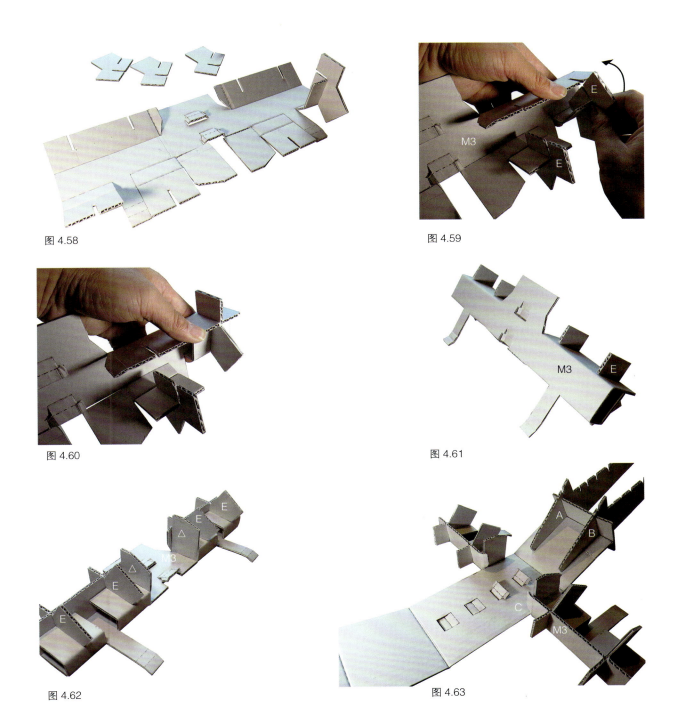

图 4.58

图 4.59

图 4.60

图 4.61

图 4.62

图 4.63

如图 4.64、图 4.65，M4 模块借助两块插条 F，方可组装成形。如图 4.66，M4 模块组装后可与其他模块搭配安装于支架基础款，详见后文。

如图 4.67，前文所述拓片无胶装裱的部分模块可与本支架搭配使用，与支架基础款装配后可用于展示拓片、相片、字据等单片状的展品。展示效果后文详述。

如图 4.68、图 4.69，M1、M2 模块与支架基础款搭配使用，可以为加高画作提供倾角可调的支撑。如图 4.70、图 4.71，M2、M3 模块与支架基础款搭配使用，可以为加高且加宽的画作提供倾角可调的支撑，为防止支架向一侧倾倒，还可增设加固模块 D。如图 4.72、图 4.73，M3 模块与支架基础款搭配使用，可以为加宽而低矮的画作提供倾角可调的支撑。如图 4.74、图 4.75，如有更高的画作，还可使用进一步加高的模块 M4 与 M3 和支架基础款搭配，为更大幅面的画作提供倾角可调的支撑。

各个模块还可按照其他所需进行更多排列组合，并可根据未来更多的使用场景，搭载未来进一步研发的 M6、M7 等，只要新研发的模块具有与支架基础款同样的标准化插扣即可。

如图 4.76，使用 M1 模块展陈小型画作 S，首先在装裱画作的画框背面标记 M1 模块的两个抓手的宽度。市面有售的轻工业产品"挂画齿条"也称"相框直条暗挂"，具有不同规格尺寸，通常为黄铜材料制成，常见用法是用螺丝将其安装于画框背面顶端，然后在墙上钉木工钉后竖直悬挂画作。如图 4.77，本展具提供的

扫码观看第四章第三节图 4.68～图 4.87
13 秒

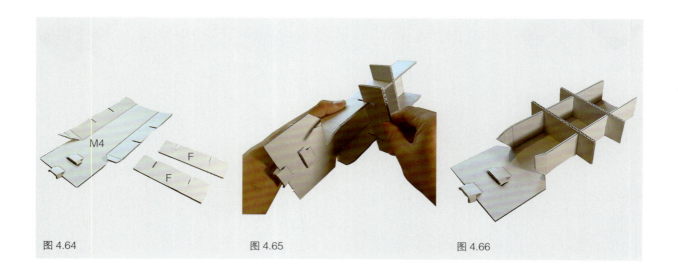

图 4.64　　　　　　　　图 4.65　　　　　　　　图 4.66

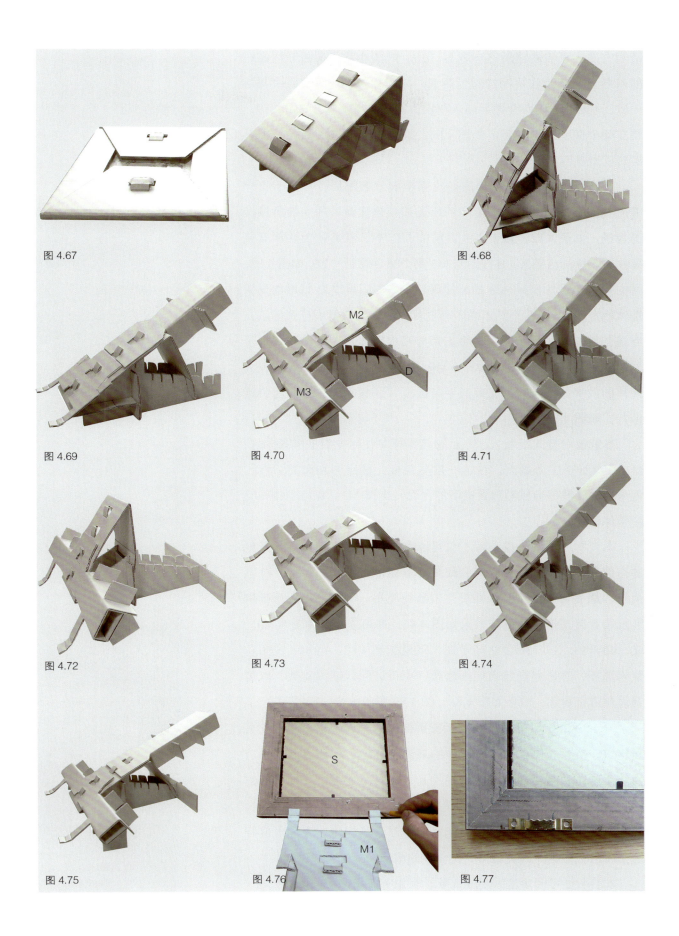

图 4.67

图 4.68

图 4.69

图 4.70

图 4.71

图 4.72

图 4.73

图 4.74

图 4.75

图 4.76

图 4.77

展示方法，可借助使用这一现有产品。如图 4.78，在画框背面底部用螺丝安装两枚黄铜挂画齿条 K，其间距与 M1 两个抓手间距一致。然后将 M1 两个抓手插入两枚黄铜挂画齿条 K。如图 4.79，将支架向画框背面翻转。如图 4.80，画框与支架装配到位，将其翻转正置即可展示陈列。

如图 4.81，M1、M2 模块与支架基础款装配后，可用于支撑窄而高的画作 H，同样需要如前所述在画框背面底部安装黄铜挂画齿条。如图 4.82，对于再大再重的画作 W，在其背面底部安装两枚黄铜挂画齿条 K，其间距与 M3 两个抓手间距一致。如图 4.83，将支架基础款与 M3、M4 搭配使用，安装加固模块 D 以增加支架整体稳定性。M3 两个抓手插入画框背面底部两枚黄铜挂画齿条，完成支架与画作的装配后，将支架与画作整体翻转正立即可用于展示陈列。支架基础款与 M3、M4、D 模块装配后用于支撑较大画作的效果如图 4.84，支架抓手与画框背面底部黄铜挂画齿条连接方式如图 4.85。

当纸板 C 插入纸板 A、B 上 30 度插槽并使用支架支撑画作时，M3 模块所受压力最大。在这一展陈角度，插片 E 和带有"△"记号的部件底部会接触放置支架的台面，支撑 M3，保持画作和支架整体稳定。

本节所述可调角度支架不仅可以为画作展陈提供支撑，其他薄态展品，只要背面可以安装配置标准化插接卡扣或可安装挂画齿条，都可与上述无酸纸插接支架搭配使用。例如，支架基础款装配拓片装裱模块的展陈效果如图 4.86，并可使展陈角度在 60、50、45、40、35、30 度之间可调，效果如图 4.87。再如铜镜的花梨木展托，其背面安装有挂画齿条，也可装配此插接支架，以可调倾角进行展陈，效果如图 4.88、图 4.89 所示。

图 4.90 为使用可调角度支架支撑画作的正面效果。观众欣赏画作时，支架被画作遮挡，画作的展陈主体地位得到有效烘托。为防止画作在展柜内展陈时出现反光，也为了使观众获得更好的观看角度，可根据现场的展陈环境调节支架，获得合理的展陈角度。配合展陈现场的光影造型，画作犹如悬浮于展柜内，表现出良好的空间层次，画作的美感得到进一步的增强。

本节所述可调角度的展陈支架，有如下特点：

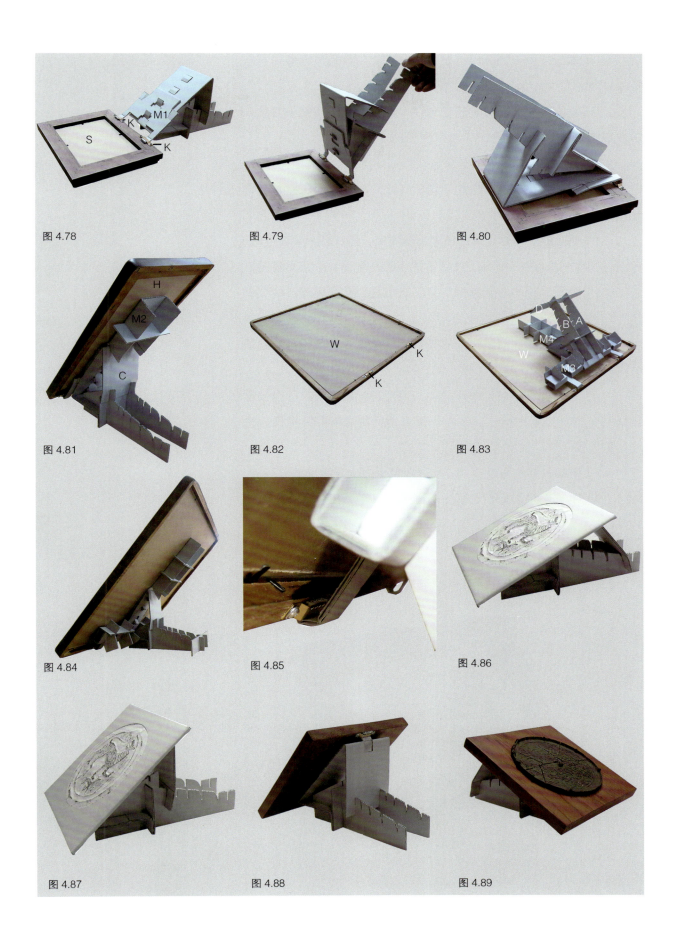

图 4.78

图 4.79

图 4.80

图 4.81

图 4.82

图 4.83

图 4.84

图 4.85

图 4.86

图 4.87

图 4.88

图 4.89

（1）本支架由无酸瓦楞纸制成，也可使用其他符合博物馆藏品保护要求且性能合适的材料，如 PP 或尼龙。

（2）全部工艺为插接。不使用任何黏合剂，不使用热熔胶，不使用胶带，不使用钉合，不使用线绳捆扎等方法。

（3）制作材料及生产工艺符合严格的环保要求，无尘无污染，可手工完成，不依赖专业设备，节能低碳，成本低廉，尤其适合博物馆展陈。

（4）全部的支架零件可以反复拆解安装，拆解后为平面结构，可以与画作一起收纳、运输，以便下次展陈前快速完成展具准备。

（5）各个模块与支架基础款可任意搭配，装配时通过自锁插扣实现锁定，并可再次无损拆解。

（6）自锁插扣的间距及尺寸采用标准化设计，便于不同模块之间的搭配使用及更替。

（7）未来进一步研发的新模块，可通过标准化设计的自锁插扣搭载于本支架基础款上，使本支架具有良好的展陈环境适应性和可扩展性。

（8）支架的展陈角度可调，且调节范围较大，满足展览所需。

（9）本支架可用于但不限于展陈画作、单张文件、相片、拓片等。

图 4.90

第四节　提供特定斜度的画作支架

　　上节所述可调角度支架虽有诸多优点，但结构稍显复杂。某些画作展陈时仅要求画作以 30 度、45 度或 60 度等特定斜度摆放即可，因此还需要提供一种结构更简易、承重更好的展具。第二节所述简易插接支架，缺点在于通用性和适应性差，如图 4.91 所示，两张高度不同的画作，需要使用两种高度不同的插接支架，支撑画作背面顶边上的挂画齿条，以确保画作稳定地倾斜摆放。展览中有多少种不同高度的画作，就需要制作多少种类的画作支架，支架设计制作的个性定制意味强烈，使得展具准备工作难度大、效率低。再次展览新的画作时，若画作高度有变化，就需要重新制作新的支架，这也使得该种类型支架的可持续性较差。基于以上原因，需要研究出一种通用性、适应性好的画作展具，便于展览前批量制作标准化的展具，布展时高效完成画作的支撑固定和倾斜摆放。

　　图 4.92 ~ 图 4.97 是根据上述展具需求，设计出的系列化、标准化的画作插接支架的部件平面图。可使用无酸瓦楞纸成形，或用其他具有韧性、可反复折叠且无酸环保的材料替代。

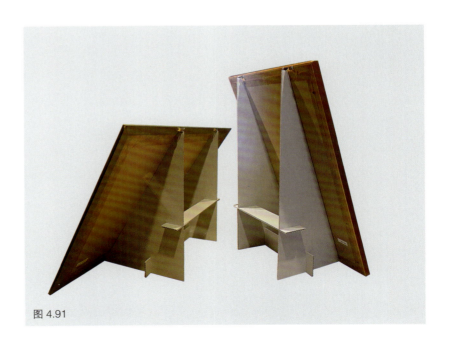

图 4.91

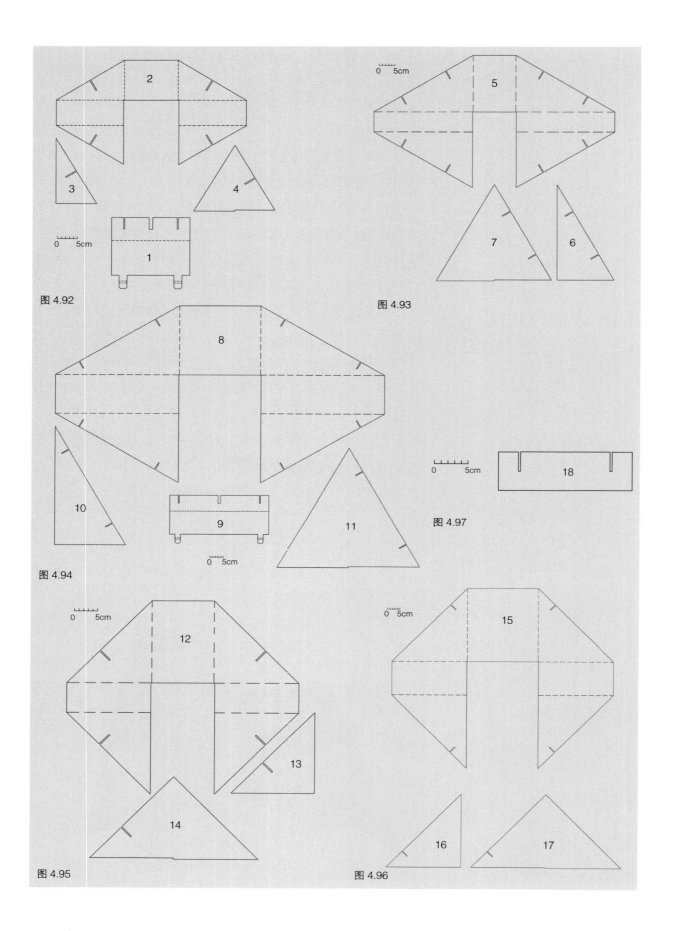

图 4.92

图 4.93

图 4.94

图 4.95

图 4.96

图 4.97

扫码观看第四章第四节图 4.98 ~ 图 4.101
50 秒

如图 4.98，将部件 2 沿着虚线折弯。按照图 4.99 所示方式折弯并翻转部件 2。如图 4.100，部件 2 折叠并合并后，在其中间插入部件 3。如图 4.101，在部件 2、3 共同组成的插槽上插入部件 1。

如图 4.102，插接完成的支架可以用于装配画作，画作背面底边预先安装好目前常用的黄铜挂画齿条。当前陈列悬挂画作时，通常将挂画齿条安装于画框背面的顶边，本技术方案则将其安装于画框背面底边，以便更好地与支架装配。

图 4.103 为部件 1 的抓手穿入黄铜挂画齿条后的效果。如图 4.104，翻转画作及支架，即为小幅画作以 30 度倾角支撑的效果。如图 4.105，翻转部件 2，成为 60 度斜坡模式后，再次插入部件 1，即可以图 4.106 所示模式支撑画作，使得画作以 60 度倾角支撑。

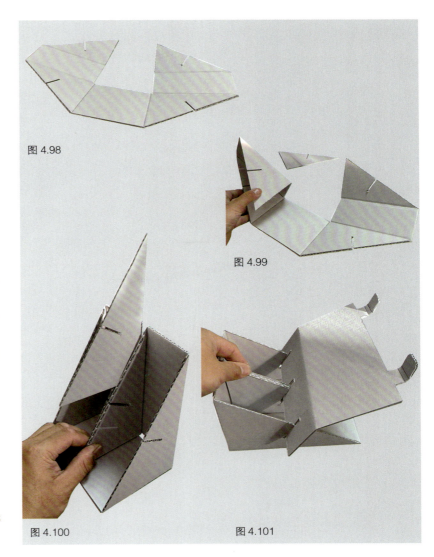

图 4.98

图 4.99

图 4.100

图 4.101

如图 4.107、图 4.108，当画作高度较大，使用本小型支架支撑时，可以用支撑部件 4 替换部件 3，增加支架的稳定性。将部件 1 再次插入部件 2 和部件 4 组成的插槽中，获得图 4.109 所示效果。

如图 4.110，中号的 30 度兼 60 度支架的安装过程与前文所述大致相同，不同之处在于其长斜边顶端可以插入加固部件 18，以提高支架的稳定性并起到保护插槽的作用。

安装完成的中号的 30 度兼 60 度支架如图 4.111 所示，可以为中型画作提供 60 度倾角的支撑。需要此中号支架提供 30 度倾角支撑时，将加固部件 18 与抓手部件 1 位置对换，并将支架倾倒放置即可。大号的 30 度兼 60 度支架及 45 度支架的插接过程与前文所述相同，不再赘述。

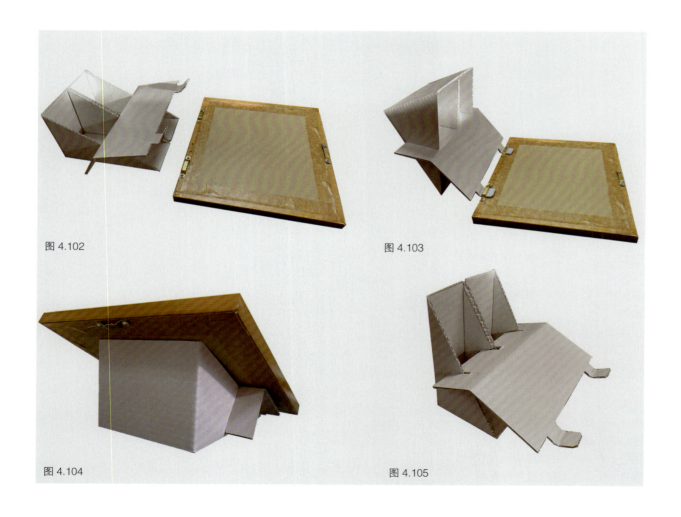

图 4.102

图 4.103

图 4.104

图 4.105

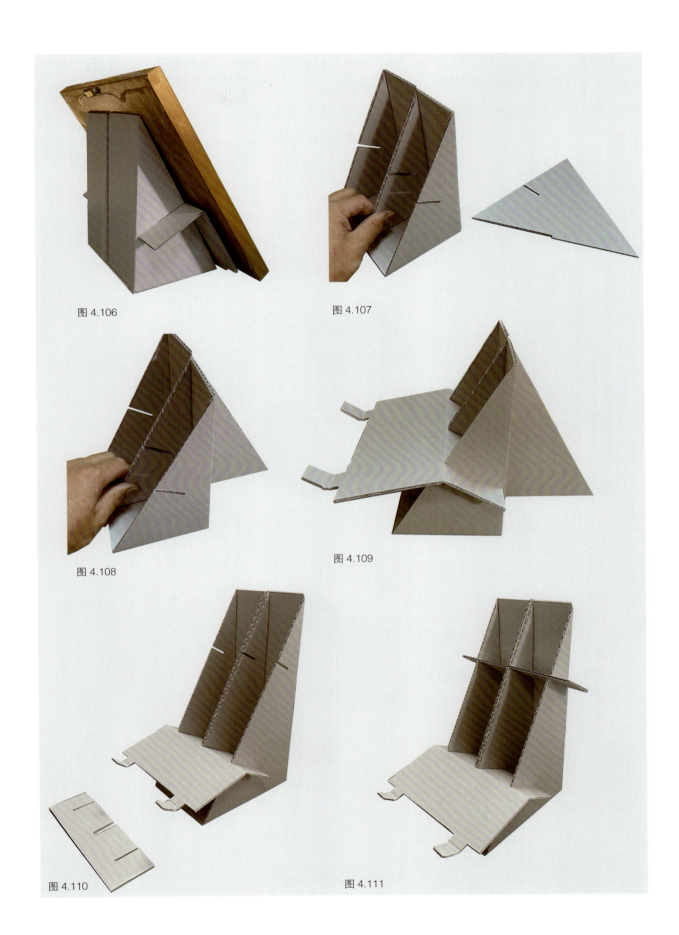

图 4.106

图 4.107

图 4.108

图 4.109

图 4.110

图 4.111

图 4.112、图 4.113 为插接完成的全部系列化支架。其中,小、中、大号 30 度兼 60 度支架分别可以为高 20 ～ 36 厘米、36.1 ～ 52 厘米、52.1 ～ 90 厘米的画作提供稳定支撑,小、大号 45 度支架分别可以为高 25 ～ 45 厘米、45.1 ～ 90 厘米的画作提供稳定支撑。

扫码观看第四章第四节图 4.109 ～图 4.113
1 分 10 秒

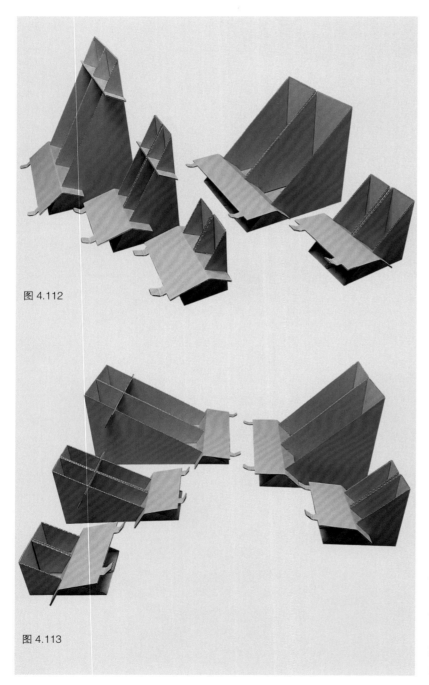

图 4.112

图 4.113

右页
图 4.112　插接完成的全部系列化画作支架展示效果之一
图 4.113　插接完成的全部系列化画作支架展示效果之二

右页
图 4.114　支架简化版的部件平面图

以上支架的结构设计较为稳定，但依然依赖大张的制作材料。为了更好地利用设计生产过程中的边角料，进一步减少材料和经费的浪费，本技术方案还提供简化版，适合在较干燥的环境中使用，适合支撑重量不大的画作。简化版的部件结构如图4.114，其中部件1的尺寸、造型与前文所述支架方案一致，其余部件皆进行简化，只需利用小幅面的边角料即可完成裁切制作。

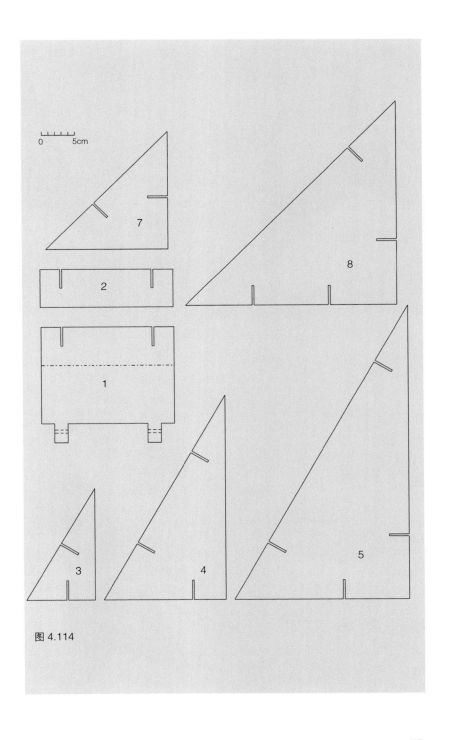

图 4.114

各个简化部件的插接过程如下：

如图 4.115，将部件 2 与两个部件 3 插接，图 4.116 为插接完成的效果。如图 4.117，将部件 1 与部件 2、3 插接到位，制成简化版的小号支架，图示为支架以 60 度倾角使用模式的效果。

如图 4.118，将部件 1 的抓手穿入画框背面底边预先安装的黄

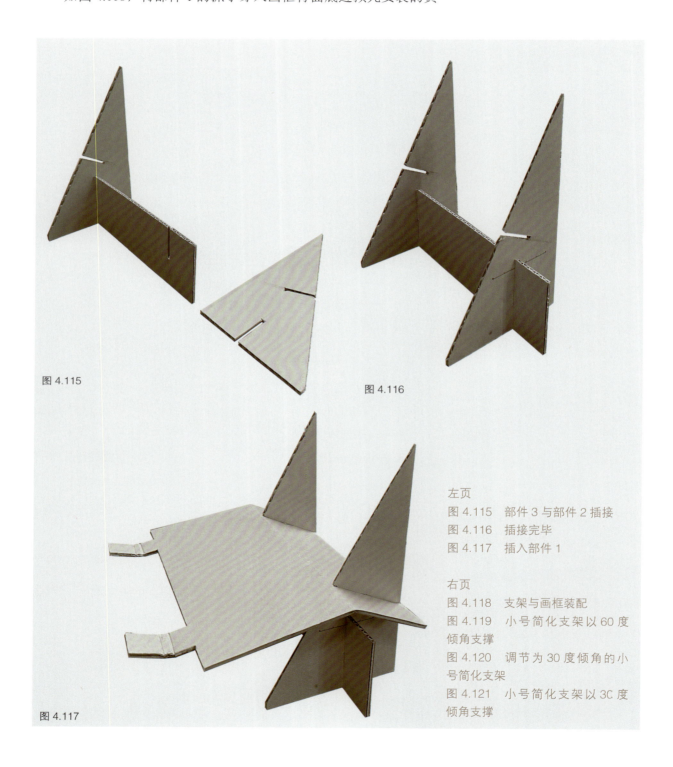

图 4.115

图 4.116

图 4.117

左页
图 4.115　部件 3 与部件 2 插接
图 4.116　插接完毕
图 4.117　插入部件 1

右页
图 4.118　支架与画框装配
图 4.119　小号简化支架以 60 度倾角支撑
图 4.120　调节为 30 度倾角的小号简化支架
图 4.121　小号简化支架以 30 度倾角支撑

铜挂画齿条。图 4.119 为小号简化支架以 60 度倾角支撑小幅画作。

如图 4.120，将简化版小号支架的部件 1 与部件 2 对换位置后，成为 30 度倾角的画作支架，再将抓手穿入黄铜挂画齿条，可以不同模式支撑画作。图 4.121 为小号简化支架以 30 度倾角支撑小幅画作。

图 4.118

图 4.119

图 4.120

图 4.121

图 4.122 为使用图 4.114 所示部件插接完成的系列化的简化版支架。所有支架上空闲的插槽处都可通用抓手部件 1，所有的 60 度支架都可以转换为 30 度倾角模式使用。

　　如图 4.123，大型简化版支架的长直角边可以在适当位置开槽，插入对插插板。如图 4.124，使用对插插板使两个支撑板背靠背插接。图 4.125 为加强结构的简化版支架，可使较高画作的重心位于支架结构内，确保稳定。图 4.126 为展览中使用 30 度倾角系列支架展示画作的效果。图 4.127 为展览中使用 60 度倾角系列支架展示画作的效果。

图 4.122

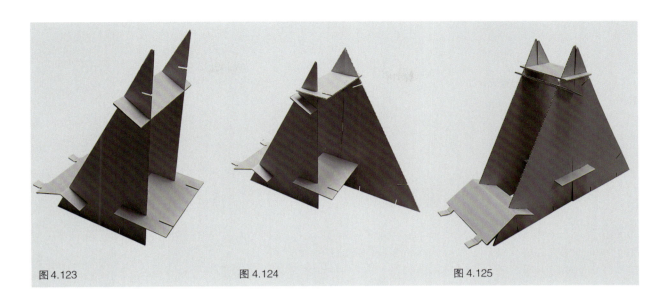

图 4.123　　　　　　　图 4.124　　　　　　　图 4.125

图 4.126

图 4.127

第五章
柜内展陈空间的搭建

在展览中，需要在一定的空间内对展品进行有序的摆放，以体现展品的美感，烘托展品的价值。例如，为了合理使用有限的柜内空间，通常需要将展品分行排列；为了避免它们互相遮挡，需要使用方形展块，以便展品有高低错落的空间层次。再比如薄片类的展品或图书，平摆于展台，不利于观看，需要以特定斜度摆放，使观众获得舒适的观看角度，这时就需要带有坡面的展台，如30度、45度、60度的斜坡展块。当前常见展块多采用木材裱布制成，虽有结构稳定的优点，但缺点亦明显，如材料安全性问题、环保问题，以及生产过程中的粉尘污染、垃圾排放量大等等。尤其是众多临时性展览所用的数量巨大的展块，其资源浪费问题显著，在当前推行节能减排的国策之下，我国推出碳中和与碳达峰目标，也促使本领域研究替代技术减少排放与资源浪费。

本章讲述了展柜内展陈空间的搭建，提供不同角度的斜坡展块、方形展块、梯台展块的制作方法。这些展块皆使用环保的无酸瓦楞纸插接成形，不但便于为系列展品搭建所需的展陈空间，还可以确保其符合严格的预防性保护要求。与传统的木材裱布展块的整体式展具不同，无酸瓦楞纸插接成形的展块兼具折叠式、单体组合式、拆装式展具的功能特征。其加工过程环保，成形方便，模块化与标准化的设计使其易拆装、易组合、多用途；不使用展块时，可以将其拆解成若干平面零件，便于收纳和节省存储空间，降低运输和存储成本。

第一节　传统展块的制作方法

当前展览馆、博物馆使用的展块，多使用木材如实木、层压板、密度板等制作。现有的木质展块虽然结实，但结构单一，属于典型的整体式展具。每次展陈遇到不同的展陈空间搭建需求，往往需要重新制作展块，造成大量的木材消耗。当前木材价格上涨，实木材料愈加昂贵，使用实木大批量制作临时使用的展块，是资源的浪费。用层压板、密度板制成的展块，除了制作成本高昂和资源浪费，还有新的问题，如制成的展块释放甲醛等有害气体，对展品和展陈空间内人员的安全都有危害。文物对展块的环保水平要求较高，木材展块往往难以达到文物预防性保护的要求。另外，木材切割、打磨等加工过程中也会产生大量的粉尘污染等。

木质展块由于连接工艺的原因，制成后难以拆解、维护和改装；不使用时，往往占用大量的存放空间；又因其结构单一，难以适应多变的展陈需求。所以每次新的展陈都需要重新制作，材料、人力和时间重复投入较多。

传统整体式展块的大致制作方法是先将密度板或木工板展块钉合成形，然后再粘贴裱布或钉合裱布。前一种做法，是先在木展块表面通体滚刷白乳胶（图5.1、图5.2），将幅面足够大的亚麻布铺设于木展块表面（图5.3），用不带有加湿功能的电熨斗熨烫布面，使其平整（图5.4）。如此将木展块顶面及四个侧壁的布面全部熨平（图5.5）。再仔细剪去边角处多余的布料，不使线头露出，完成展块制作（图5.6）。

图 5.1

图 5.2

图 5.3

图 5.4

图 5.5

图 5.6

图 5.1　木材展块表面涂刷乳胶
图 5.2　通体刷胶完成
图 5.3　铺设亚麻布
图 5.4　熨烫
图 5.5　确保四壁及顶面平整
图 5.6　剪去多余边角布料

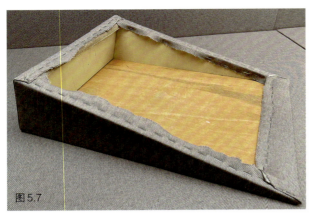

图5.7

图5.8

当前，随着人们文物保护意识的提高，使用大量乳胶黏合裱布的方法已不再采用，代之以钉合裱布。在木展块表面蒙亚麻布，边角处经叠压收边后，将收口处用钉枪钉合在木展块底面或内壁（图5.7）。虽然没有大量使用黏合剂，但亚麻布是否经过脱酸处理、木块材料是否符合环保要求及文物预防性保护的要求，仍存疑问。另外，这两种工艺制成的展块，皆为典型的整体式展具，结构单一，难以适应多变的展陈环境。例如图5.8所示，用木块裱布的斜坡展块展示未经装裱的单张纸质文物时，未经固定的展品容易起翘卷曲，通常需要用透明亚克力镇尺固定，无论从文物受力合理性还是展陈效果看，都不理想。如果需要不同的展示角度，只有重新制作新的整体式展块，才能满足不断变化的展陈需求。

第二节　无酸瓦楞纸插接成形的斜坡展块

为解决上述问题，本节讲述一种新型的展块制作方法。图5.9、图5.10为所需部件的平面结构图，使用无酸瓦楞纸作为制作材料。其中实线为刀切线，虚线为折线。将无酸瓦楞纸板裁切成各个部件，按照下文所述流程组装。

如图5.11、图5.12，使用四片部件6作为内支撑结构，将其两两合并。将部件1沿折线折弯，部件6与部件1一侧的插槽插接。为使内支撑结构受力均衡，两两合并的部件6应具有不同的瓦楞排列方向。将部件1的另一侧向部件6折弯，并插入插槽（图5.13）。

左页
图5.7　木展块表面钉合裱布
图5.8　常见的裱布木斜坡展块支撑展品的展示方式

右页
图5.9　插接展块部件平面图之一
图5.10　插接展块部件平面图之二

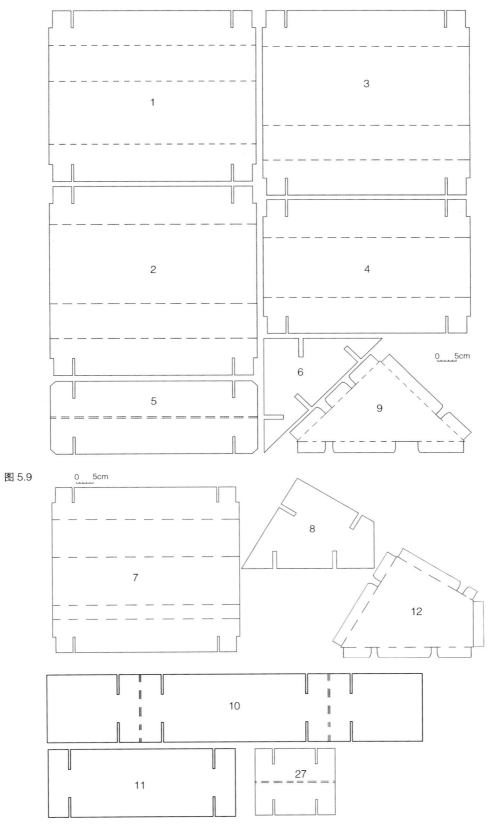

图 5.9

图 5.10

扫码观看第五章第二节图 5.11～图 5.21
3 分 54 秒

如图 5.14，将部件 2 沿折线折弯后，将其一侧插槽插入部件 6 组成的内支撑结构，与部件 1 共用插槽；将部件 2 的另一侧向部件 6 折弯，并插入插槽。如图 5.15，将部件 3 沿折线折弯后，将其一侧插槽插入部件 6 组成的内支撑结构，与部件 2 共用插槽。将部件 3 的另一侧向部件 6 折弯，并插入插槽。如图 5.16，将部件 4 沿折线折弯后，使其成为"凹"字形，并插入部件 6 组成的内支撑结构上的插槽内。如图 5.17，部件 4 一侧与部件 1 共用插槽，另一侧与部件 3 共用插槽，使部件 4 沿着箭头方向插入到底。

制作四片部件 5，将其沿着双折线折弯后，分别插入部件 1 与部件 2 之间、部件 2 与部件 3 之间、部件 3 与部件 4 之间及部件 4 与部件 1 之间的缝隙。部件 5 插入缝隙后的效果如图 5.18、图 5.19，通过挤压和摩擦使相邻的两部件固定牢固，并可在坡面上提供挡板，防止摆放于坡面的展品下滑跌落。需要调节挡板（部件 5）伸出的高度时，用拇指固定与其相邻的部件并用中指沿着箭头方向推动，即可使挡板伸出高度更高（图 5.20）。需要降低挡板伸出的高度时，将其向内按压即可。不使用挡板时，将其按压到底，直至与坡面平齐。

为遮挡展块两侧暴露的内部结构，提高其美观性，使用部件 9，将其沿折线折弯后制成装饰面板，将其沿折线反折即可制成镜像的装饰面板，插入展块两侧。完工后，制成 45 度斜坡展块（图 5.21）。

如图 5.22，部件 8 提供了 30 度兼 60 度斜坡展块的内支撑结构。将四片部件 8 两两合并，以提高其支撑强度。将部件 3 沿折线折弯后，与部件 8 插接。

如图 5.23，将部件 2、部件 7 分别与部件 8 插接。

如图 5.24，将部件 4 与部件 8 插接，并沿着箭头方向插入到底。

如图 5.25，将四片部件 5 制成的挡板插入部件 3 与部件 2、部件 2 与部件 7、部件 7 与部件 4、部件 4 与部件 3 之间的缝隙，完成斜坡展块的制作。该展块可以提供 30 度与 60 度两种不同角度的坡面，可根据所需，调节挡板伸出的高度，或将其按压到底，与坡面平齐。展块两侧暴露的内部结构，使用部件 12 制成的装饰面板遮挡。

图 5.11

图 5.12

图 5.13

图 5.14

图 5.15

图 5.16

图 5.17

图 5.18

图 5.19

图 5.20

图 5.21

如图 5.26，上述 45 度斜坡展块与 30 度兼 60 度斜坡展块的大部分部件可以通用。将 45 度斜坡展块拆解，将部件 6 替换为部件 8，将部件 1 替换为部件 7，将部件 9 替换为部件 12，即可获得 30 度兼 60 度斜坡展块。两种不同类型展块的部件通用率达到 50%，既可降低设计和生产成本，又使得展块成形变得更容易。

图 5.27 为单个 45 度斜坡展块用于展陈书籍封面的效果，图 5.28、图 5.29 为 45 度斜坡展块用于展示陶范的效果。图 5.30 所示 30 度兼 60 度斜坡展块的不同摆放方式和挡板的不同伸出高度，可以适应多变的展陈要求。

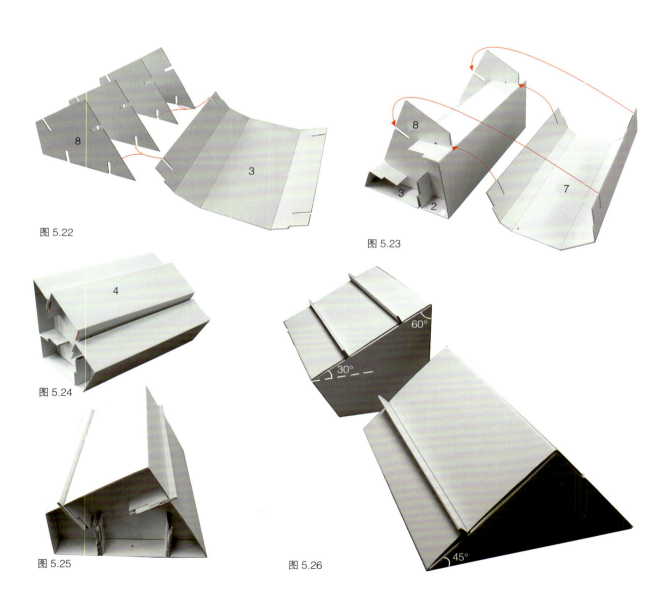

图 5.22

图 5.23

图 5.24

图 5.25

图 5.26

图 5.27

图 5.28

图 5.29

左页

图 5.22　30 度兼 60 度斜坡展块插接
过程之一

图 5.23　30 度兼 60 度斜坡展块插接
过程之二

图 5.24　30 度兼 60 度斜坡展块插接
过程之三

图 5.25　30 度兼 60 度斜坡展块插接
过程之四

图 5.26　插接完成的两种类型的斜坡
展块

右页

图 5.27　用于展示书籍

图 5.28　用于展示双排陶范

图 5.29　用于展示单排陶范

第五章　柜内展陈空间的搭建

如图 5.31，使用部件 10，将其沿着双折线折弯后，替换部件 5 的挡板，可将两个或多个 45 度斜坡展块互相插接，实现展块向纵向空间的模块化扩展。如图 5.32，为两个 45 度斜坡展块配合部件 10 的另一种插接组合方式。通过上述方式，可使 45 度斜坡展块扩展为不限于图 5.33 ~ 图 5.40 所示的多变空间结构。图 5.41 为高度扩展后的展块，可为尺寸更高的展品提供全面支撑。如展块间连接组合的强度要求不高，也可以使用两块部件 11 替换部件 10，以便节省纸张。

斜坡展块除了可以上述方式沿垂直方向扩展，也可通过一定的插件（部件 27），并联若干模块，实现水平方向的扩展，达到不限于图 5.42 所示的多样化结构。

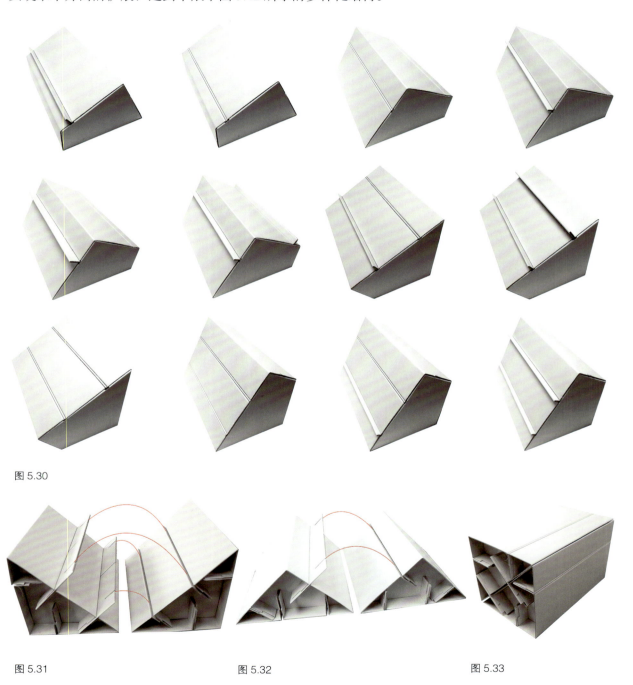

图 5.30

图 5.31   图 5.32   图 5.33

在不使用插件的情况下，还可以实现图 5.43 所示状态，使并排放置的各个展块提供不同的挡板空间划分。并联实现宽度扩展的展块，可以用于展示宽幅面的长卷，如图 5.44。而对于一些尚未装裱的宽幅展品，还可以进一步改进结构，为支撑展品的坡面配置透明的 PE 压条，防止展品卷曲甚至滑落。以下以 45 度斜坡展块的并联及压条配置为例，讲述具体方法。

图 5.34

图 5.35

图 5.36

图 5.37

图 5.38

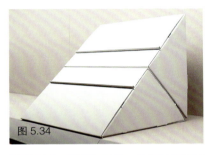

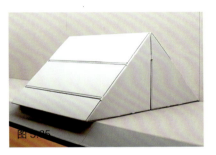

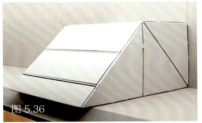

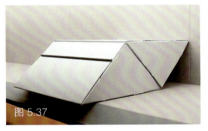

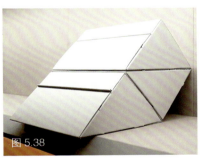

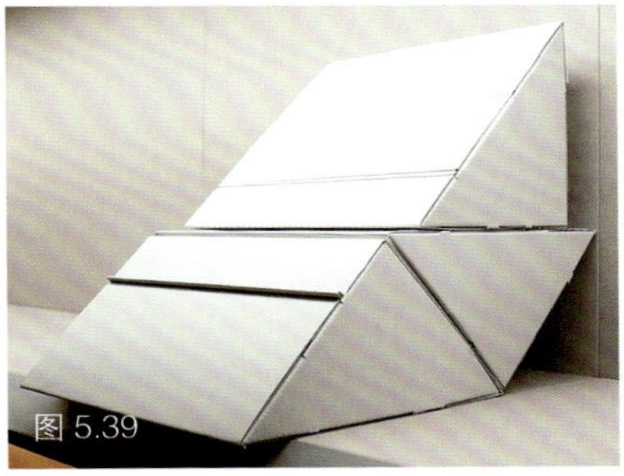
图 5.39

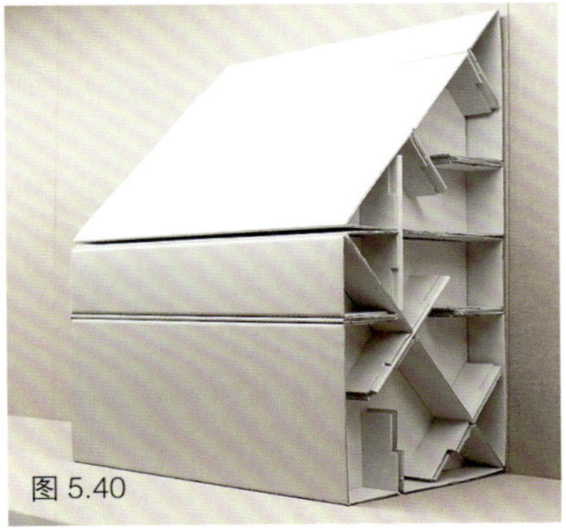
图 5.40

图 5.41

左页
图 5.30　30 度兼 60 度斜坡展块的多种使用模式
图 5.31　两个 45 度斜坡展块插接模式之一
图 5.32　两个 45 度斜坡展块插接模式之二
图 5.33　两个 45 度斜坡展块插为长方体

右页
图 5.34　两个 45 度斜坡展块插为加高模式
图 5.35　两个 45 度斜坡展块插为背靠背模式
图 5.36　组合模式之一
图 5.37　组合模式之二
图 5.38　组合模式之三
图 5.39　组合模式之四
图 5.40　组合模式之五
图 5.41　加高模块用于展示书籍

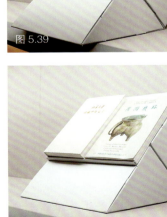

图 5.42

图 5.43

图 5.44

扫码观看第五章第二节图 5.43 ～图 5.44

1 分 8 秒

图 5.45

图 5.46

图 5.47

图 5.48

图 5.49

自由端

图 5.50

自由端

　　首先，将 45 度斜坡展块两侧的扣板部件 9 取下（图 5.45），按照前文图 5.20 所示方法，拆除挡板部件 5。在挡板部件 5 的插槽外侧，开出互相平行且上下对齐的两个缝隙插孔（图 5.46），将博物馆级的无酸透明 PE 扁带按照图 5.47 所示方式穿入挡板上的缝隙插孔内，再将挡板部件安装回斜坡展块上的原位置（图 5.48），根据展品所需，调节挡板伸出的高度（图 5.49、图 5.50），此时，挡板一侧的透明 PE 扁带已被挤压锁定，展块另一侧的扁带自由端有两种固定方式。

其一，对于加长的联合展块头尾模块的扁带自由端，将插件27沿中垂线裁切出1/2个插件27，将其与扁带一同，按照图5.51、图5.52所示方式插入展块背面插槽，扁带自由端被固定。

其二，对于加长联合展块中段模块的PE扁带自由端的固定，可以借助插件27，将展块的并置联合与扁带自由端固定同时完成。如图5.53，先将挡板部件5拆除，再将插件27沿双折线折弯并夹入一段无酸织带。如图5.54，将并拢的插件和透明PE扁带的自由端，一同插入两并置展块之间的插槽。两展块背面被插件并联固定的同时，扁带自由端也同时被固定。如图5.55，插件中夹入的织带两端，可以将插件27从插槽中拉出，便于撤展时拆解展块。

图 5.51

图 5.52

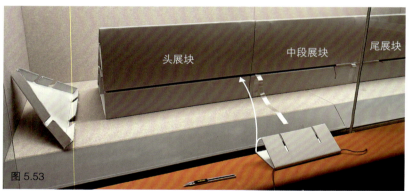

图 5.53

头展块　　中段展块　　尾展块

图 5.54

为确保并联后的加长展块的稳定性，不但需要在展块背面使用插件 27，还需要在展块底面使用插件 27（图 5.56、图 5.57），使得并联后的加长展块有两个面被插件固定，确保并联后展块的稳定性。完成并联的展块，再将两端的扣板装回，图 5.58 为完成加长扩展并配置透明 PE 扁带压条的展块效果。

图 5.55

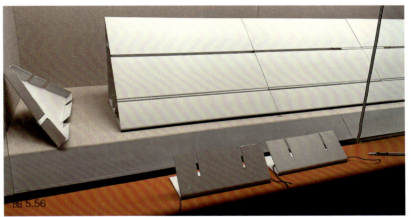

图 5.56

图 5.57

由于此展块部件具有模块化、标准化的特点，部件5挡板、PE扁带与插件27（或1/2个插件27）构成的"展品固定总成"（图5.59），也可拆解后再插入其他插槽，得到不限于图5.60、图5.61所示的其他类型的加长斜坡展块。图5.62是使用将三个45度斜坡展块拼装扩展而成的加长展具展示未装裱长卷的效果，展品被稳定地固定在坡面上，不会起翘卷曲和意外滑落。如展柜长度不限，可以用更多的斜坡展块，拼装成更长的展具，适应展品的展陈需求。

为了解展具挡板的支撑强度，我们对其进行了抗压试验。在挡板伸出坡面2厘米、环境湿度为60%条件下，挡板至少可承受10千克静压力24小时不损坏（图5.63）。另外，45度斜坡展块还可同时向垂直和水平两个方向扩展，通过插件29及插件30，可以将若干45度斜坡展块插接成更高、更宽的加大展具（图5.64～图5.68）。还可根据需要自行开发更多插件，拼装出百变的展具造型。

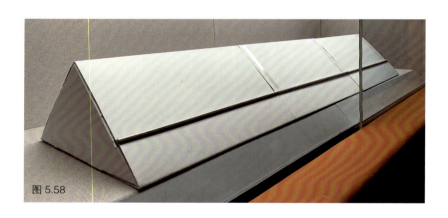

图 5.58

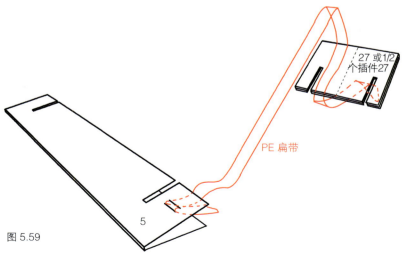

图 5.59

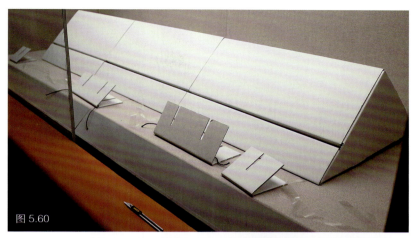

图 5.60

图 5.61

图 5.63

图 5.62

瓦楞方向

0   5cm

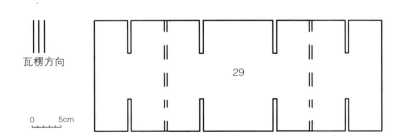

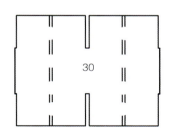

图 5.64

图 5.65

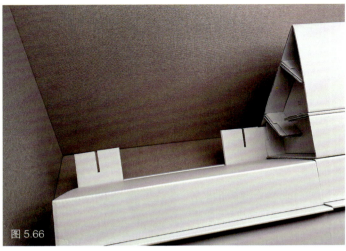

图 5.66

图 5.67

图 5.68

左页

图 5.65　扩展过程之一
图 5.66　扩展过程之二
图 5.67　扩展过程之三
图 5.68　扩展成加宽加高斜坡展块

右页

图 5.69　扁长方展块所需部件的平面
结构图

第三节　无酸瓦楞纸插接成形的方形展块

　　本节所述方形展块包括扁长方展块、厚长方展块、扁正方展块、正方体展块，也使用无酸瓦楞纸插接成形。图 5.69 为扁长方展块所需部件的平面结构图。部件 13 ~ 部件 15 插接后，成为一般受力强度的扁长方展块。需要高强度受力的加强型展块时，使用部件 13、双份部件 16、双份部件 17 和部件 28 插接成形。以下所述为具体成形过程。

　　如图 5.70，制作两片部件 15 和三片部件 14，使它们互相插接成支撑结构。如图 5.71，制成部件 13，并将其沿着虚线折弯，将插接好的支撑结构置于部件 13 上。如图 5.72，将部件 13 相对两侧的插槽插入框架结构上的插槽。如图 5.73，将部件 13 另外相对两侧的插槽插入框架结构上的插槽，制成的扁长方展块如图 5.74。

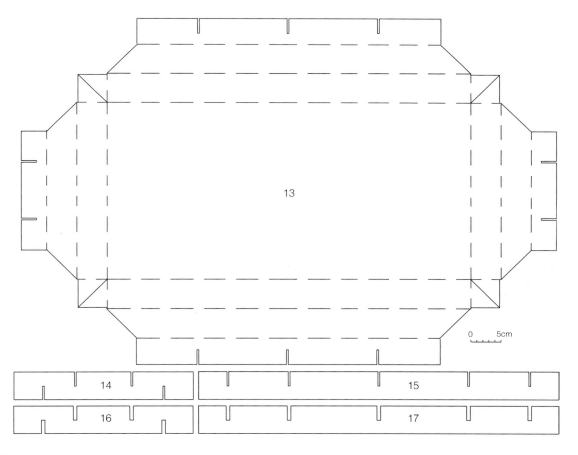

图 5.69

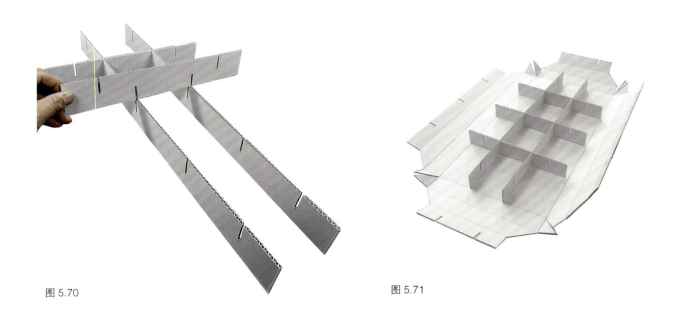

图 5.70

图 5.71

图 5.72

图 5.73

图 5.74

左页

图 5.70　内部框架的插接

图 5.71　内部框架置于平面结构中央

图 5.72　内翻并插接

图 5.73　插接完成

图 5.74　翻转后成为可用展块

右页

图 5.75　厚长方展块所需部件的平面
结构图

图 5.76　扁正方展块所需部件的平面
结构图

使用图 5.75 ～图 5.77 所示部件 18 ～部件 26，按照上述插接方法，还可制成其他多种样式的方形展块，如厚长方展块、扁正方展块、正方体展块等。

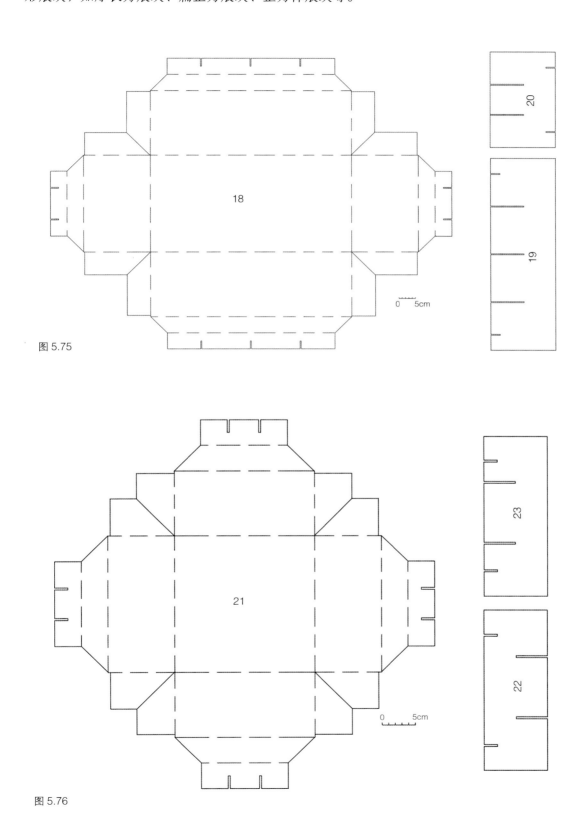

图 5.75

图 5.76

使用部件 28（图 5.78）配合双份的插槽加宽的支撑部件 16、17，可以获得加强结构的扁长方展块。依照前文方法制得扁长方展块后，再如图 5.79～图 5.81 所示将部件 28 插入展块底面，即为加强结构的扁长方展块的底部形态。部件 28 中央设置有两个半圆形抓手，用于拉出部件，便于展块再次拆解为扁平化造型，减少撤展后的博物馆存储压力和运输成本。

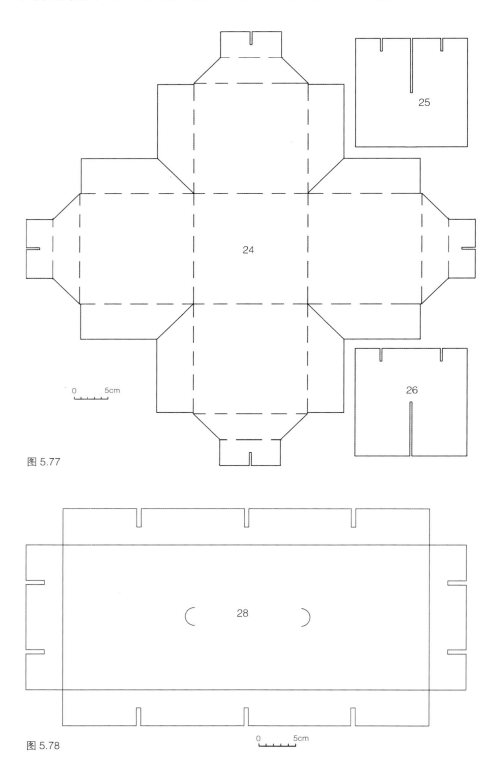

图 5.77

图 5.78

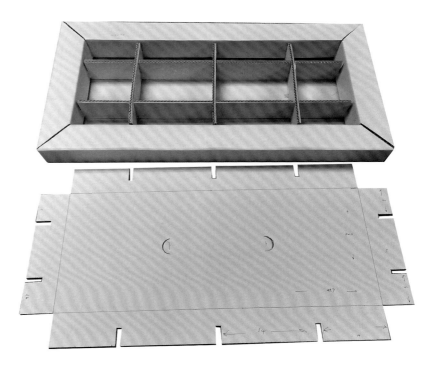

图 5.79

图 5.80

图 5.81

我们将加强结构的扁长方展块正置，其顶面静压超过 75 千克的物品，在环境湿度为 50% 条件下，经过 24 小时抗压试验，展块结构依然完好，纵向形变不超过 1 毫米。

如图 5.82，将上述系列展块排列组合，可以搭建出不限于如图所示的展示空间，用于展陈造型、尺寸多样的展品。

上述柜内展陈空间搭建方法，相对于传统整体式木材展块，有如下优点：

（1）本展块的制作，使用符合文物预防性保护要求的无酸瓦楞纸板，采用插接结构，不使用黏合剂、胶带、钉枪、热熔胶。

（2）本展块的各个部件完全依靠插接，节省材料且符合严格的环保标准，生产过程无噪声、无气味、无粉尘。

（3）制作材料和工艺简单，成形方便快捷。即便没有任何专业设备，仅仅借助无酸瓦楞纸、桌面、切割垫、壁纸刀、尺规等作图工具，也可顺利完成设计制作。图 5.83 为笔者设计制作的现场。

（4）设计、制作成本低廉。

（5）可反复拆解和组装。拆解后可复原为扁平化造型，便于管理和收纳，降低运输和存储成本。图 5.84 为数个斜坡展块拆解后的状态，所占用空间仅相当于一个同样造型、尺寸的整体式传统展块的体积。展块的部分零件污损，可以拆解并更新配件后继续使用，使展块具有良好的易维护性，减少浪费。

（6）展块可以实现样式和尺寸的扩展，如 45 度斜坡展块可以互相插接组合成加高加宽的斜坡展块，使展块能够适应多变的展陈需要，便于其可持续地重复使用，遏制当前对展块的一次性使用习惯。

（7）不同展块的部件通用率高，如 45 度斜坡展块与 30 度兼 60 度斜坡展块的大部分部件可以通用。将 45 度斜坡展块拆解，替换部分部件，即可获得 30 度兼 60 度斜坡展块。两种不同类型展块的部件通用率达到 50%，既可降低设计和生产成本，又使得展块成形变得更容易。

（8）斜坡展块的挡板高度及位置可调节，有利于展块适应多变的展陈需求。

（9）轻量化。制作一个同样造型、尺寸的传统整体式展块需要 10 千克材料，而以上插接展块仅使用 1 千克瓦楞纸。

右页
图 5.82 搭建多变的展陈空间
图 5.83 不依赖完善的硬件也可完成设计与制作
图 5.84 拆解为扁平化结构的展块部件

图 5.82

图 5.83

图 5.84

159　　　　　　　　　　　　　　　　　　第五章　柜内展陈空间的搭建

第四节　无酸瓦楞纸插接成形的梯台展块

在展览中，展品通常需要衬垫展块，使其达到一定的高度并烘托文物，以便观众观看和欣赏。例如展览中常用的方形独立展柜，需要在柜内平面上放置一个梯台展块，其顶面用以摆放展品，斜面则用以摆放展品的说明牌。

当前展览中使用的梯台展块多采用密度板、木工板等木质材料钉合或胶合后再在表面裱布装饰。所使用的材料中如含有有机挥发物或酸性材料，会对展柜内的珍贵文物造成侵蚀，不符合文物预防性保护的要求。另外，木材制成的展块具有很强的吸湿能力，随着季节和湿度的变化，会交替吸湿和放湿，不但会影响展块的尺寸稳定性，还会妨碍展柜内湿度的调节。对展柜内需要干燥环境的文物的安全不利。

为解决上述问题，本节介绍一种无酸瓦楞纸插接成形的梯台展块。图 5.85 为梯台展块所需部件的平面结构图，图上实线为裁切线，虚线为折线。全部部件采用无酸瓦楞纸裁切成形。部件 2 ~ 5 为内部框架支撑结构，也可以采用强度更好且符合环保要求的刚性材料如高分子材料板材制成。部件 6 为加强结构的部件，也由无酸瓦楞纸制成。

具体安装及使用过程如下：

如图 5.86，将裁切后的无酸瓦楞纸部件 1 沿着虚线折弯；如图 5.87 ~ 图 5.89，将两个部件 2 和两个部件 3 互相插接；如图 5.90，将部件 5 插入部件 2；如图 5.91，将部件 4 与部件 3、5 插接；插接完成后，制得内部支撑框架。

如图 5.92，将内部支撑框架放置于部件 1 中央，向内翻转部件 1 的其中一边，使其插舌插入内部框架，二者间的插槽互相对接插合。依照此法，依次插接部件 1 的其他三边。图 5.93 为完成插接后的倒立梯台展块的底面结构。

如图 5.94，为了确保展块的稳定性，在底面中央插入作为加强结构的部件 6，将其插入到底，与梯台的底面平齐。图 5.95 为插接完成的梯台展块翻转后的正面效果，将其放置于独立展柜内的平台上，其顶面可以放置展品，侧面斜坡可以放置展牌。

右页
图 5.85　插接成形梯台展块的部件平面图

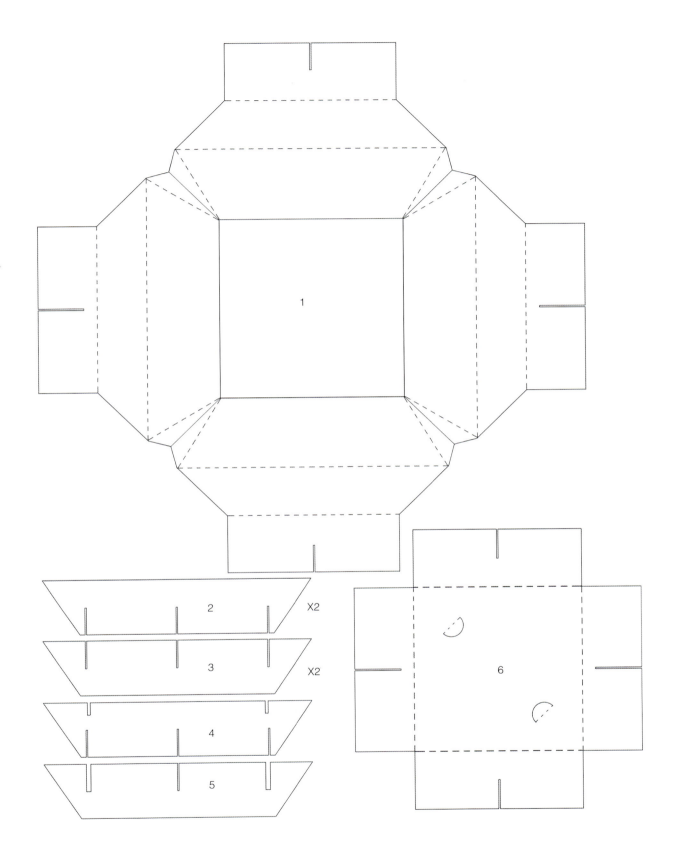

图 5.85

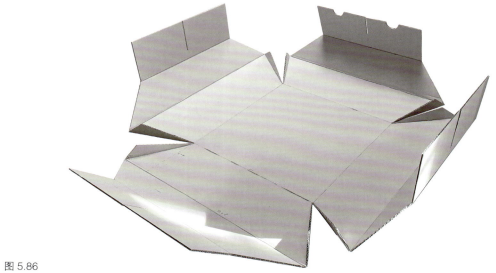

图 5.86

图 5.87

图 5.88

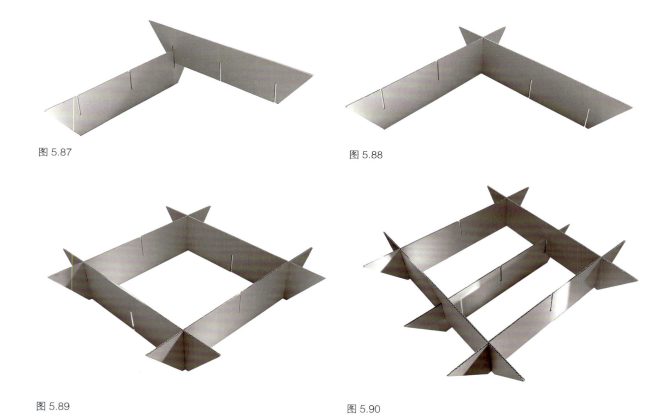

图 5.89

图 5.90

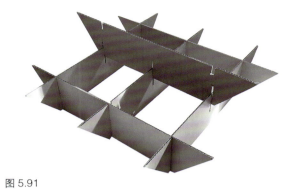

图 5.91

图 5.92

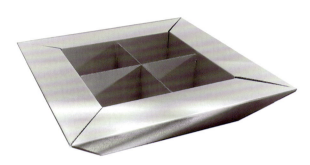

图 5.93

图 5.94

左页

图 5.86　折弯部件 1

图 5.87　部件 2、3 插接过程之一

图 5.88　部件 2、3 插接过程之二

图 5.89　部件 2、3 插接过程之三

图 5.90　将部件 5 插入部件 2

右页

图 5.91　将部件 4 与部件 3、5 插接

图 5.92　部件 1 与内部框架的插接

图 5.93　插接完成

图 5.94　底部插入加强模块的部件 5

图 5.95　完成插接的梯台展块

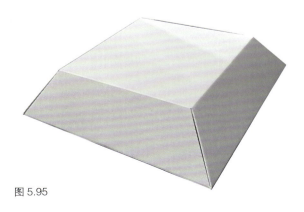

图 5.95

第五章　柜内展陈空间的搭建

第六章
其他辅助展具

模型、沙盘等辅助展具，是博物馆展览中的重要组成部分。当展览中无法提供和展示原物，或者原物残缺而不便复原时，可以借助不同比例的模型复原展品，展现其形式、结构、功能等，以便观众欣赏和理解；而无法搬运到展览现场的遗址、古迹，以及那些已经逝去的历史场面，则可以借助沙盘予以再现，增强观众的体验感。这些辅助展具仅供参观，不涉及实用，可根据成本控制、展示效果和方便制作等因素，灵活使用木材、金属、高分子材料、石膏等材料以雕刻、粘接、插接、锻造、铸造、焊接、翻模浇铸等多种工艺成形，再配合贴皮、喷涂着色等技法，模拟所需颜色和质感。

展览所用的模型、沙盘等辅助展具的制作，与表达艺术家思想、情感的艺术创作有本质不同。辅助展具用以传播知识，必须以严谨的学术研究为支撑，做到有理有据地再现和复原。

第一节　木质模型

一、木材加工与成形

图 6.1 为北京大学赛克勒考古与艺术博物馆"源流"文创展参展设计师提供的"逸吾巧盒"效果图，其为一件实木文具盒。

展览准备阶段，笔者需要根据设计师提供的效果图，制成实物模型。木质板材连接的几种常用方法包括传统的榫卯连接、使用三合一连接件的板材连接、用黏合剂粘接。榫卯连接是先使用

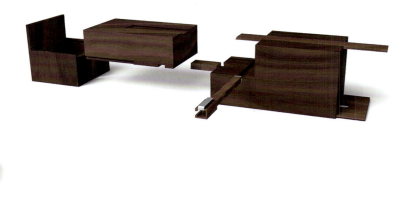

图 6.1

精密木工锯开料（图6.2），用刨子刨平断面（图6.3），再沿着预先画好的榫头设计线锯切（图6.4），最后用錾刀凿成卯眼（图6.5）。榫卯连接的强度高，可以有效降低板材部件的变形起翘，尤其适合大而厚重的板材连接（图6.6、图6.7）。三合一连接件广泛应用于现代板材家具连接，加工工艺比起榫卯连接更为简便，而且组装后的板材家具可以拆解和反复重组。由于成品连接件的尺寸限制，使用该种方法要求板材厚度不得薄于偏心轮的高度。制作时先在木板上钻孔并拧入胀塞（图6.8），将连接杆拧入胀塞（图6.9）。将安装好的连接杆插入另一块木板断面处预先开好的孔内（图6.10），安装偏心轮并旋紧，完成两块板材的连接（图6.11）。用黏合剂粘接，又可以分为直角对接粘接和斜角对接粘接。直角对接会裸露其中一块板材的断面，不美观，粘接成形过程中，各个部件容易错位（图6.12）；斜角对接则可以很好地隐藏断面，粘接后的两块板材只露出一条缝隙，美观且装配误差小（图6.13）。

展览所需的这件文创产品模型体量较小，不需要很高的连接强度，使用板材斜角对接后粘接成形最为合适。设计师的设计说明中表示，这件文具盒的各个部件以榫卯插接方式组合，使用黑胡桃木成形。制成后的模型虽然仅仅以静态展示的方式陈列于展柜内，但考虑到展陈现场要求对展品各部件进行反复组装，以达到最佳的展陈效果，因此模型的制作材料需要有较好的强度。展具模型设计制作时，决定使用黑胡桃木完成制作，确保完工后的模型强度能够经得住反复的拆解组装。

确定制作材料和连接结构后，需要对效果图的结构进行深化设计，并将准备制作的各个部件的形态、尺寸以草图方式确定，帮助进一步思考连接结构的设计（图6.14）。进而手绘各个部件的平面图和立体图，确定制作程序和加工方案（图6.15）。

首先将购得的经过脱水烘干的5毫米厚度的黑胡桃木板材标线，并锯切出比所需尺寸略大的毛坯。使用砂盘打磨机，将打磨角度调节为90度，对毛坯的各个断面进行打磨（图6.16），获得各个部件。各个部件的断面需加工到紧切标线的位置。再将砂盘打磨机调节为45度（图6.17），对各个板材部件需要斜角对接的位置进行打磨，使断面成为45度斜面。有插接结构的板材，还需要使用精密铣床铣出插槽（图6.18）。

左页
图6.1　参展设计师提供的效果图

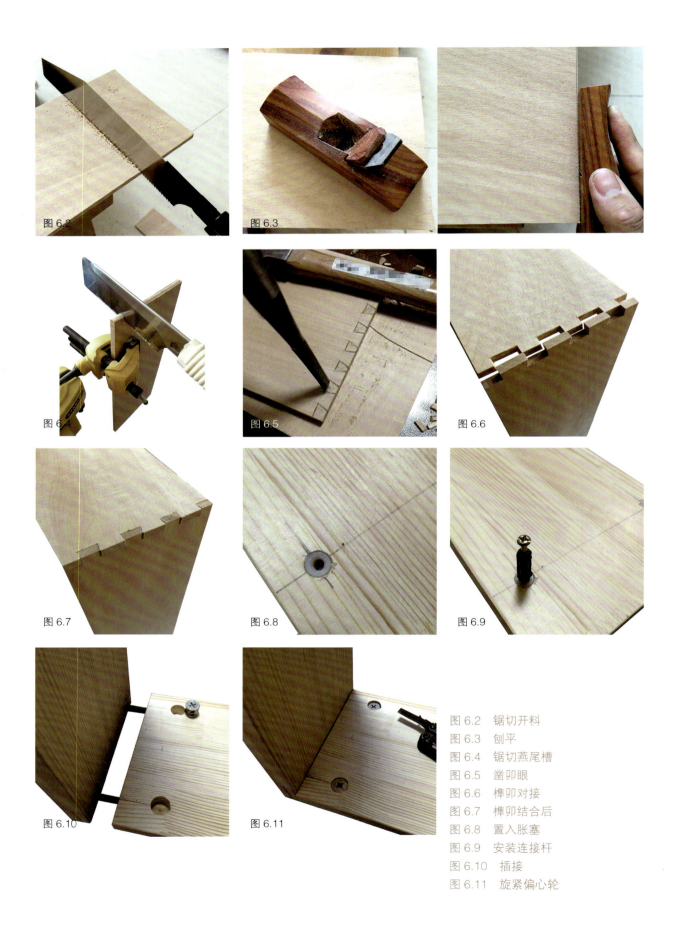

图 6.2　锯切开料

图 6.3　刨平

图 6.4　锯切燕尾槽

图 6.5　凿卯眼

图 6.6　榫卯对接

图 6.7　榫卯结合后

图 6.8　置入胀塞

图 6.9　安装连接杆

图 6.10　插接

图 6.11　旋紧偏心轮

图 6.12

图 6.13

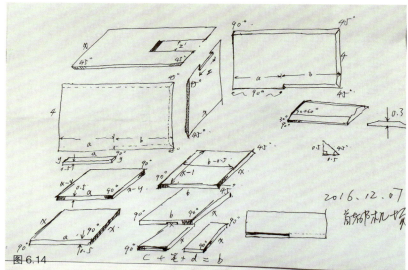

图 6.14

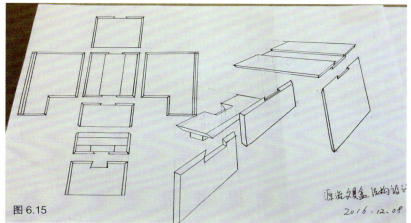

图 6.15

图 6.12　直角对接
图 6.13　斜角对接
图 6.14　尺寸设计
图 6.15　平面图及立体图
图 6.16　直角打磨
图 6.17　斜角打磨
图 6.18　铣槽

图 6.16

图 6.17

图 6.18

将各个部件制作完成后需要进行拼对和装配试验，误差部位需要打磨修整，直到各个对接面能够严密结合（图 6.19 ~ 图 6.21）。

将各个部件的对接斜面涂抹高强度的环氧树脂黏合剂，要防止黏合剂溢出，以免将需要拆解和开启的位置粘死而无法打开。组装成形后用低黏度胶带缠绕固定，最后使用木工夹具将容易起翘的局部夹紧，确保各个部件的斜面对接处贴合严密（图 6.22）。静置一昼夜后，拆除夹具和胶带，拆解各个部件，清理外溢的黏合剂并轻微打磨、抛光。为防止黑胡桃木在长期陈列过程中剧烈脱水、吸湿而发生变形开裂，可用木蜡油、微晶石蜡等封护或喷涂清漆。

制作完成的文具分解状态如图 6.23 所示，拼合效果如图 6.24 所示。展览现场的展示效果如图 6.25 所示。

图 6.19

图 6.20

图 6.21

图 6.22

图 6.23

图 6.24

图 6.25

二、木材贴皮

图 6.26 为"源流"文创展参展设计师提供的"花之木器"木质花瓶效果图。花瓶的结构较为简单，不涉及复杂的连接工艺，制成后仅仅需要摆放在展柜内静态陈列。因此，为了降低制作难度和成本，使用硬度低的泡桐木作为成形材料，再贴木皮进行表面处理，模拟效果图上的材质和质感。

首先选择粗细合适的泡桐型材（图 6.27），用车床车削成细长的圆台形状（图 6.28、图 6.29）。再按照效果图提供的样式，将其锯解为四段。另取一段泡桐木，在其表面用云形尺画若干渐开线，使其形成平滑的弧线，形状与效果图所示吻合（图 6.30）。用曲线锯沿着弧线切出大致形状后，用砂纸打磨平滑。如图 6.31，制得全部泡桐木部件后，将预先准备好的木皮用环氧树脂粘贴于泡桐木部件表面。为了获得干净整齐的边角，部件的每个面需要单独贴木皮，待一面贴牢并修剪整齐边缘后，再依照同样方法处理下一面。

图 6.26

图 6.27

图 6.28

图 6.29

图 6.30

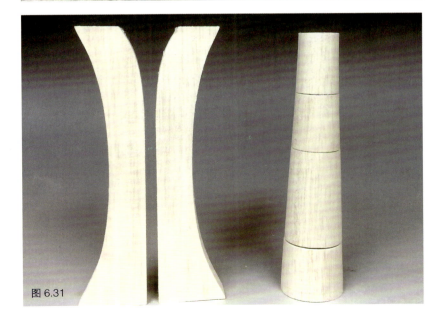

图 6.31

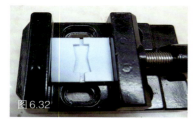

图 6.32

　　银锭扣可使用模具批量制作。用厚度适当的 ABS 板对开分型并切出银锭扣的形状，用夹具固定，喷涂分型剂，填入 PSI 树脂胶，定型后脱模，如此反复，可批量制作出银锭扣（图 6.32）。最后用丙烯颜料着色，模拟铸铁的颜色与质感。

　　为了防止贴皮衔接处起翘，并使模型表面获得精致细腻的质感，可以在各个模型部件表面进行透明喷漆处理。将购得的干花插入组装后的花瓶，制成的展具模型的效果如图 6.33 所示。最后使用单面瓦楞纸板制作包装盒及其内隔板，用 0.5 毫米厚度的透明装订胶片做成透明窗口并用双面胶粘贴于纸盒盒盖的开孔处（图 6.34 ～图 6.36）。全部制作完成的模型如图 6.37 所示。

图 6.33

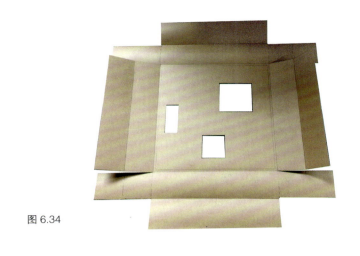

图 6.34

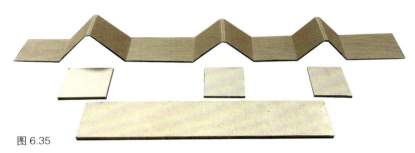

图 6.35

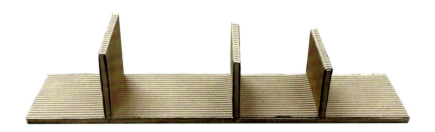

图 6.36

图 6.37

第六章　其他辅助展具

三、木材与综合材料成形

图 6.38 为"源流"文创展参展设计师提供的"交通"名片夹效果图，采用古车造型。展览前策展人委托笔者根据效果图制作实物模型。由于实物在柜内静态展示且结构简单，承重较低，依然选择泡桐木作为车厢的制作材料，然后表面贴黑胡桃木纹理的贴皮。车厢的做法与前文木质花瓶的做法类似，不再赘述，制作过程详见图 6.39～图 6.41 所示。

车轮造型较为复杂，需要使用多种材料综合成形。首先取一块精雕油泥（一种广泛应用于工业设计模型制作的塑性材料），用热风枪吹软（图 6.42）。取两块长条木板铺在光滑的台面上，木板厚度与待制作的车轮厚度一致。将加热后变软而有塑性的精雕油泥块置于两块木板之间，用圆柱形的光滑木棍擀压，使其成为厚度均匀的泥片（图 6.43）。因为有木板厚度的限制，擀压平整的油泥片恰好与木板厚度一致，亦即与欲制作的车轮厚度一致。在油泥片上测绘出待制作车轮的正投影形状，用切圆刀、壁纸刀沿着测绘线裁切（图 6.44）。

图 6.38

图 6.39

左页
图 6.38　参展设计师提供的效果图
图 6.39　泡桐部件

右页
图 6.40　粘接
图 6.41　贴皮
图 6.42　软化精雕油泥
图 6.43　擀压薄片
图 6.44　裁切
图 6.45　制取辐条型腔

将雕刻好的油泥片置于铺设有聚四氟乙烯防粘薄膜的转盘上。将辐条位置的油泥条逐个取出（图 6.45），再将轮圈所在位置的油泥圈取出，用 ABS 方棒嵌入辐条所在位置（图 6.46）。向空缺的轮圈位置灌注膏状的环氧树脂（图 6.47），静置待其固化定型后，去掉油泥片（图 6.48），用造型油泥临时固定辐条，使它们的相对位置固定（图 6.49）。用一块油泥片切出轮毂大小的圆孔，置于车轮圆心位置（图 6.50），将环氧树脂注入圆孔内。环氧树脂固化定型后移除精雕油泥片，得到车轮毛坯（图 6.51）。使用砂纸打磨，使轮圈和轮毂的侧立面平滑。

图 6.40

图 6.41

图 6.42

图 6.43

图 6.44

图 6.45

在车轮表面喷涂棕色漆，在车厢表面喷涂透明漆（图6.52）。用PSI环氧树脂捏塑出大致的圆柱体和长方体坯。待其放热硬化而尚未达到最高强度时，用砂纸打磨长方体各个面，使其光滑平整。圆柱体坯用车床车削至所需直径（图6.53）。将圆柱体一分为二并打磨抛光圆形断面，在圆柱体和长方体上打孔，与车削好的圆木棍装配，完成车轴、伏兔（车厢底部与车轴连接部位）、辖（包在车毂头上的金属套）的制作（图6.54～图6.56）。再将它们与车轮装配在一起，用黄铜丝制成辖，穿于车轴，限制车轮和辖，以防其从车轴上脱落（图6.57）。

图6.46

图6.47

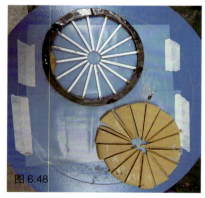

图6.48

图6.49

图6.50

图6.51

左页
图6.46　嵌入ABS塑料辐条
图6.47　轮圈的树脂成形
图6.48　脱模
图6.49　固定辐条
图6.50　轮毂成形
图6.51　完成的车轮

右页
图6.52　喷漆后
图6.53　辖的车削
图6.54　环氧树脂部件
图6.55　部件成形
图6.56　车轴、伏兔、辖装配后
图6.57　装配车轮后

图 6.52

图 6.53

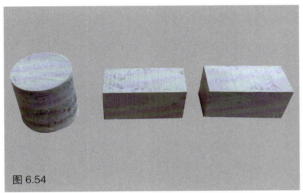

图 6.54

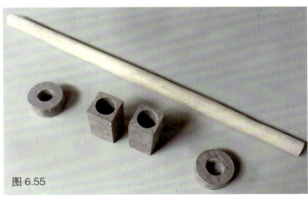

图 6.55

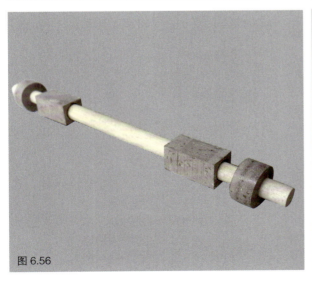

图 6.56

图 6.57

将正方体泡桐木块用螺丝固定在车床的花盘上（图 6.58），车削出底座形状（图 6.59）。在底座中央打孔，插入 ABS 圆棒并粘牢（图 6.60）。用两根 ABS 圆棒制成车辕，插入伏兔并粘接。各个部件统一喷透明漆，完成制作（图 6.61）。

图 6.58

图 6.59

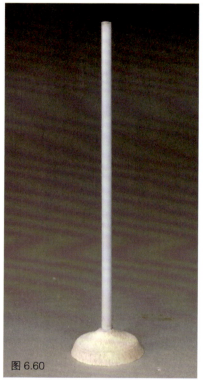

图 6.60

图 6.61

右页
图 6.58　固定泡桐木
图 6.59　车削底座
图 6.60　底座连接棒材
图 6.61　模型的展陈效果

右页
图 6.62　参展设计师提供的效果图

第二节　金属材料模型

　　图 6.62 为"源流"文创展参展设计师提供的曲辕犁指甲钳效果图，需要将其实现为展览所用的实物模型。选用 2 毫米厚度的铝板作为模型成形材料，利用铝材抛光后的质感和光泽模拟不锈钢材料。相比于镜面不锈钢，铝板更易得且更容易加工。图 6.63 为用于制作指甲钳的部件坯材，使用切割机开料，电动砂盘机抛光断面，使用精密鹤嘴钳即可折弯。图 6.64 为主要部件的初步装配，图 6.65 为所需主要部件，图 6.66 为各个部件通过不锈钢螺丝组装后的效果，图 6.67 为模型底面结构。图 6.68 为制得模型在展览中的效果，部件表面的木纹，使用环氧树脂胶粘贴木纹贴皮而成。

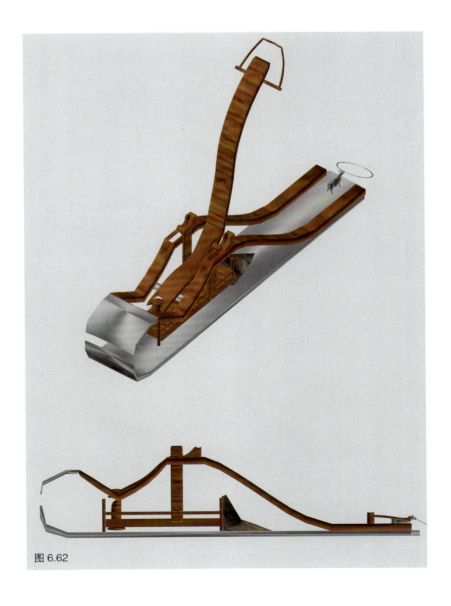

图 6.62

图 6.63

图 6.64

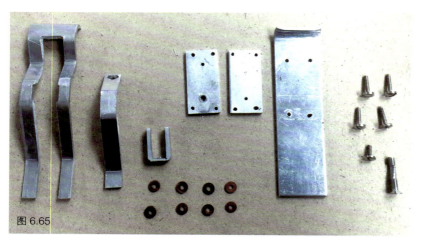

图 6.65

图 6.66

图 6.67

图 6.68

第三节　高分子材料模型

图 6.69 为"源流"文创展参展设计师提供的"烛龙"台灯效果图，需根据其制作展陈道具模型。以环氧树脂为主要制作材料，再辅以 ABS 塑料、黄铜棍等。龙的爪部造型纤细而锐利，使用高硬度的黄铜棍制作最为合适。将数段黄铜棍组合成龙爪造型后，用银焊片作为焊料进行铜焊连接（图 6.70）。确保焊接牢固后，再将爪尖用精密长嘴钳折弯（图 6.71）。为了制作完成的灯具能够照明，首先选择一条 LED 灯软管预埋进龙身的躯干内。龙身躯干使用 PSI 环氧胶棒成形。该材料的胶体与固化剂揉捏均匀后，在放热硬化之前有数分钟到十几分钟的时间保持良好的塑性。将其裹在 LED 灯软管外并滚成圆棒形状，弯曲成效果图所示的龙身躯干的弧度，预留出 LED 灯的 USB 接口，以便后续供电使用（图 6.72）。依照类似办法，用 PSI 胶捏塑出龙的腿部、犄角，再用 ABS 圆棒加热软化后拉出渐细的龙须造型（图 6.73）。

图 6.69

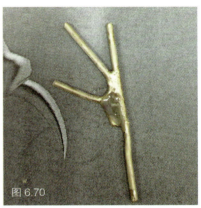

图 6.70

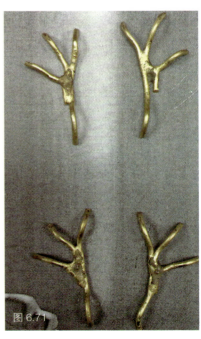

图 6.71

调整裸露的 LED 灯软管的形状后，其外包裹 PSI 胶，制成龙尾。使用砂纸对龙身通体打磨修整，调整造型。造型欠缺处再次填补树脂胶，待其定型后再次修整造型。台灯底座使用上、中、下三块泡桐木制作，切割到预定尺寸后再以铣刀铣出边缘处的斜坡造型。三块泡桐木完成造型后，再粘接为整体。中央挖出方孔，用以插入 USB 接口及供电线（图 6.74）。

如图 6.75～图 6.78，细小部件之间的连接，为了确保强度，应配合使用插接与粘接。如 ABS 塑料龙须与龙嘴部的连接，需先在龙嘴处打孔，灌入树脂胶后再将龙须插入并粘接。龙犄角稍粗，可通过插棍与龙头连接。先将 ABS 棒插入并粘接于犄角端面的孔内，再于龙头上相应部位钻孔，孔内灌注环氧树脂后，插入带有 ABS 棒的犄角，静置粘接。在黄铜棍制成的龙爪中心捏塑 PSI 树脂，制成掌心（图 6.79）。再取不同直径的 ABS 圆管截成小段，以直径依次减小的次序套入每个爪尖，模仿龙爪的指节（图 6.80）。最后在掌心钻孔并插入大头针（图 6.81），用以将龙爪连接于龙的后腿，确保连接强度（图 6.82）。

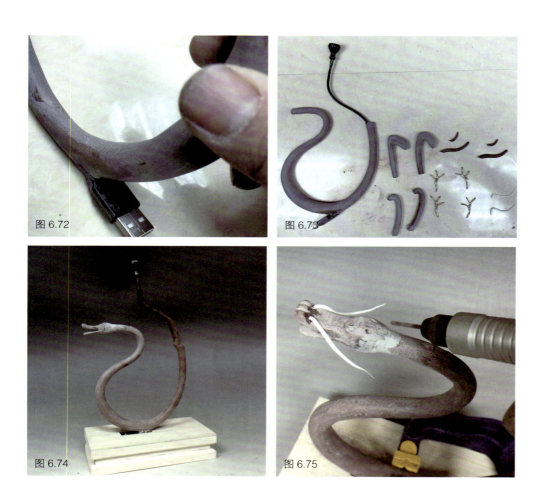

图 6.72

图 6.73

图 6.74

图 6.75

图 6.76

图 6.77

图 6.78

图 6.79

图 6.80

图 6.81

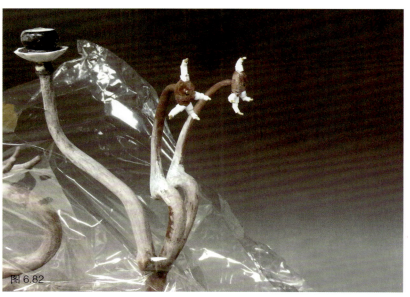

图 6.82

灯罩用 ABS 板材加热模压成形。首先用车床车削出灯罩造型的泡桐木模具（图 6.83），在白色 ABS 板材上画出扇形展开图（图 6.84），剪裁后用热风枪加热软化，使软化而有塑性的板材包裹于木模表面，用胶带捆牢定型。移除胶带和木模后，将接缝处用透明环氧树脂黏合剂粘接，静置待其固化。用目数递增的砂纸打磨和抛光灯罩表面。再用 PSI 胶配合木模制得不透光的灯座。模压成形后的灯罩及灯座效果如图 6.85。

如图 6.86、图 6.87，将灯泡和台灯底座用低黏度胶带遮盖，用金色喷漆喷涂龙身表面。待喷漆干燥，移除低黏度胶带后的效果如图 6.88。再将靠近台灯底座的龙身用低黏度胶带遮盖，用棕色漆喷涂底座。如果要使底座获得光滑而不见木纹的质感，喷漆前还需要用原子灰反复打底和打磨。完成制作并通电的台灯如图 6.89 所示。展览中的"烛龙"台灯的展示效果如图 6.90。

图 6.83

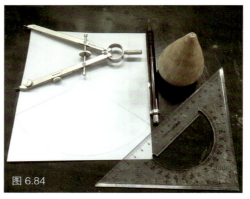
图 6.84

图 6.85

图 6.86

图 6.87

图 6.88

图 6.89

图 6.90

第四节 雕刻翻模及浇铸成形

图 6.91 为 "源流" 文创展参展设计师提供的玉凤佩牛角梳效果图，需要为其制作展陈道具模型。为成形迅速并降低成本，使用精雕油泥雕刻原始模型，用硅橡胶翻模后，使用全透明不饱和玻璃钢树脂混入颜料浇铸成形。随后再打磨、抛光，得到最终模型展具。

首先，用热风枪吹软精雕油泥，擀压成厚度均匀的薄片，将效果图提供的造型轮廓描画于油泥片上，用壁纸刀、雕刻刀等工具沿着描画线雕刻出梳子轮廓，待精雕油泥恢复室温而变硬后，再将梳背圆弧处修刮圆滑（图6.92）。用油泥墙围挡雕刻好的梳子模型，为保证浇注树脂液时排气通畅且充型顺利，需用油泥条预留出排气道、浇口、浇道的位置。硅橡胶内混合均匀固化剂后，浇注于围合区域内（图6.93），静置一昼夜，待硅橡胶固化，拆除油泥墙。再次用油泥墙围挡硅橡胶模具，预留出一定间距，向围合区域内浇灌石膏浆，待其硬化放热，拆除油泥墙，硅橡胶模具被嵌入石膏背衬。再在石膏背衬的分型面上挖出定位卯眼并喷涂分型剂，翻制另一扇石膏背衬。待石膏定型放热，拆除油泥墙并沿着分型面分开两扇石膏背衬，取出硅橡胶模具，另一扇硅橡胶模具上形成定位榫。两扇石膏背衬依靠定位榫卯确保相对位置的稳定，预防错型。两扇石膏背衬将硅橡胶模具挤压其中，确保硅橡胶模具在后续浇注过程中不会变形（图6.94）。

用壁纸刀沿着硅橡胶模具大截面一侧切割分模，取出其中的精雕油泥原始模型，获得牛角梳型腔。其中红色标记区域为楔形浇口；连通浇口与牛角梳型腔的通道（黄色标记处）为浇道；与梳齿细小空间连通的蓝色标记区域为排气道，用以确保梳齿尖端不会因排气不畅而造成浇不足，避免浇铸成的模型残缺不全（图6.95）。

清理干净硅橡胶模具的型腔、浇口、浇道和排气道，将模具合拢并再次嵌入石膏背衬，使浇口朝上放置（图6.96）。在全透明不饱和玻璃钢树脂内混合1%的促进剂和2%的固化剂，再掺入少量与牛角颜色接近的水彩颜料，搅拌均匀，匀速浇注于硅橡胶模具的浇口内，静置24小时待树脂固化。拆除背衬和硅橡胶模具，取得浇铸成形的牛角梳毛坯，用鹰嘴钳剪去排气口、浇道、浇口和梳背的飞边（图6.97），再用粗砂纸小心打磨修整残留的工艺痕迹。依次用600、800、1000、1200目的水砂纸打磨树脂模型表面，使其光滑。最后用带有布轮的打磨机蘸取抛光膏，以较低转速抛光，防止树脂被烫伤。图6.98所示为展陈现场的效果，完成制作的树脂模型的颜色、质感与牛角较为接近，为其配置黄铜支架，配合柜内光影形成良好的体量感。

图 6.91

图 6.92

图 6.93

图 6.94

图 6.95

图 6.96

图 6.97

图 6.98

第五节　场景沙盘

　　北京大学赛克勒考古与艺术博物馆于 2017 年举办了临时展览"寻找致远舰"。展览的第三单元"龙血玄黄——致远舰与黄海海战"展示的是致远舰出水的武器残片和部分弹药，其观赏性不强，大多数观众并不熟悉武器弹药，看到展柜内的遗物残片，无法在脑海中复原其历史面貌，难以理解展品的内涵。如何使观众了解这些冰冷的残片背后的历史，进而让观众受到情感冲击、思想启迪，起到观展的教育作用，是展览内容与形式设计的重点。

　　笔者首先查阅相关资料，绘制了图 6.99 所示出水武器原始面貌的素描复原图，将出水武器残片的图像嵌入复原图的相应位置。为使观众更形象地理解致远舰、北洋水师及黄海海战，还需要借助立体而生动的海战场景沙盘模型，让观众了解中日甲午海战的场景和致远舰冲撞敌舰的场景。

　　图 6.100、图 6.101 所示为网购所得 1 ∶ 700 比例北洋水师及日舰的舰船模型拼装套件，将其逐个剪下，打磨、拼装和粘接。如图 6.102、图 6.103，一些部件间的连接面积微小，需要使用精密手钻打孔，再行粘接。如图 6.104 ～ 图 6.107，将细微的黄铜蚀刻件用模型剪钳仔细剪下，用精密镊子折弯，再夹持粘接于所需位置。模型拼装粘接完毕，还需为其上色，工具为图 6.108 所示气泵、喷笔，上色材料为图 6.109 所示"米格"模型涂料、滤镜液、旧化液等。如图 6.110，将气泵插电达到所需

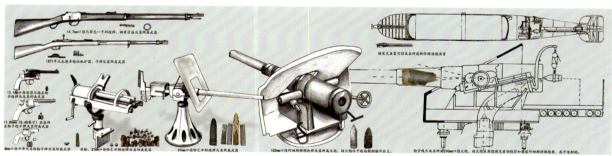

图 6.99

图 6.100

图 6.101

气压，将所需涂料和稀释液加入喷枪料仓，扣动扳机开始喷涂颜料。模型颜色搭配较多时，用低黏度胶带遮盖已经完成着色的部位，再换色另行喷涂，最后揭去遮盖胶带，确保双色衔接处边缘整齐。

图 6.111 为完成初步涂装的日舰模型。图 6.112 为其细节效果，甲板较为扁平，甲板上的细微缝隙并未显现。图 6.113 为使用精细尼龙毛笔蘸取褐色涂料渗入甲板接缝并用铁锈色做出局部锈蚀的效果。海战场景计划表现当日下午一点半的战况，通过阅读当时海军战报和记录，了解此时各个舰船在哪些位置出现战损，再使用细毛笔和涂料手工上色。图 6.114 表现的是定远舰前桅杆被炸断，桅盘上机枪手和测距员被炸身亡所致血迹，随后再使用滤镜液做出血迹氧化的效果。如图 6.115，所有舰船模型完成上色后，再制作沙盘展台，使用中密度板做出梯台造型。

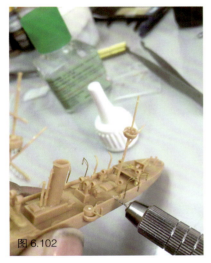

图 6.102

图 6.103

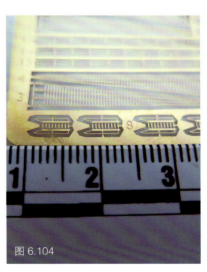

图 6.104

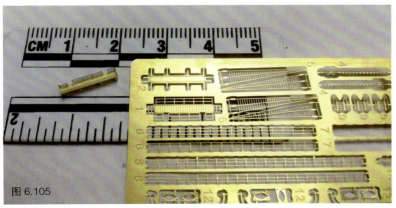

图 6.105

图 6.106

图 6.107

图 6.108

图 6.109

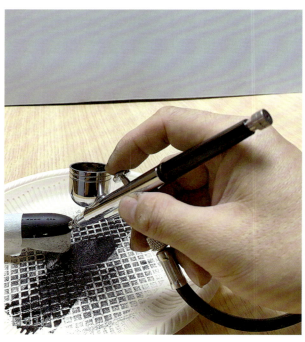

图 6.111

如图 6.116，在展台顶面用蓝色丙烯颜料做初步着色。如图 6.117，在展托上排布舰船模型的阵形，各舰之间的距离与舰船的尺寸是不成比例的，受模型大小所限只能拉近距离，确定位置后用环氧树脂将舰船模型粘接于展托顶面。如图 6.118，使用水景塑形膏做出舰船周围的海浪和水花。如图 6.119，用板刷蘸取水景塑形膏，在展托上戳点，形成密布而立体的海浪。如图 6.120，用白色水景膏做出舰船周围的白色浪花。如图 6.121、图 6.122，将黄铜丝弯成支柱，用以支撑脱脂棉，做出海面上被炮弹激起的水柱。水柱对比舰船的相对高度，也根据海军战报的描述如实制作。为使脱脂棉水柱定型，使用了喷雾发胶，再用精细尼龙毛笔蘸取白色水景膏，描画出水柱周围的晕圈。

如图 6.123，烟囱冒出的黑烟也使用脱脂棉撕扯出造型，并用发胶定型，舰炮射击火焰的做法也同理。完成脱脂棉造型后，再用喷枪均匀地喷出烟黑色和炮火的橙黄色。黑烟的浓度和长短也根据历史事实做区分化处理，日舰黑烟较淡较短，而北洋水师舰船由于当时使用的劣质煤炭燃烧不充分，以致烟囱排出的烟呈浓黑色。

图 6.124 为日舰比睿号穿过北洋水师阵形的场景细节。当时比睿号航速过慢，脱离日舰本队，被清舰定远舰、经远舰夹击，几乎被歼灭，最后由于起火、侧倾严重而逃离战场。比睿号冒出黄烟是因其被定远舰击中甲板上存放的弹药引发了爆炸。日舰在 19 世纪 90 年代大量配备填充苦味酸炸药（又名"下濑炸药"）的炮弹，爆炸后可产生毒气，冒起黄烟并点燃钢铁。因此模型的烟火效果也用黄色表现炸药浓烟，用红色表现熊熊烈火。

如图 6.125，通过阅读历史记录，表现了清舰超勇舰连续受到日舰炮击，炮弹入水激起一柱柱水花；甲板右侧被一颗炮弹击中，引发爆炸和严重火情。图 6.126 为作者在展厅现场完善场景细节，从背景可见展柜内所陈列的皆为形体较为抽象的海捞残片，如果不借助模型、沙盘等辅助展具，柜内展品势必是难以理解的。图 6.127 为场景沙盘在展厅现场的展陈效果，舰船模型周围的展托上还用展牌简要介绍了对应舰船及舰长。展厅墙面喷绘放大的甲午海战历史旧照，阴暗的天空和硝烟作为海战场景沙盘的远景，烘托出景深效果，可使场景模型更具有宏大的效果。

第六章 其他辅助展具

图 6.112

图 6.113

图 6.114

图 6.115

图 6.116

图 6.117

图 6.118

图 6.119

图 6.120

左页

图 6.112　着色后细节

图 6.113　制作甲板木材接缝效果

图 6.114　模拟战损和血迹

右页

图 6.115　木质展台

图 6.116　初步涂刷海面

图 6.117　排布位置

图 6.118　粘接舰船

图 6.119　制作海浪

图 6.120　海浪描白

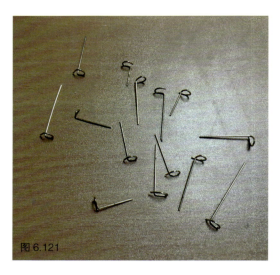

图6.128～图6.130为其他视角的海战场景沙盘的效果。图6.131表现的是另外一个小型的独立场景模型，是甲午海战中最为人熟知的历史瞬间——致远舰冲撞日本联合舰队第一游击队。致远舰舰长邓世昌驾驶战舰，义无反顾地穿过日舰的密集火力网，走向中国近代海军史上最壮烈的一段征程。模型起火爆炸的特效，更容易让观众感受到那个悲壮的瞬间。

历史事件的场景沙盘模型制作并非一般的艺术创作，需阅读和参考大量文献。战舰上的战损及烟火效果的处理参照了中日双方海军战报及西方各国海军年鉴。黄海海战宏观场景及交战双方阵形的沙盘可使观众了解致远舰所处历史事件的时空背景。大沙盘表现的是海战当天下午一点十分到一点半左右的场面。这时日舰比睿号穿过北洋舰队阵形，日舰纵队开始回转，第一游击队向左侧回转，日舰本队向右回转到北洋舰队后方。在之后时刻，战况急转，日舰第一游击队与本队配合，对北洋舰队横阵实施夹击。这种局面是交战双方军力、装备、技术、战术等因素综合形成的。通过海战场景模型，观众可直观领会，无论从海战的规模，还是从海战过程中出现的横队战术与纵队战术的交锋，黄海海战在世界海战史上都具有里程碑式的意义。通过这两个海战场景的沙盘模型，观众对一百二十多年前的那个已经消逝的历史瞬间有了更加形象、生动的感知，在出水文物和展品之外展开更多的想象与思考，情感的冲击将使展览成为观众开启继续探索和自我教育的契机。

图 6.123

图 6.124

图 6.125

图 6.126

图 6.127

图 6.128

图 6.129

图 6.130

图 6.131

第六节 展品的研究性复原及其模型制作

图 6.132、图 6.133 为致远舰出水加特林机枪做完保护处理的状态。其作为致远舰残骸上唯一保存较完整且最具代表性的遗物，是致远舰设计制造水平的缩影，具有重要的历史价值、技术史方面的研究价值和重要的纪念意义。然而，当时对舰载加特林机枪的研究甚少，准备在"寻找致远舰"展览上对这件重要的历史遗物进行展陈时，展览承办方尚未得到详尽的研究信息，无法确定应如何复原加特林机枪的摆放和组合方式，也无法对这件重点展品做详细解读。基于以上原因，笔者对其进行了复原研究。经实物观察测绘并查阅历史文献和武器专利图纸，首先绘制了图 6.134 所示复原图。经过开展前期的观众调查，复原图仍不便于一般观众的理解，于是笔者决定进一步制作缩小的复原模型。

如图 6.135，使用文物修复与展具制作常用的 PSI 环氧树脂胶棒，手工制作了机枪模型主体。机枪尾部侧面的可转动摇柄基座，则使用空心的 ABS 管粘接于机枪模型主体。如图 6.136 ～ 图 6.138，一些单薄而需要受力的部件，使用铝材裁切制成后与树脂件粘接，空心圆柱结构皆用 ABS 管制成，滚轮用木材车削成形。

图 6.139 为加特林机枪模型主要部件制作完成而尚未组装的效果。为了安装各个部件，需要按照文物原状配置缩小的螺丝螺母和垫片。图 6.140 为加特林机枪模型各主要部件组装后的效果。图 6.141 为加特林机枪模型安装于桅盘模型上的效果。图 6.142 为加特林机枪模型全部部件制作完成而尚未着色的效果。图 6.143 为各个树脂部件用喷枪喷涂模型底漆后的效果。图 6.144 为喷涂底漆并试组装后的效果，较薄的喷漆不影响各个部件之间的精密组装。如图 6.145，按照历史文献的记录，海战时致远舰上的加特林机枪使用了黑色涂装，模型亦涂黑处理。如图 6.146，机枪托架上的滑轮用以使其在桅盘轨道上滑动，故模型的滑轮做出黄铜轴承，使其可以自由转动。如图 6.147，桅盘、桅杆根据历史事实涂装为黄色，炮盾涂装为白色。如图 6.148、图 6.149，对模型进行了旧化着色处理，并模拟弹痕、灰尘与流淌的锈迹等效果。图 6.150 为加特林机枪实物、复原模型与复原图在展陈现场的展示效果。

图 6.132

图 6.133

图 6.135

图 6.134

图 6.136

图 6.137

图 6.138

图 6.139

图 6.140

图 6.141

图 6.142

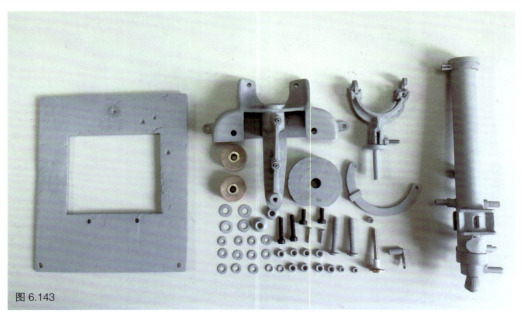

图 6.143

图 6.145

图 6.144

图 6.146

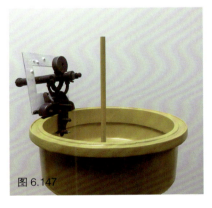

图 6.147

图 6.148

图 6.149

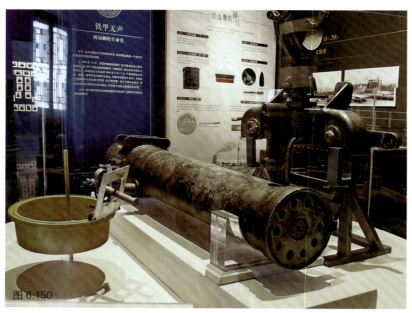

图 6.150

图 6.151

　　如图 6.151，观众在进入展厅的第一时间，视觉的焦点便被吸引到展厅中央区域——展台上采用裸展方式陈列的加特林机枪及彩色涂装的复原模型，就能形象地感知到历史上曾经存在过的致远舰舰载武器的形貌、颜色与质感。当观众再观看到周围独立展柜中静静躺着的锈迹斑斑的船体构件，即便没有更多的文字解释，也会在这一巨大的反差中感受到情感的震撼与冲击。为了充分发挥复原模型对出水文物内涵的诠释，同事还制作了相关复原模型的动画，观众用手机扫描展台上的二维码，即可了解加特林机枪在托架上的转动方式和托架在枪盘上的滑动方式。

第七节　文物的仿制及古代制作技术示意模型

一、翻制泥范铸造铅锡合金仿品

商周青铜器多使用块范法铸造成形，用黏土翻模，获得泥范，配以型芯，用于浇铸器物。对于一些造型扁平单薄的小件工具等，也可直接在滑石或泥料上刻出型腔，用以铸造。在制作文物仿品时，也可使用类似方法。如图6.152，在阴干的两块对开分型的泥板上雕刻出型腔，合范捆牢后，熔化铅锡合金，浇铸出文物仿品（图6.153）。图6.154、图6.155所示箭头也采用类似方法铸造。因使用低熔点的铅锡合金替代青铜，铸出的银灰色仿品无法通过腐蚀形成铜锈，展陈前再使用颜料做旧化处理，模仿青铜器的颜色与质感。

一些造型复杂器物的仿制，无法在范上直接刻出精准的型腔，需要先行制模，再以模翻范。图6.156为使用精细黏土雕刻的铜镜泥模。用阴干后的镜模翻出泥范，为其配置桥钮穿孔的活块芯，分型面上修出定位榫和浇口后翻出另一扇范（图6.157）。两扇范拼合后捆牢可铸造铅锡合金件。图6.158为使用酒精漆片混合矿物颜料粉着色做旧后的效果。

图 6.152

图 6.153

图 6.154

图 6.155

图 6.156

图 6.157

图 6.158

二、石膏翻模仿制文物

石膏翻模是过去广泛使用的仿制文物的方法，当前文物保护意识提高，通常不再使用该方法提取文物造型，代之以硅橡胶翻模、油泥翻模、牙科蜡片翻模或者 3D 扫描提取文物造型信息等。但石膏翻模仍是一种仿制器物造型的重要方法，以下以一件虎符仿品的石膏翻模为例，讲述其材料与工艺。

如图 6.159，取适量油泥，用橡胶锤夯实。如图 6.160，用木棍擀压成油泥片。如图 6.161，将虎符摆放于油泥片上，裁掉多余的油泥片。图 6.162 所示为虎符与油泥片的错误摆放方式，虎符与油泥片间有缝隙，后续浇注石膏浆时，会造成石膏浆流到虎符背面，影响翻模精度，妨碍虎符的正常脱模。图 6.163 为正确的摆放方式，虎符与油泥片间贴合严密。如图 6.164，用油泥围挡待翻模区域，呈顶面开口的盒状。如图 6.165，在虎符表面喷涂硅油隔离剂，防止石膏污损或粘连虎符。如图 6.166，在有弹性的橡胶碗内倒入一半清水。如图 6.167，将石膏粉缓慢倒入水中，直到水面上留下一块不能被浸润的石膏粉，此时的水粉比例约为 1.3：1，调和而成的石膏浆性能最佳。如图 6.168，用调色刀朝着同一个方向均匀搅拌，得到质地均匀而气泡较少的石膏浆。如图 6.169、图 6.170，将石膏浆浇注于油泥围合区域内，静置半小时，石膏凝固定型后，虎符脱模，得到其石膏模具（图 6.171）。

图 6.159

图 6.160

图 6.161

图 6.162

图 6.163

图 6.164

图 6.165

图 6.166

图 6.167

图 6.168

图 6.169

第六章　其他辅助展具

用此石膏模具可以批量制作 PSI 环氧树脂胶虎符仿品，也可用其铸造铅锡合金虎符仿品。此例中的虎符为较为单薄且曲面平滑的造型，故可只使用一扇石膏模具。如器物的造型复杂而立体，则需要翻制多块模具，以便脱模。不当的模具分型方式势必造成卡模，有可能损坏原件。

图 6.172、图 6.173 为使用石膏双合范铸造铅锡合金铜镜仿品的效果。图 6.174 ~图 6.177 所示铜剑仿品，也用类似方法仿制。由于石膏模具的分型方式参考了出土商周铜剑，铸造出的铅锡合金仿品也具有和实物类似的范线，展出时效果良好。

图 6.170

图 6.171

图 6.172

图 6.173

图 6.174

图 6.175

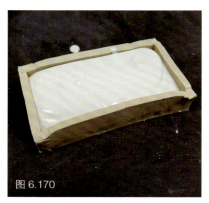

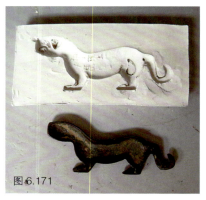

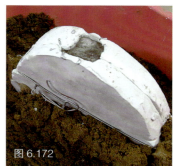

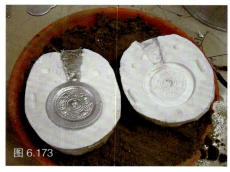

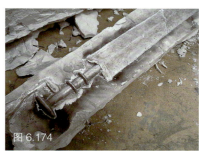

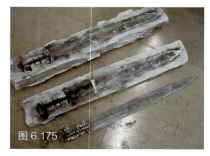

左页
图 6.170　静置待凝固
图 6.171　脱模
图 6.172　在沙盆内浇铸
图 6.173　铅锡合金仿品
图 6.174　用石膏模具浇铸铅锡合金仿品
图 6.175　带浇口的铸件及石膏模具

右页
图 6.176　着色后制得铜剑仿品
图 6.177　分型处残留的范线

图 6.176

图 6.177

三、硅橡胶翻模仿制文物

由于上述石膏翻模法的诸多缺点，硅橡胶翻模成为常用的替代方法。硅橡胶模具较软而有韧性，脱模时不易损坏原件，而且硅橡胶的复印性能优越，可以将原件上细微的纹饰和痕迹复制下来。图 6.178、图 6.179 为一件铜鼎仿品的硅橡胶翻模过程。首先用透明胶片围挡在文物周围，胶片与文物之间留有间距，间距大小即为未来制成的硅橡胶模具的厚度。胶片底部用油泥固定牢固，胶片内壁上贴附两个凸起的油泥榫头，用以在硅橡胶模具上预留出定位卯眼。向胶片围合区域内灌注用固化剂调和均匀的硅橡胶，静置 24 小时，待硅橡胶凝固，移除胶片和油泥，得到硅橡胶模具。因硅橡胶容易变形，故需在其外翻制石膏背衬，帮助硅橡胶模具保持造型准确。翻制出的石膏背衬上会形成榫头，与硅橡胶模具上的卯眼相互配合，以便石膏背衬与硅橡胶模具准确定位和装配。用制作完成的硅橡胶模具仿制文物时，可调制水粉比小于 1.3 ： 1 的浓稠石膏浆，涂挂于硅橡胶模具内壁（图 6.180）。待石膏凝固定型，依次脱去石膏背衬和硅橡胶模具，取得图 6.181 所示青铜器石膏仿品。再使用丙烯颜料等做旧处理，得到图 6.182 所示文物仿品。

图 6.178

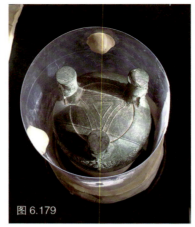

图 6.179

图 6.180

图 6.181

图 6.182

四、3D 扫描与 3D 打印仿制文物

近年来新兴的 3D 扫描与打印技术被应用于诸多领域，也被倡导用于文物仿制。与传统的石膏翻模或硅橡胶翻模仿制文物相比，3D 扫描可以对文物非接触式地采集造型信息，在文物安全和预防性保护方面优势明显，但仍有一定的局限。通常 3D 扫描的精度可达 0.1 毫米，打印后再清理掉层纹，又会损失一定的精度，在着色过程中一些细微纹理细节进一步损失。使用 3D 扫描、打印并着色仿制的文物，精度大约为 0.5 毫米，而传统硅橡胶翻模精度更高。因此，对于一些纹饰细节较少且不便翻模的文物，3D 扫描与 3D 打印仍然不失为优良的仿品制作方法。

图 6.183 为采用 Artec space spider 手持三维激光扫描仪采集的汉代球形鼎的三维数据。使用白色光敏树脂打印后如图 6.184 所示，其中鼎盖已经用酒精漆片汁进行了涂刷，用以形成胶底层，便于随后着色做旧的颜料牢固地附着于 3D 打印件表面而不易脱落。做旧可以采用青铜器传统修复中的矿物颜料混合酒精漆片的方法，也可以使用耐晒牢度高的丙烯颜料进行着色处理，以模仿青铜器表面的质感。完成仿制的文物模型如图 6.185 所示。

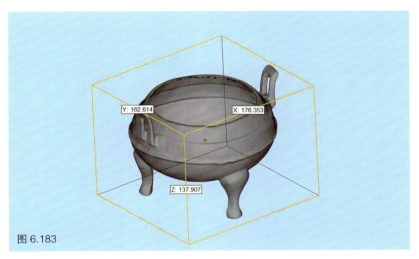

图 6.183

图 6.184

图 6.185

五、文物制作技术的示意模型

以青铜器的范铸技术为例，观众往往仅仅耳闻过诸如"模""范"等专业术语，而对相关的制作工艺、模具和陶范的结构等，往往全无概念，无从理解。为了便于观众对相关技术的深入理解，需要借助一定的辅助模型。图 6.186 所示为西周圆鼎较为常见的一种范铸工艺所用铸型的块范及型芯结构，铸型由三块相似的腹部范、一块底范及一整块型芯组成，另外还需要一块浇口范，以便向型腔内浇注金属液。

为了更形象地展示相关技术，进一步使用黏土制作泥模、泥范的辅助模型，再配合示意图，更便于观众理解。制范前先制作鼎的黏土模型，待其阴干定型（有时还需要高温烧制）便可用于翻范。制范时，将泥料逐块堆贴于模上，由于黏土塑性优良，按捺过程中可以消除大部分接缝，获得良好的范面。制范完成后再为其配置型芯，最后在芯头上修挖出耳部型腔。范、芯通过芯头和芯座定位，范、芯之间形成的型腔，用以浇注金属液，青铜器范铸模型如图 6.187 所示。

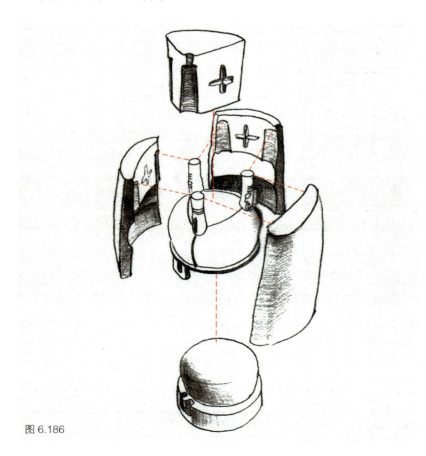

图 6.186

左页
图 6.186　西周圆鼎范铸铸型

右页
图 6.187　实体复原模型展示效果

图 6.187

第七章
带框画作的悬挂展示

博物馆收藏的画作多为单片纸张或在内框上绷布的油画，通常需对其进行装裱，以便展示。也有使用其他展具提供支撑而不装裱画作本体的，如前文所述之插接成形斜坡展块。传统的书画装裱有特定的方法和程序，现代装裱多使用装饰外框将画作装裱起来，对于诸如珍贵文件、版画等脆弱的单片纸张，还需为装饰外框配置防眩光的保护面板、背板、挂件等一系列展具，一方面便于展示，另一方面也利于对脆弱纸张的保护。因博物馆收藏画作的特殊性、珍贵性，装裱材料需要符合文物预防性保护的要求，防止画框中的酸性物质侵蚀画作本体。例如，使用博物馆专用的无酸隔离胶带，将木质画框的内壁做出隔离层，装裱所用卡纸要求使用博物馆级的无酸卡纸等，防止与画作接触的展具中含有有害画作安全长久保存的物质。将画作装裱后，还需要将其悬挂于展厅墙面或者展柜内背板上，空间局促的展厅还需要将画作分列前后排或者上下排，以便以密集陈列的方式展示。

悬挂和陈列画作的位置，要按照若干设计原则进行：（1）从左至右的直线形展线最便于观众观赏，最符合观众的视觉心理和观看习惯。人类视线在水平方向的移动速度远快于垂直方向，且眼球上下运动比水平运动更易产生视觉疲劳。因此，多幅画作的中心位于同一条水平线上，更符合观众的观看习惯，且能更好地减缓观展疲劳。（2）内涵无关联的若干独立画作，应在展陈空间内以平均的间距分布。但有时为了避开展柜玻璃接缝对观赏的不良影响，在有条件的情况下，可以牺牲间距平均原则，避让展柜玻璃接缝。（3）成套画作或者内涵有关联的数张画作，悬挂时应并置或者靠近，以便与其他画作在空间上形成划分。（4）以前后排的方式密集展示画作时，前排画作应以合理的展示角度陈列，如此既不会遮挡后排画作，又不会在画框保护面板上形成眩光。

图 7.1 所示画作未上墙悬挂展示，而是斜靠在柜内背板上，各画作高度不一，倾角各异，视觉感受凌乱，观众会产生展览尚未制作完成的感受。另外，所有画作的底边对齐，各个画作的中心不在同一水平线上（图 7.2），观看时，观众视线上下跳动频率增加，容易疲劳。再加之前排画作也较为密集，观众还需不停地低头抬头，更加剧了观展疲劳，而且观众在展线上的停留时间延长，观众较多时容易造成局部展线的拥堵。

右页
图 7.1　尚未悬挂的画作
图 7.2　画作的中心与视线
图 7.3　画作等距分布且中心等高案例之一

图 7.1

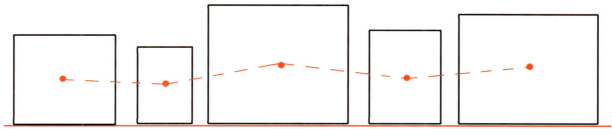

图 7.2

图 7.3

　　图 7.3 所示展柜内画作以平均间隔分布，中心处于同一水平线上。空间规划较整齐，观众的视觉感受和心理感受更为顺畅，利于观展。图 7.4、图 7.5 所示画作悬挂在背板上，以平均间隔分布，中心对齐，且避开展柜玻璃接缝对观看画作的不良影响。

图 7.6 所示展柜内画作分为三个单元，两侧单元分别为相互关联的三张画作，中央一张倾斜陈列的画作为一个独立单元。两侧单元的三张画作间距较小且平均，使观众在视觉心理上便可以意识到单元的划分。左侧单元中央画作的画芯未被玻璃接缝破坏视觉感受的完整性。图 7.7 所示空间使用的方式和图 7.6 类似，也是通过间距控制，将柜内画作分为左、中、右三个单元，分属于不同的系列题材。

图 7.8、图 7.9 所示展柜内画作采用前后两排陈列，在背板画作密度较松散时，尽量确保前后排的画作交错排列。前后排画作位于同一垂线时，也要确保达到成人平均身高的观众在观看后排画作时，视线不被前排画作遮挡。

图 7.4

图 7.5

图 7.6

图 7.7

图 7.8

图 7.9

大小相同的多张画作上下并排悬挂展示时，采取图 7.10 所示的中心在水平和垂直方向同时对齐的方式，最为合理。内涵有关联的系列组画，如图 7.11、图 7.12，将画框以向心密集的方式悬挂陈列，更能够体现完整性与连续性。图 7.13 ～图 7.17 展示了多张不等大画作分行列悬挂的多种空间使用方式。

　　为了实现上述空间设计和使用方案，还需要借助一定的布展技术，确保画作按照预计位置悬挂。悬挂布置过程中使用的基本工具有锤子、三角板、直尺、水平尺、钉子、木工画线器、水平仪、精密钳、铅笔、卷尺、计算器（图 7.18）。

　　以下以两张尺寸不同的画作的悬挂展示为例，说明空间规划和计算的基本方法。更多数量的画作悬挂时，原理和方法相同。两张画作需要悬挂陈列在红线标记的区域内，首先将两张画作并列贴合，倚靠在背板上，画作右侧贴合展柜侧壁（图 7.19）。经测量，画作左侧距离红线边缘 3.5 厘米（图 7.20）。欲使两张画作在红线标记区域内水平间距平均分布，则需要使间距大小为 3.5÷3 ≈ 1.16 厘米。经测量，画作的高度为 78 厘米（图 7.21），而画作背面右侧挂画齿条的着钉点距离画框顶边 1.8 厘米（图 7.22），画作背面左侧挂画齿

图 7.10

图 7.11

图 7.12

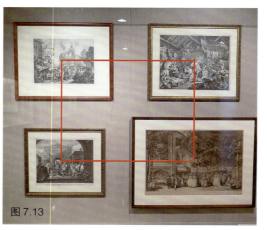

图 7.13

图 7.14

图 7.15

图 7.16

图 7.17

图 7.18

左页

图 7.10　等大画作的上下排列

图 7.11　等大系列画作的密集悬挂

图 7.12　系列画作的向心式布局

图 7.13　各画作中心位于长方形顶点

右页

图 7.14　画作边缘对齐案例之一

图 7.15　画作边缘对齐案例之二

图 7.16　画作边缘对齐案例之三

图 7.17　较为复杂的多张画作的对齐方式

图 7.18　画作悬挂的基本工具

图 7.19　并置画作

图 7.20　测量剩余空间

图 7.19

图 7.20

条的着钉点距离画框顶边 1.16 厘米（图 7.23）。两挂画齿条着钉点间距 44 厘米（图 7.24）。依照同样方法测量另一幅画作的尺寸及背面挂画齿条的位置。在草纸上画出画作悬挂位置的示意图，计算展柜背板上着钉点的位置坐标（图 7.25）。展柜背板上从左至右需要在横纵坐标依次为（6.16，78.2）、（50.16，78.3）、（61.32，77.1）、（103.32，77.1）的位置着钉。展柜背板裱布为博物馆专用的无酸亚麻布，价格昂贵，布展时应小心保护，着钉时不可在背板上用记号笔粗暴标记，以致污损亚麻布而影响未来展览中对亚麻布的持续使用。较为规范的做法是使用两把起始位置为零刻度的直尺，铺设于展柜内，构建横纵坐标系（图 7.26），在其上读数，找到着钉点的准确位置后，直接敲击着钉（图 7.27）。展览结束，撤展时移除画作，拔出纤细钢钉，展柜背板上不会留下难看而明显的痕迹，不影响下次展览继续使用。依照此法在其他几处预定位置着钉（图 7.28），悬挂画作后用水平仪检查，两幅画作严格按照预定间距排列，且中心位于同一水平线（图 7.29）。

如上文所述，画框背面两侧挂画齿条与画框顶边的间距不等，使得画作悬挂陈列时的测量计算和安装工作量增加，影响布展的效率。因此，对于尚未安装挂画齿条的画作，要采用更为规范和精准的测量安装方式。使用微调画线器（图 7.30），在画框背面两侧标记出与画框顶边间距相等处的位置（图 7.31、图 7.32）。使挂画五金件与标记线准确相切，再用自攻钉固定（图 7.33）。

相比之下，另一种画作悬挂布置的方式，则应尽量避免使用。其在画作背面用钉枪连接带有斜坡的挂画木条（图 7.34），在墙面或展柜背板上的预定位置也用钉枪固定带有斜坡的挂画木条（图 7.35），使画作背面和墙面或展柜背板上的木条以斜面对接。虽然此种画作悬挂方式不失稳定，但钉合在画作背面的木条难以无损拆解，不便再次打开画作背板，定期检查和维护画作。撤展后的墙面或展柜背板也会受损，往往需要重新修补更换，增加展览投入和展馆运营成本。

如画作需要上墙裸展，为避免画作被轻易摘下而丢失，可采用一系列的五金件做防盗式悬挂处理。图 7.36 为馆藏版画在裸展前做准备工作时的状态，画框背面顶边与底边各安装两枚黄铜挂画齿条。

图 7.21

图 7.22

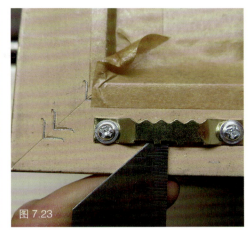

图 7.23

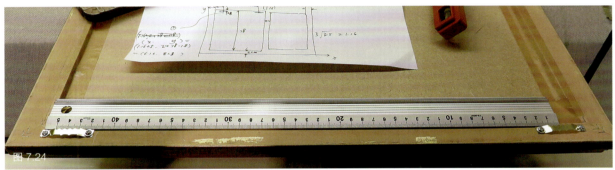

图 7.24

1:(1.16+5, 2+78−1.8)　　2:(1.16+5+44, 2+78−1.7)

3:(1.16+54+1.16+5, 41+75/2−1.4)　　4:(61.32+42, 41+75/2−1.4)

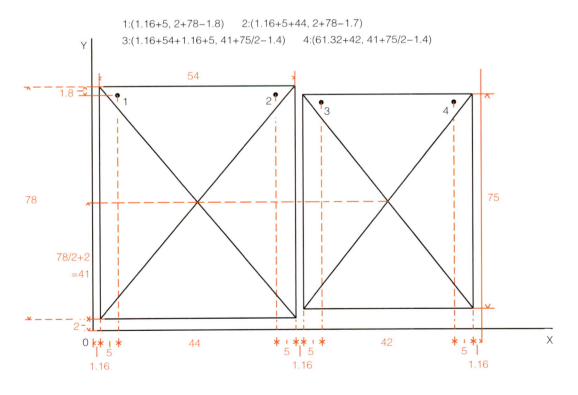

图 7.25

图 7.26

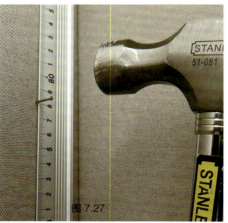

图 7.27

图 7.28

图 7.29

左页

图 7.26　用横竖两尺建立柜内坐标系

图 7.27　在坐标点上着钉

图 7.28　标记坐标位置后着钉

图 7.29　两画作等距分布且中心等高的悬挂效果

右页

图 7.30　微调画线器

图 7.31　用画线器确定一侧挂件位置

图 7.32　确定另一侧挂件位置

图 7.33　用自攻钉精确安装挂件

图 7.34　钉合的木挂件难以无损拆解

图 7.35　钉合于墙面的木块对墙面损伤较大

图 7.36　画作背面安装四枚黄铜挂画齿条

图 7.30

图 7.31

图 7.32

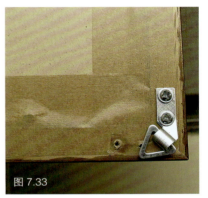

图 7.33

图 7.34

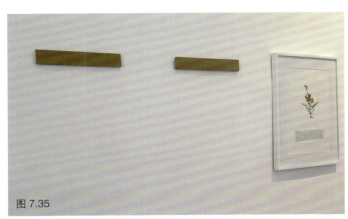

图 7.35

图 7.36

图 7.37 为待挂画的墙面上安装五金挂件的位置及细节，上部挂件由常见的不锈钢挂画部件改装而成，下部挂件为不锈钢隐形挂钩。图 7.38 为画作悬挂固定于墙面后的剖面结构示意图，其中黄色标记部件为画框背面用自攻钉安装的黄铜挂画齿条，上下两处蓝色标记部件为挂画部件，用自攻钉或膨胀螺丝固定于墙面，将画作自上而下悬挂，使其背面黄铜挂画齿条套入不锈钢挂件，完成画作的悬挂。

为防止画作被观众轻易摘下，在画作顶端的墙面上固定限位螺丝（图 7.39），使得画作被制约在特定位置。如果多张画作密集悬挂，可用上方画作底部墙面处的不锈钢挂件限制下方画作的提拉（图 7.40、图 7.41）。上方画作悬挂后，再于顶边墙面用螺丝限位。图 7.42 为多幅画作采取防盗处理后的裸展状态，观众可以近距离欣赏，却不能将其轻易摘下。防盗挂件隐藏于画作背面，画作美感不会被暴露在外的五金挂件破坏，在保证画作安全的前提下，确保展示效果。

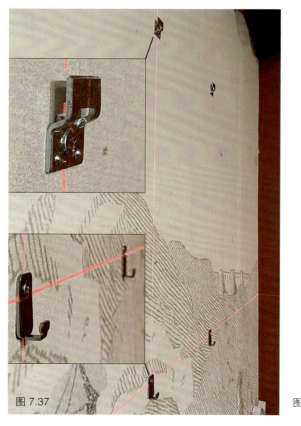

图 7.37

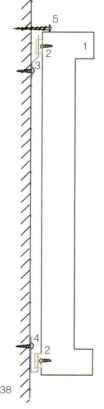

图 7.38

图 7.39

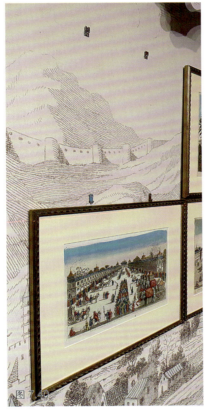

图 7.40

图 7.41

图 7.42

左页

图 7.37　墙面固定不锈钢挂件

图 7.38　画作裸展时的防盗处理

右页

图 7.39　画作顶端墙面的限位螺丝

图 7.40　下方画作顶端被上方画作的

挂件限位

图 7.41　上方画作悬挂后

图 7.42　采用防盗处理的密集陈列的

裸展画作

第八章

新技术在展具制作中的应用

3D 扫描，也称作三维扫描，是使用三维扫描仪，对物品进行非接触式的测量。3D 扫描技术与传统的平面扫描和照相技术不同，其扫描对象不再是图纸、照片等平面图案，而是包含物品表面各个采样点的三维空间坐标和色彩信息的三维数字模型。

3D 打印，是一种"增材制造"技术，研究机构与企业通常用 AM（Additive Manufacture）表述该技术，即与传统的去除材料加工方法完全相反，通过三维数据模型实现增材成形，通常用逐层添加材料的方式制造产品。3D 打印近年来广泛应用于工业设计、航空航天、医疗、建筑等领域，在文物行业也早有同行用其仿制文物或制作文物的补全件。

逆向工程，也称反求工程、反向工程，是将实物转化为 CAD 模型相关的数字化技术、几何模型重建技术和产品制造技术的总称。逆向工程可以将已有产品或实物模型转化为工程设计模型和概念模型，在此基础上对已有产品进行解剖、深化和再创造。笔者在多年前初步了解了逆向工程这一工业方法，后来在展具设计制作时，遇有文物不便接触式测量和翻模，再次想起这一方法，遂联系相关技术服务的公司进行了尝试与实践，效果良好。

使用这些新技术制作展具的大致过程，是采用 3D 扫描获得文物的三维数字模型（点云数据），然后利用逆向工程，求得文物展具的结构，再通过 3D 打印获得文物展具的坯材，进而手工处理细节，得到符合展陈效果和文物保护要求的展具。

第一节　卜骨的 3D 打印展托

图 8.1 所示为北京大学赛克勒考古与艺术博物馆收藏的商代晚期卜骨，历史价值重要。卜骨质地酥脆，背面孔隙较多，断裂后虽经粘接，但仍不稳固。20 世纪初期为卜骨制作了展托，使用宣纸、绢、棉布和棉花为主要制作材料，展托中央挖出随形凹槽以嵌入卜骨。为了衬垫卜骨背面，用柔软的棉花和棉布提供支撑，经长久保存，棉花和棉布滋生细菌、发生虫蛀，如今已呈图 8.2、图 8.3 所示状态，危及其上存放的卜骨的安全长久保存，展陈效果更是无法达到要求，需要为其重新制作展托。

亚克力板材是当前常用于制作展具的材料。图 8.4 为常见的甲骨展示方式，在亚克力展托上，按照甲骨的大致轮廓挖出孔洞，将甲骨嵌入其中，再以透明鱼线捆绑固定。这种展示方式效果不佳，甲骨受力也不均衡，甲骨自身的重量全部集中在鱼线捆绑的局部区域内，缺少全面支撑，若甲骨质地酥脆且有裂隙，容易断裂而从展具上意外跌落，造成损毁。

图 8.1

图 8.2

图 8.1　北京大学赛克勒考古与艺术博物馆馆藏卜骨

图 8.2　20 世纪初期展具

图 8.3　虫蛀病害

图 8.3

图8.4

为配合展览，需要制作匹配度良好的新展托，为卜骨提供稳定的支撑，在确保文物安全的同时，使其具有良好的展陈效果。过去制作文物随形展托，通常需要对文物进行接触式的翻模取形，这种做法对于保存状态良好的文物，只要材料隔离得当，尚且可用。但对于此件结构疏松的卜骨，接触式的翻模或按压取形，势必损坏文物。

当前新兴的 3D 扫描技术可以对物品进行非接触式的造型信息提取，广泛应用于工业领域，近年来也多用于文物仿制、文物数字化等。3D 扫描和 3D 打印技术为解决卜骨随形展托的设计制作难题，提供了新途径。使用 Artec space spider 手持三维激光扫描仪采集卜骨的三维数据（图8.5），用逆向工程软件 Rapidform XOR 完成展陈托架的建模，在一块厚度为 6 毫米的长方形底板上，设置凸起的随形结构，贴附于卜骨背面（图8.6）。

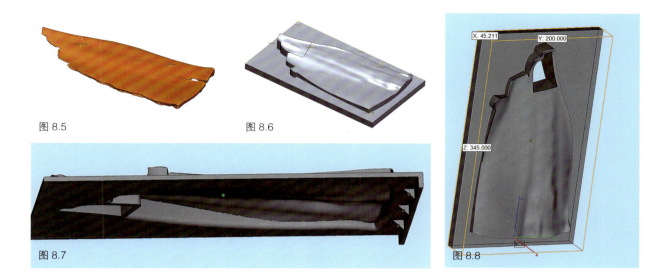

图 8.5

图 8.6

图 8.7

图 8.8

为便于展陈时看清楚卜骨背面的痕迹，随形结构的背面设计为壁厚均匀的空心结构；为确保展托直立固定在展台后保持受力稳定，长方形底板和狭长底座之间需要设置三条加强拉肋（图 8.7）；为便于观看卜骨背面的刻凿痕，相应部位设计为镂空结构（图 8.8）。

使用透明光敏树脂完成展托的 3D 打印，所得展托为半透明状。为达到良好的展陈效果，需要对展托的不同部分进行差异化的质感处理。卜骨背面有烧凿痕迹，当时的占卜者根据烧凿所成裂缝的走向，完成占卜并在正面刻出卜辞。为展示卜骨背面这些重要现象，将树脂展托接触文物背面的部分依次用 600、800、1000、1600、2000 目砂纸打磨，最后用高速转动的布轮进一步抛光，使其成为透明效果。展托的其余部分则依次使用 200、400、600、800 目砂纸处理掉 3D 打印的层纹，使其成为磨砂亚光的效果，防止展柜和展厅内的光线照射在展托上形成令观众视觉不适的眩光。

制得的展托经过与卜骨装配，部分区域装配误差较大，二者无法严密贴合。任何技术都有其适用范围和缺陷，3D 扫描与打印技术亦如此。对于工业产品的精细扫描，遇到光泽强烈或吸光严重的物品，通常通过喷涂白色涂层帮助提高扫描精度。但此种做法显然不能用于处理文物。卜骨背面疏松多孔的区域，吸光效应强烈，致使扫描数据误差较大，打印出的展托在这一局部误差也较大。因此需要手工打磨矫正（图 8.9）。最后再打磨抛光，使打磨修整的部位恢复透明（图 8.10）。经再次装配，卜骨与展托匹配良好（图 8.11、图 8.12）。另外，对于前文所述玉石珠饰等文物，3D 扫描数据误差较大，难以用该技术制作精度良好的文物随形展具。

卜骨与展托的准确定位与装配需要使用手工锻造的"U"形黄铜卡扣。其与文物接触的一端磨成弧面，防止划伤卜骨表面；插入托架的一侧加工成长方形剖面并带有凸刺，将其尖端加热到 600℃，插入展托上预先钻好的工艺孔，工艺孔周围局部熔化，待其凝固后卡扣便被锁定在展托内不再脱落（图 8.13）。

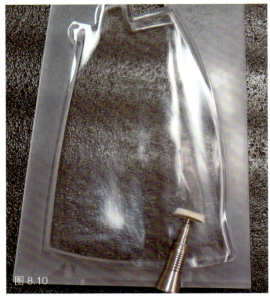

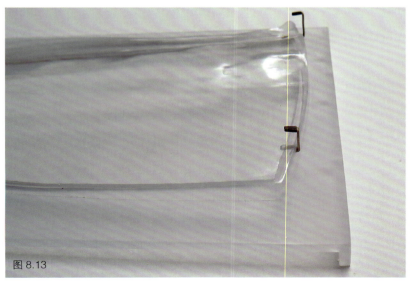

左页

图 8.9　手工打磨矫正误差部位

图 8.10　布轮抛光打磨处

图 8.11　观察卜骨承托效果

图 8.12　卜骨及其 3D 打印展托

图 8.13　黄铜卡扣的装配

右页

图 8.14　用台钻精确打孔

图 8.15　卜骨顶端的穿线固定

图 8.16　用精密螺丝顶压固定鱼线

图 8.17　展陈现场效果

图 8.18　各个立面的展示效果

此外，还需要在展托顶端设置一处可拆解卡扣以防止卜骨倾倒，并便于卜骨从展托取下。先将展托置于台钻操作面，在加厚部位钻出与展托底板垂直的圆孔，圆孔侧面开一横向透孔用于穿入鱼线，再用精密螺丝顶压鱼线使其固定防脱（图8.14～图8.16）。为方便观众看到卜骨正、反两侧的全部信息，卜骨及展托置于独立展柜陈列。用自攻钉穿过底座上设置的透孔，将展托以一定的倾角固定于展柜内的展台上（图8.17、图8.18）。展陈结束，卜骨展托还可作为文物包装模块，为文物提供全面支撑。

图8.14

图8.15

图8.16

图8.17

图8.18

第二节　脆弱漆器碎片的展托

图 8.19 所示为沧州唐墓出土饱水漆器碎片经脱水定型后的效果，碎片背面可见木胎表面的加工痕迹，包括底面刨切痕迹、侧壁车削痕迹及底面圆心处被锥状工具刺穿的痕迹等。经研究，判断该漆器的木胎系使用旋床高速车削成形，说明至迟于唐代，类似于图 8.20 所示的旋床（脚踏传动车床）已被用于木器生产。

为了保存好漆器碎片上重要的加工痕迹，不破坏其作为历史物证的重要价值，修复时不采用传统的"脱胎换骨"法，而是仅仅将碎片做粘接处理，随后为其制作随形展托，防止其进一步破碎。为了不影响对文物碎片的再次观察，碎片与展托之间采取便于拆解的连接方式。

这件文物的保存状态比前文所述之卜骨更差，传统的接触式翻模法虽可轻易获得匹配度高的模具用以制作随形展托，但保存状态极差的文物，无法承受接触式翻模的强烈干预。借助 3D 扫描获取文物碎片待支撑一侧的造型点云信息，进而使用逆向工程软件，辅助展托的造型设计（图 8.21）。再借助 3D 打印，获得白色光敏树脂成形的展托。为了方便文物与其准确装配，可使用无酸记号笔将文物边缘轮廓描画在 3D 打印的展托表面（图 8.22）。

为使文物碎片能够被稳定地固定于展托表面，而又便于反复无损拆解和组装，不可将碎片粘在展托上，应使用具备可逆性的

图 8.19

左页
图 8.19　脱水定型后的漆器碎片

右页
图 8.20　旋床复原模型
图 8.21　逆向工程辅助展具设计
图 8.22　漆器碎片及其 3D 打印随形展托
图 8.23　弹性夹具及其用法

连接方法。可使用专门设计制作的新型弹性夹具固定文物碎片，夹具由亚克力片材、圆柱材和压簧组成，自然状态下可将碎片夹持于展托，按压其底部便可将碎片取下。由于碎片边缘较薄且脆，夹具压力过大容易损坏碎片，压力过小又不能稳定夹持，因此夹具的压缩程度设计为可调。旋转正方形亚克力片材，使其沿着圆柱材上下移动，便可调整压簧的弹力（图 8.23、图 8.24）。

弹性夹具与 3D 打印展托的安装过程和使用方法如图 8.25 所示。其中 A 为 3D 打印展托的剖面结构，外侧用于承托文物碎片。在其上开孔，孔径为 Φ。

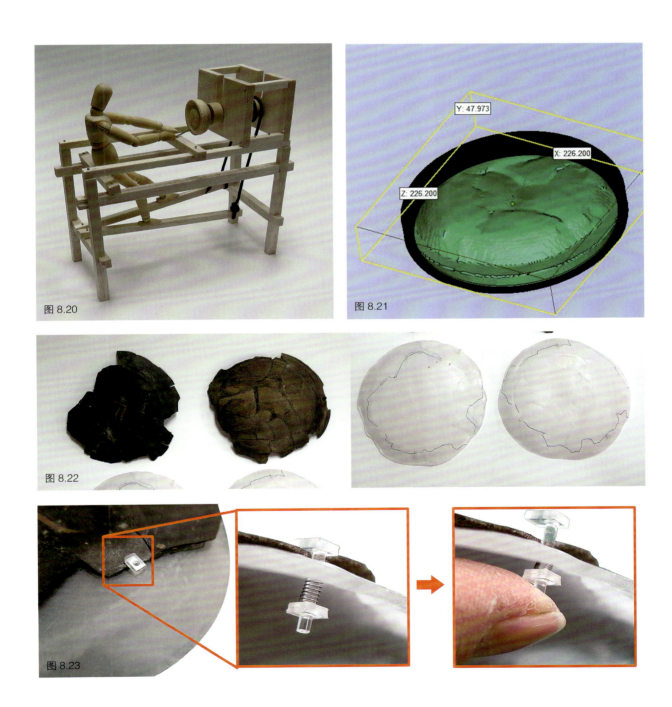

图 8.20

图 8.21

图 8.22

图 8.23

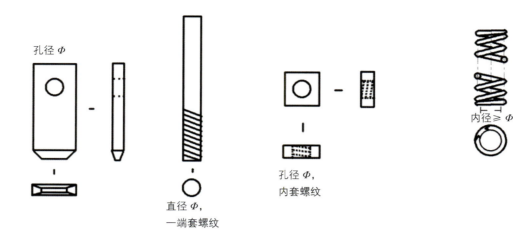

孔径 Φ

直径 Φ，
一端套螺纹

孔径 Φ，
内套螺纹

内径 ≥ Φ

图 8.24

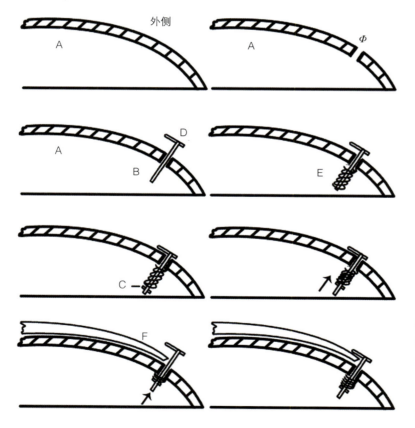

外侧

A

A Φ

A

D

B

E

C

F

图 8.25

文物展具与装具

将长方形亚克力片材 D 和圆柱形亚克力棒材 B 连接后穿入穿孔，亚克力棒材的直径略小于 Φ。将压簧 E 套在亚克力棒材上，再将正方形亚克力片材 C 连接于棒材底端，因二者接触部位有螺纹，旋转可使正方形片材上下移动。向上移动正方形亚克力片材，弹簧的压力大，长方形亚克力片材对被夹持文物的压力也大；向下移动正方形亚克力片材，弹簧的压力小，长方形亚克力片材对被夹持文物的压力也小。需要释放文物碎片时，用手指向上推亚克力棒材的底面，并旋转长方形亚克力片材，碎片边缘被释放。

漆器碎片被支撑夹持后的效果如图 8.26、图 8.27 所示。展具可为文物提供良好的支撑，而通过 3D 扫描技术的辅助，展具设计制作过程并未对文物进行接触式干预。图示文物展托除了可以用于展陈，也可作为支撑模块，连同文物直接置入包装盒，确保文物在保存和运输过程中的安全和稳定，详见本书第十四章有关展具与装具集成化的相关论述。

图 8.26

图 8.27

第八章　新技术在展具制作中的应用

第三节　破碎文物的可拆解支撑系统

图 8.28 所示为广西合浦汉墓出土的一件破碎青铜提梁壶，器物上部与圈足断为两部分，腹中部有一块碎片脱落，腹部另一侧有一道长裂隙。器物胎体薄处不足 1 毫米（图 8.29），断面在超景深显微镜下可见矿化严重（图 8.30），这是器物材质酥脆的原因。器盖表面呈酥粉状且与器口锈结粘连，强行打开必然损毁，只能保持现状。由于器物腐蚀严重，保存状态差，若使用传统方法将破碎器物粘接补全，虽然暂时强化了器物的稳定性，但粘接后的器物内壁无法再被观察和触及。器物内壁进入高湿度空气乃至形成冷凝水，加速器物腐蚀，也无法对其进行及时维护，可再处理性差。基于这一状况，需要对器物进行最小限度的修复，仅对盖部缺口和腹部、圈足裂隙进行高分子材料的粘接，器物上下两部分残件不使用焊接、粘接等难以拆解的连接方式。采用器物的内部支撑结构和外部支撑结构相配合的方式，既能使器物恢复造型完整性，便于其保管、运输并获得较好展陈效果，又方便拆解。

正如前文所述，支撑物取形制作的传统方法，主要依靠对原物进行接触式的翻模，无论使用石膏、油泥、蜡片或硅橡胶，皆要不同程度地干预器物。这件器物的保存状态很差，以上任何一种传统的接触式翻模取形方法，都无法保证器物的安全。

借助 3D 扫描，可以非接触的方式获得文物造型信息。将柯尼卡美能达 Range7 扫描仪固定在三脚架上，对文物的上部（图 8.31）和圈足（图 8.32）分别进行 3D 扫描，在连接扫描仪的笔记本电脑上使用扫描软件监测扫描效果（图 8.33），确定所有造型信息采集完全，才可结束扫描。为了便于上下两部分在软件中拼合，可手工将上下部分的断口对齐，稳定扶持上半部分后进行拼对状态的扫描，以便后期将点云信息导入软件进行调整和逆向设计。

对残破文物采集数据时，配合 Artec Studio 11 Professional 3D 数据采集和处理软件，得到文物的造型数据（图 8.34）。使用 Geomagic 数据处理软件对三维扫描所得数据进行处理，实现逆向建模。需要设计的文物内模相当于铸造所用"型芯"，可将其拆分为若干部件，作为文物的内支撑模块，要确保拔模斜度不影响其从文物内壁自由脱落和安装。

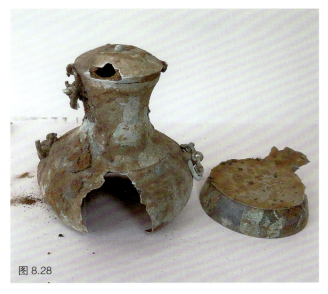

图 8.28

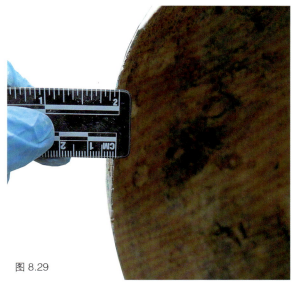

图 8.29

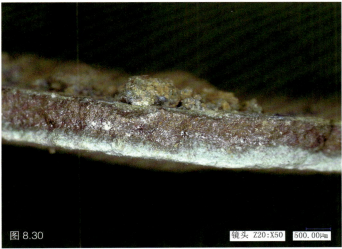

镜头 Z20:X50   500.00μm

图 8.30

图 8.31

图 8.32

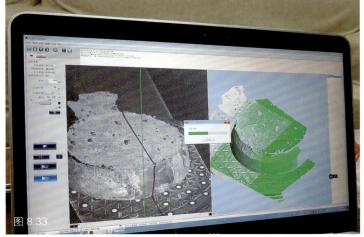

图 8.33

文物内壁并非规则且平滑的曲面，存在疏松锈蚀和沉积物颗粒及铸造缺陷，3D 扫描所获得的点云数据，导入逆向工程软件后，许多不规则的细节特征被当作噪点删除，当点云数据变为三角形网格模型并进一步"构造曲面片"时又会损失掉一些表面细节。为了确保内支撑模块与文物内壁的匹配度，逆向设计时应沿着文物造型数据的横剖面，尽量密集地切片，以减小误差（图 8.35、图 8.36）。使用逆向建模生成的 STL 格式文件进行 3D 打印后所得到的造型，必然与器物原始造型存在误差，文物表面光滑度越差，这种误差也越大。为减小 3D 扫描误差，要预先对文物内壁的疏松土锈进行清理。

完成逆向设计的内支撑模块如图 8.37 所示，其为腹部大、头足细的纺锤形造型，无法安装进入器物腹内，需要将其切割分模，以便按照一定的次序，分块置入器物腹内再组装为整体。图 8.38 所示为内支撑模块在逆向工程软件内的切割分型方式，中央支撑模块为底座和两个圆台的组合，两侧分置侧方支撑模块，其中一块用于支撑腹部脱落的碎片，另一块根据与文物装配的情况予以选用。

侧方支撑模块与中央支撑模块间需要一定的定位结构，以确保其每次拆解后都可按照原本的设计装回。侧方支撑模块的底面内边缘设置有定位凹槽（图 8.39），中央支撑模块的底座与圆台衔接处设置有定位榫（图 8.40），榫卯配合可使三个支撑模块准确定位。

将所得造型数据转换为 STL 文件后使用 3D 打印机配合光敏树脂叠层成形，得到原型产品，也就是文物内支撑白模（图 8.41）。中央支撑模块和侧方支撑模块可精密匹配，二者通过定位榫卯实现相对位置的稳定（图 8.42）。但二者之间尚无连接结构和连接部件，需要通过与文物进行装配试验，再确定连接结构的位置，进而手工完成连接结构和连接部件的配置。

进行装配试验时，首先将文物上部用泡棉垫承托稳定，将中央支撑模块置于文物断口处，使支撑模块底座外缘轮廓与断口对齐（图 8.43）。用记号笔标记支撑块上与文物有装配误差处（图 8.44）。文物与支撑模块之间的装配误差的来源有两方面：其一是 3D 扫描时受到文物上疏松部位的吸光效应影响；其二是在软件

图 8.34

图 8.35

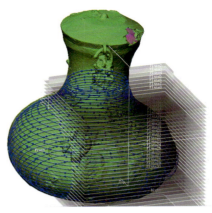

图 8.36

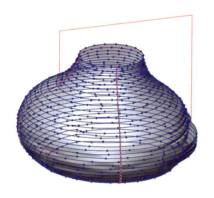

图 8.37

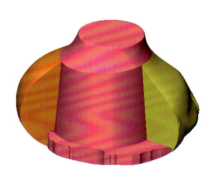

图 8.38

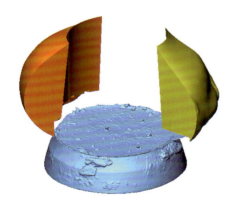

图 8.39

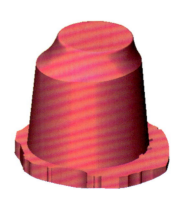

图 8.40

内逆向建模时，文物内壁和断面上不规则的细节被当作噪点处理掉，以及建模时形成曲面的"面片"精度受损。虽然逆向工程及 3D 打印所得文物内支撑白模的误差较传统修复的接触式翻模大，但其具有不接触文物本体的优点，使展具在制作过程中对文物的干预程度最小，有利于保护文物。尤其对于疏松多孔、质地极差的青铜器，无法进行接触式的翻模，3D 技术更体现出优势和必要性。

如图 8.45，使用砂带机对中央支撑模块底座边缘上标记的存在装配误差的部位进行打磨减薄，随后进行装配试验。如需调整，则再次进行标记和打磨，直到中央支撑模块可以自由进出铜壶腹底的断口。

图 8.41

图 8.42

图 8.43

图 8.44

图 8.45

图 8.46

左页

图 8.41　3D 打印后的支撑件
图 8.42　3D 打印件装配后
图 8.43　装配试验
图 8.44　标记误差点
图 8.45　打磨误差部位
图 8.46　稳妥固定文物

右页

图 8.47　装配侧方支撑模块
图 8.48　中央支撑模块再次装配试验
图 8.49　找到侧方支撑模块误差位置
图 8.50　打磨侧方支撑模块
图 8.51　再一次装配试验
图 8.52　装配无误
图 8.53　中央支撑模块可自由进出

将壶体稳妥固定于泡棉垫（图8.46），并置入侧方支撑模块（图8.47），插入中央支撑模块，试验三者是否可以严密装配（图8.48）。如中央支撑模块无法推进到预定位置，需找到侧方支撑模块的误差位置（图8.49），并用砂带机局部打磨修整（图8.50），再次进行装配（图8.51～图8.53）。将带有中央支撑模块的壶体上部与圈足进行装配，观察装配情况和各部位误差（图8.54）。当各处误差不妨碍最终环节的总装，则可以着手壶体上部、中央支撑模块和侧方支撑模块的手工处理。

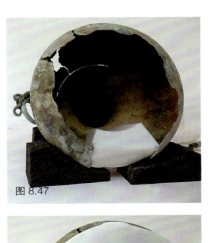
图 8.47

图 8.48

图 8.49

图 8.50

图 8.51

图 8.52

图 8.53

文物的内部支撑仅能起到托举壶体上部的作用，而壶体上的裂隙终究会对壶体的稳定构成威胁，需要对开裂的局部进行最小限度的补全修复。如图 8.55、图 8.56，将壶体上部裂隙位置的内壁用低黏度无酸纸胶带贴附并用另一块侧方支撑模块提供支撑，将调和均匀的文物修补用高分子黏合剂灌注于裂隙位置，待其凝固后拆去内支撑模块和胶带。图 8.57 为完成裂隙部位修补的内壁效果。文物腹部的整体性和机械强度得以提高，有利于器物的稳定和安全。如图 8.58，依照同样处理办法，补全盖部残缺。腹部脱落的碎片，其上裂隙的处理也按照同样方法。完成壶体上部的局部补全后，待一昼夜后补全材料达到最高使用强度，再将壶体上部、中央支撑模块和侧方支撑模块装配为一体，此时可见侧方支撑模块的表面较文物表面低下一层，此部位用以嵌入脱落的腹部碎片（图 8.59）。

如图 8.60，在腹部碎片背面贴附防粘胶带作为隔离层。如图 8.61，将腹部碎片边缘用低黏度无酸纸胶带做好遮盖和隔离。向

图 8.54

图 8.55

图 8.56

图 8.57

左页
图 8.54　与圈足进行装配
图 8.55　裂隙处补全前准备
图 8.56　补全裂隙
图 8.57　完成补全的内壁

右页
图 8.58　补全盖上残缺
图 8.59　再次装配
图 8.60　碎片背面隔离
图 8.61　遮盖碎片断面后涂挂树脂
图 8.62　遮盖壶体断面后涂挂树脂
图 8.63　制作卡扣
图 8.64　钻孔
图 8.65　卡扣插入圆孔
图 8.66　用树脂胶包埋卡扣

空余的侧方支撑模块表面涂挂树脂胶，使其与腹部碎片表面过渡平滑且边缘密合。如图 8.62，使用低黏度无酸纸胶带遮盖和隔离壶体断面后，再次涂挂树脂胶，使胶体表面与文物表面的弧度一致、过渡平滑且边缘密合。

如图 8.63，锻造黄铜卡扣并将其接触文物的部位包裹隔离层。如图 8.64，在腹部碎片底部的侧方支撑模块上钻出两个斜向穿孔。如图 8.65，将黄铜卡扣插入圆孔，扣住腹部碎片的底部边缘。如图 8.66，在卡扣以下的侧方支撑块表面涂挂树脂胶，使卡扣稳固地埋入。

如图 8.67、图 8.68，在圈足的顶面铺设一层低黏度防粘胶带作为隔离层。如图 8.69，将适量 PSI 胶棒揉捏均匀并擀压成薄片。如图 8.70，将薄胶片贴附于中央支撑模块底面。如图 8.71，趁胶体柔软时，将圈足倒扣其上以取形。

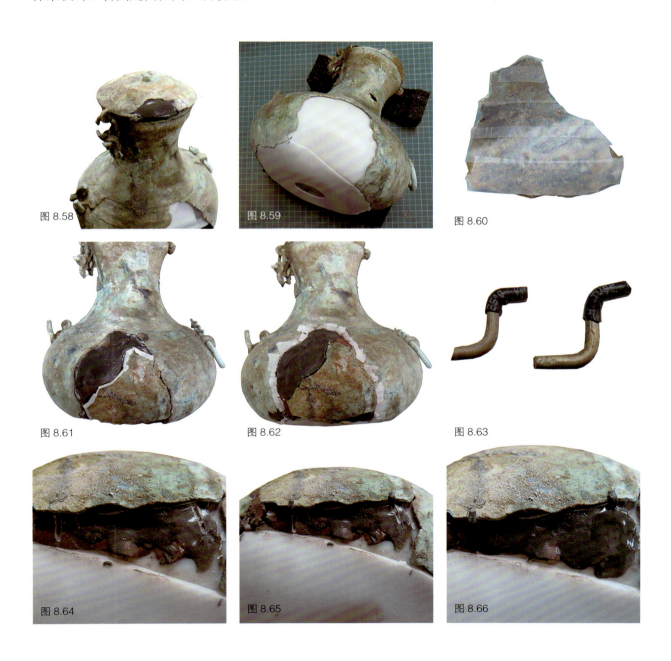

图 8.58

图 8.59

图 8.60

图 8.61

图 8.62

图 8.63

图 8.64

图 8.65

图 8.66

图 8.67

图 8.68

图 8.69

图 8.70

图 8.71

　　如图 8.72，待 PSI 胶硬化定型，取下圈足。如图 8.73，将中央支撑模块底面上露白的位置皆按照上述方法填满并打磨，使其与圈足的断面对接严密且过渡平滑。

　　如图 8.74，在侧方支撑模块表面贴树脂胶补全部位边缘钻出斜孔，用以插入黄铜卡扣，用油性笔将孔壁涂黑，以便未来装配过程中的识别。如图 8.75，将腹部碎片嵌入相应位置，确保其底部边缘被之前预埋完成的黄铜卡扣抓牢。如图 8.76，夹持黄铜卡扣对准黑色记号位置并插入斜孔。如图 8.77，黄铜卡扣安装到位后，腹部碎片被锁定。

图 8.72

图 8.73

图 8.74

图 8.75

图 8.76

图 8.77

左页

图 8.67　补全和加固裂隙后

图 8.68　粘贴隔离层

图 8.69　擀压树脂胶片

图 8.70　中央支撑模块底面贴附树脂
胶片

图 8.71　倒扣圈足以取形

右页

图 8.72　取下圈足

图 8.73　补全胶片周围

图 8.74　斜向钻孔

图 8.75　镶嵌残片

图 8.76　斜孔插入卡扣

图 8.77　完成碎片固定

第八章　新技术在展具制作中的应用

如图 8.78，制作圈足外壁的随形外支撑部件前，使用仿形规取形。如图 8.79，将取得的造型描在纸上，用以矫正黄铜部件的形状。如图 8.80、图 8.81，取 3 毫米直径的黄铜棍进行热锻，使其成为扁条状。如图 8.82、图 8.83，用钳嘴夹持烧红炽的黄铜扁条，比照纸样折弯矫形。如图 8.84，制成的黄铜外支撑部件与圈足进行装配，观察匹配度。如图 8.85，当黄铜外支撑部件造型准确，在其下部钻孔，穿入螺丝并连接数枚螺母。依照以上做法，制成另外两件带有螺丝螺母的黄铜外支撑部件。

图 8.78

图 8.79

图 8.80

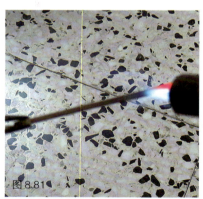
图 8.81

图 8.82

图 8.83

左页
图 8.78　用仿形规在圈足上取形
图 8.79　描纸样
图 8.80　锻造黄铜棍
图 8.81　煅烧
图 8.82　在高温塑性状态下对照纸样折弯
图 8.83　折弯后

右页
图 8.84　与文物预装配
图 8.85　钻孔后配置螺丝螺母
图 8.86　植入螺母时保持黄铜卡扣与圈足的相对位置固定

图 8.84

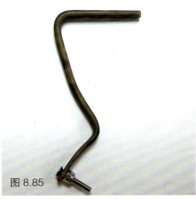

图 8.85

如图 8.86，在中央支撑模块的底面钻三处孔洞，孔径略大于黄铜外支撑部件的螺母直径，在孔洞内灌注环氧树脂胶，将带有螺丝螺母的黄铜外支撑部件安装于相应位置，使螺母嵌入孔洞中的树脂胶内。用止血夹夹持三件黄铜外支撑部件，使其与圈足外壁贴合严密。静置半小时，待树脂胶固化定型，取下止血夹，旋开螺丝，拆去黄铜外支撑部件，完成螺母在中央支撑模块上的埋入。未来反复拆解和组装黄铜外支撑部件时，其与中央支撑模块的连接皆通过埋入的螺母，连接强度高，且比直接将螺丝拧入中央支撑模块的耐久性好，后者反复拆装数次后，中央支撑模块上螺丝孔内的螺纹必然磨损滑丝。

图 8.86

如图 8.87，为防止黄铜部件磨损文物表面，二者接触部位套裹一层热缩管作为隔离层。如图 8.88，再次装配黄铜外支撑部件，确定装配精度。如图 8.89～图 8.91，在圈足底面铺设低黏度防粘胶带作为隔离层，用 PSI 胶进行底部支撑模块的手工成形。圈足底部中央凸起处为铸造器物时残留的浇道，底部支撑模块应留出空间嵌入残留浇道，防止将重要的制作工艺痕迹损坏。PSI 胶放热定型后，尽快从圈足底部取出，并揭去隔离胶带，以免粘连。

如图 8.92，中央支撑模块和侧方支撑模块之间仅有定位榫卯，尚无连接结构，需要手工改造。如图 8.93，中央支撑模块和侧方支撑模块为空心结构，壁厚仅 2 毫米，这是为了降低支撑结构的自重，也是为了提高 3D 打印的精度，壁厚均匀有助于打印材料的快速同步固化。空心结构使得中央支撑模块和侧方支撑模块之间无法设置连接结构。先在侧方支撑模块上准备增设连接结构的部位一侧打出工艺孔，使手指可以顺利穿过。如图 8.94，将 PSI 胶填充进工艺孔，用手指挤压，使其在支撑块内部形成加厚的局部结构。中央支撑模块上对应部位也按照同样方法做出局部的加强结构。

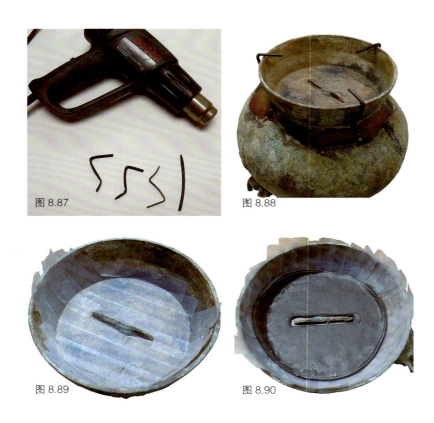

图 8.87

图 8.88

图 8.89

图 8.90

图 8.91　　　　　　　　　　　　图 8.92

图 8.93　　　　　　　　　　　　图 8.94

如图 8.95，在侧方支撑模块底部打出两个穿孔，穿入不锈钢长螺丝，并旋上数枚不锈钢螺母。在中央支撑模块的底座侧壁打出两个孔洞，孔洞直径略大于螺母，向孔洞内灌注环氧树脂胶。在侧方支撑模块和中央支撑模块接触面上喷涂硅油分型剂后，将两个模块拼合，通过图中红色三角标记部位的定位榫卯，确保二者装配时相对位置准确。如图 8.96，将拼合后的两个模块静置半小时，确保二者不会错位，如有必要，可用低黏度胶带做临时固

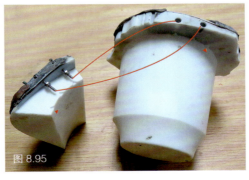

图 8.95

图 8.96

定。待环氧树脂胶固化定型，旋出两枚螺丝，拆开两个支撑模块，完成螺母在中央支撑模块上的预埋。未来反复组装和拆解两个支撑模块时，即通过二者之间的螺丝螺母连接结构。

图 8.97 为全部制作完成的支撑系统。为了不使其颜色和质感与文物反差强烈，影响文物的展陈效果和视觉整体感，对观展时能够看到的支撑模块局部，用丙烯颜料旧化涂装。组装时，先将腹部碎片嵌入侧方支撑模块上的对应位置，随后如图 8.98 ～图 8.100，将黄铜卡扣插入黑色标记位置的斜向穿孔，使腹部碎片被限定位置。如图 8.101，将装配有腹部碎片的侧方支撑模块嵌入铜

图 8.97

图 8.98

左页
图 8.97　全部制作完成的支撑系统
图 8.98　插入黄铜卡扣

右页
图 8.99　黄铜卡扣插入完成
图 8.100　腹部碎片在侧方支撑模块上固定完成
图 8.101　安装镶嵌有腹部碎片的侧方支撑模块

图 8.99

图 8.100

图 8.101

第八章　新技术在展具制作中的应用

壶上部的残缺部位。如图 8.102，翻转器物，防止侧方支撑模块掉落。如图 8.103，将中央支撑模块插入到位。如图 8.104，旋紧不锈钢螺丝，完成中央支撑模块和侧方支撑模块的连接。此时，两个支撑模块与铜壶上部已经形成稳定的制约关系，不会脱落。如图 8.105～图 8.108，将圈足按照预定的相对位置，置于底部支撑模块之上，使得浇道残留痕迹从底部支撑模块露出。

图 8.102

图 8.103

图 8.104

左页
图 8.102 从另一视角看侧方支撑模块的装配效果
图 8.103 安装中央支撑模块
图 8.104 旋紧螺丝固定侧方支撑模块与中央支撑模块

右页
图 8.105 内支撑模块装配完成
图 8.106 圈足置于底部支撑模块上
图 8.107 从另一视角看底部支撑模块嵌入圈足

图 8.105

图 8.106

图 8.107

　　　　　第八章　新技术在展具制作中的应用

如图 8.109 ～图 8.112，底部支撑模块与黄铜外支撑部件上有对应的标号，按照标号将黄铜外支撑部件用螺丝固定于底部支撑模块上的对应位置。如图 8.113、图 8.114，将铜壶上下两个部件对接，并旋紧螺丝，完成所有部件的组装。图 8.115 ～图 8.118 为完成内支撑及外支撑装配的文物的各个立面效果。破碎文物恢复其原本造型，成为整体，展示效果较好，而破损处的断口保持原状，未做粘接和掩饰，便于观众辨识文物本体和新添加的部分，也便于后续拆解器物，有利于观察维护和再次处理。

图 8.119、图 8.120 为支撑系统与破碎文物装配完成的底部效果，螺丝连接的位置在内支撑模块上，未对文物本体做钻孔、粘接等强干预。文物破碎部件之间、文物破碎部件与支撑件之间的接缝也未粘接或遮盖。裸露在外的支撑件局部，采用中间色补色法，

图 8.108

图 8.109

图 8.110

左页

图 8.108　底部支撑模块嵌入圈足后

图 8.109　底部支撑模块标记的卡扣编号

图 8.110　黄铜外支撑部件上标记对应的标号

右页

图 8.111　用螺丝连接黄铜外支撑部件与底部支撑模块

图 8.112　用螺丝连接另外两个黄铜外支撑部件与底部支撑模块

图 8.113　黄铜外支撑部件在圈足底部支撑模块上安装完毕

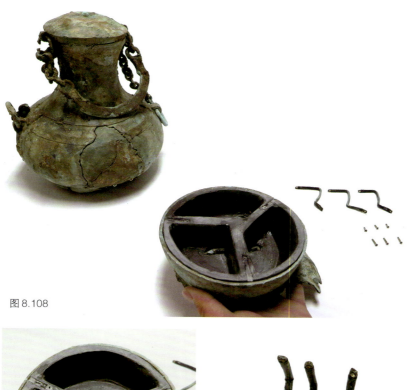

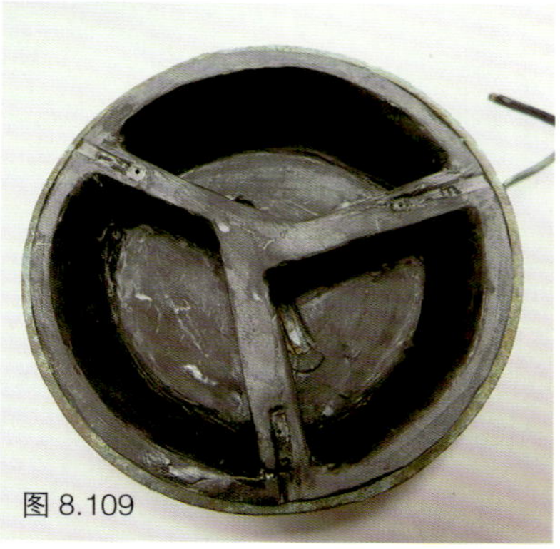

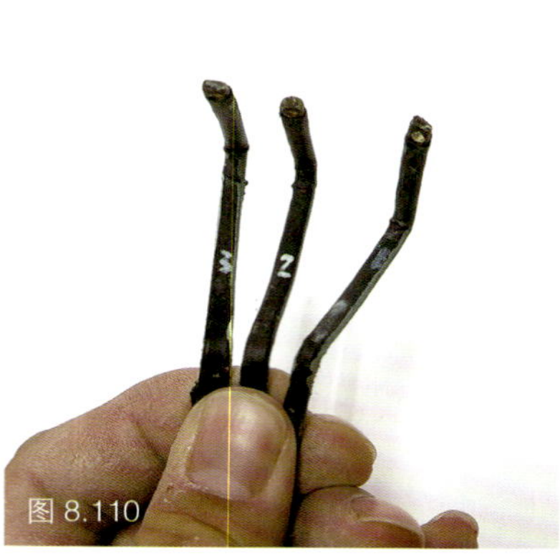

图 8.111

图 8.112

图 8.113

　　　　　　　　　　　　　第八章　新技术在展具制作中的应用

图 8.114

图 8.115

图 8.116

图 8.117

图 8.118

图 8.119

图 8.120

图 8.121

用丙烯颜料着色处理,与文物本体颜色、质感保持视觉上的整体感,而又不失辨识度,达到远观一致,近看有别。既符合展陈效果对完整性的追求,又不影响专业观众对真实性的关注,未来再次处理器物,也可轻易地拆解,便于区分原件与添加部分。

　　图 8.121 为破碎文物及其支撑系统的剖面结构示意图。黑色线条所示为器物上下两部分及平面展台,绿色所示为腹部残片,红色为中央内支撑模块,橙色为侧方内支撑模块,灰色为底部支撑模块,黄色为黄铜外支撑部件,蓝色为螺丝螺母。全部系统组装后,上半部分壶体被内支撑模块托起,内支撑模块的全部重量通过黄铜外支撑部件传递于展台,铜壶下部的圈足并未受到来自整个器物及内支撑模块的重压。另外,黄铜外部支撑部件,还将中央支撑模块、圈足和底部支撑模块连为一体;中央支撑模块、侧方支撑模块、器物上部通过螺丝螺母的锁定,形成相互制约。完成支撑系统装配后,所有部件被固定为整体,虽然没有使用粘接,各个部件在搬运时也不会脱落。全部支撑系统完成装配后,内支撑模块被隐藏于器腹内,仅有黄铜外支撑部件可见,因其采用类似于"机械外骨骼"的设计,支撑效果良好却并不破坏器物造型的完整性,也不妨碍展陈效果。所有部件皆采用非破坏性的可逆连接方式,可反复拆解和重组,实现对文物本体的最小干预,使处理后的文物具有可再处理性。

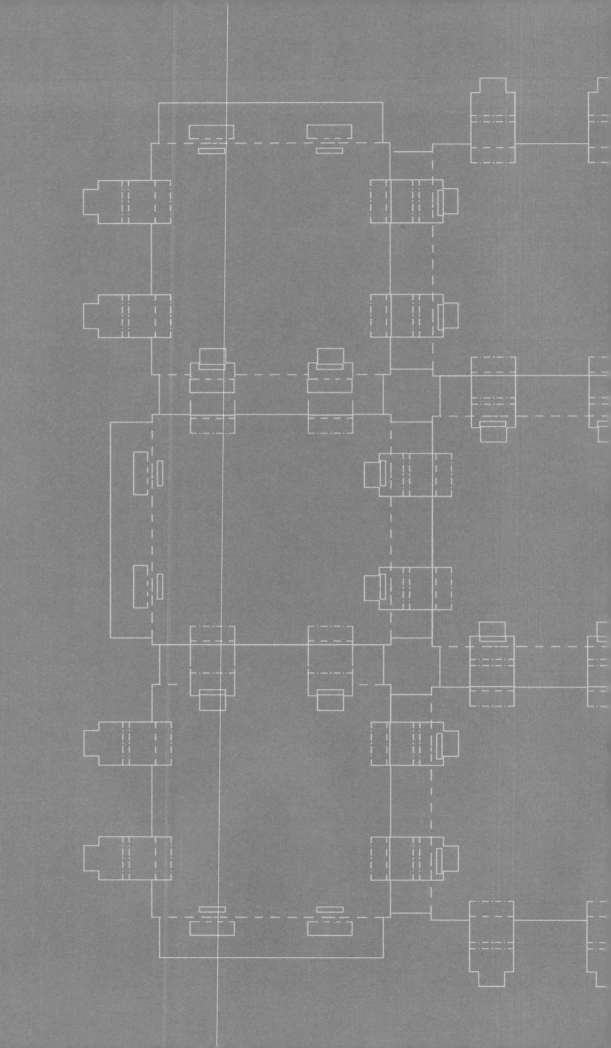

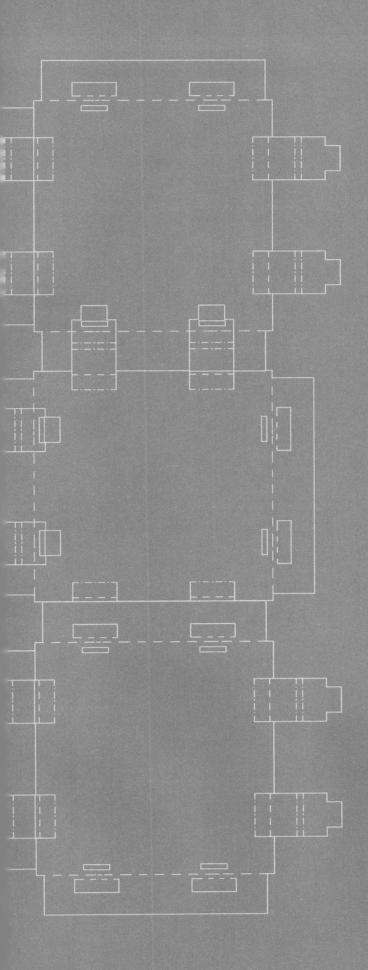

下编

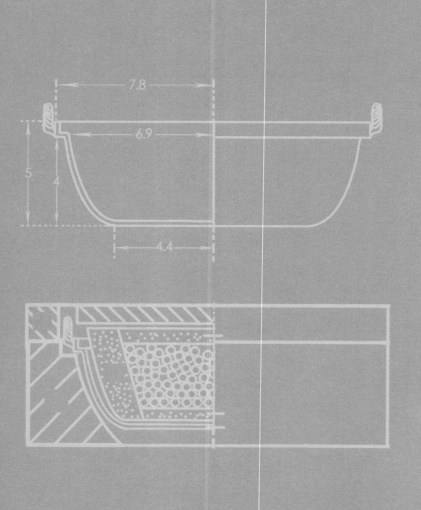

第九章
文物装具基础知识与基本技能

装具是防护包装的一种。在工业、农业等广泛的领域，产品由生产者输送给消费者才能完成流通过程，其中必然涉及装卸、运输和储存环节，为了方便这些环节的进行，绝大多数产品都需要经过包装才能投入流通过程。包装是由内装产品、包装容器及其附属物经过封箱或捆扎组成的物体系统。文物装具则是包装盒（包装容器）、文物（内装产品）、缓冲材料（附属物）的集合。与工农业产品的一次性包装不同，文物装具需要长期、反复地使用，因此不适合使用捆扎连接，代之以插接等可无损拆解与反复装配的连接方式。

与存在过度包装的商业包装不同，当代文物装具的主要功能在于保护内装文物，防止其损坏，这种功能简称为装具的防护功能。设计装具的防护功能应以经济为前提，即以最少的包装费用完善装具的防护功能，将文物储存与运输过程中的损失降到最低限度。国际安全运输协会将以经济为前提的包装设计称为"合理包装"，以尽可能经济的方式，选用最合适的材料，使设计出的包装正好满足产品的防护需要。正是"经济"这一前提，使得装具的防护功能成为需要科学和细致研究的课题。

文物装具要能够耐受运输过程中的震动与冲击，装具内的缓冲结构要符合包装动力学。这里的震动是指车、船、飞机等运输工具运行时的震动，它们会通过包装传递给内装文物。这里的冲击主要指交通工具急开、急停等导致装具内文物运动状态的剧烈变化。另外也要预防外包装箱在卸货时不慎跌落，地板对包装件形成短暂的瞬态激励，给文物造成冲击。

第一节　文物装具的概念、材料与设计理念

配置专用装具是文物保管的重要工作，除了利于文物安全存放与运输，更是在资源及经费有限的情况下所能采取的主动且有效的改善文物保存状态的措施。给文物配置专用装具，能达到一定程度的文物预防性保护的目的，使文物处于一个"洁净""稳定"的安全保存环境，延缓文物劣化，防止文物磕碰损坏。

一、传统囊匣与当代仿品

传统囊匣（亦称锦盒、古锦囊匣）是我国传统手工艺品的重要组成部分，为我国大量古物的保管收藏做出过巨大的贡献。其制作材料早期多为珍贵木材，后来发展为以纸板为主要原料，再以织锦饰面，各色丝绸和棉花做内衬，所用黏合剂为面粉糨糊或糯米糊。故宫博物院旧藏的清代囊匣，许多至今仍保存良好，可见其质量和耐久性的优良。

当代新制囊匣，仿照传统囊匣的外观形式（图9.1），但制作材料往往不能和传统囊匣相提并论，出于成本的考虑而使用的草纸板、低密度纤维板等，安全环保性通常缺少考量，尤其是制作过程中所用化学黏合剂是否含酸及氯离子难以明确。文物存放其中，通常不符合文物预防性保护的要求，有较大的隐患。另外，批量采购的囊匣，内部空间通常无法匹配文物，无法提供良好的支撑和缓冲，常见的做法便是使用柔软的报纸、卫生纸包裹，或者在囊匣和文物之间塞入棉垫或碎泡沫塑料块等进行填充（图9.2、图9.3）。对于保存状态较好的文物的短途运输，这种做法尚不会构成大的隐患，但对于质地糟朽的器物，比如矿化严重的青铜器，类似的包装方法不能达到防止文物碰损的效果。另外，卫生纸中含有的酸性物质等化学添加剂也不利于许多种类材质文物的安全长久保存。

二、文物装具的概念

中华人民共和国国家质量监督检验检疫总局和中国国家标准

图9.1　当代仿传统囊匣
图9.2　不当的缓冲衬垫
图9.3　用卫生纸缠绕文物

化管理委员会于 2009 年 5 月 4 日首次发布了国家标准《文物运输包装规范》（GB/T 23862—2009），对文物运输包装的定义为："使用适当的包装材料、包装容器，并利用相关的技术（并不局限于包装技术），保证文物在运输过程中的安全的过程。"文物包装容器是"为保证文物安全存放、运输而使用的盛装器具总称，包括内、外包装箱"。文物运输需要有具备专门资质的专业运输公司，相关公司在起运前根据实际所需提供外包装箱、防水防潮包装、防震包装、防霉包装等等，故相关内容不在博物馆工作范畴内，本书不做论述。本书所述之"文物装具"，属于文物的内包装箱，即"用于直接盛装文物的内层包装容器"。文物装具由文物包装盒及其内设置的防震与缓冲包装材料共同组成，缓冲材料即为减缓文物受到的冲击和震动而衬垫在文物周围的包装材料。

三、文物装具的制作材料

按照国家标准《文物运输包装规范》（GB/T 23862—2009）的要求，文物重量小于等于 30 千克时，用瓦楞纸箱做内包装箱。单瓦楞纸箱应使用 BS-1.4 类或以上等级，双瓦楞纸箱应使用 BD-1.3 类或以上等级。防震缓冲材料要求紧贴于文物和内包装箱之间，缓冲材料应质地柔软，富有弹性，不易疲劳变形、虫蛀和长霉。包装容器内部应采用无污染的包装材料，不能排放出对文物有害的物质。

综上，本书所述装具制作的选材如下：

包装盒体采用日本产浅灰色文物包装专用无酸瓦楞纸。B700-02 规格为 B 楞，幅面 1200mm×1200mm，厚 3mm，700g/m²。B700-03 规格为 B 楞，幅面 850mm×1300mm，厚 3mm，700g/m²。

缓冲材料使用 EPE 环保泡棉，又称珍珠棉，是新型环保包装材料。它由低密度聚乙烯脂经物理发泡产生无数独立气泡构成。无毒、无臭、隔水防潮、防震、保温、防结露、防霉抗菌、耐高温、阻燃、韧性强、抗撞力强、化学稳定性好且加工性能优良，适合作为缓冲、填充和支撑材料。

标签、打印纸、记号笔等辅材也均为博物馆专用的无酸材料。如特卫强标签、采用无酸打印纸的包装结构说明书、用无酸签字笔绘制的包装盒内标记线等。

四、文物装具的设计理念

当前博物馆普遍将文物无酸装具的制作委托给专门的包装公司，其专业水平自然无须质疑。但因其通常采取标准化生产工艺，且对文物自身保存状态及文物工作者使用习惯不熟悉，往往难以根据特定文物的个性定制最符合使用需求、文物保护要求和博物馆管理要求的包装。尤其是一些腐蚀严重的器物，一方面需要匹配度高的定制包装为文物提供全方位保护，另一方面又因文物库房保管工作的限制而必须避免它与非文物保护专业的包装制作人员长时间接触。因此，作为直接接触且最了解文物保存状态的文物保护工作人员，需掌握一定的包装设计制作技能，以便在符合文物保护要求的前提下，在没有条件与专业包装公司开展业务合作的情况下，亲自为文物制作包装，满足各种文物所面临的不同的包装设计制作需求，从而更好地保护文物安全。

文物装具设计理念如下：

在成形工艺方面，不同于商业用途的包装，在为设计和加工简便而使用黏合工艺时，文物用无酸装具应避免不当的黏合剂可能将有害于文物安全的物质带入文物保存的微环境。在必须使用黏合剂时，可选用博物馆级别的无酸超白胶。博物馆通常没有条件配备专业的包装生产设备，使用插接工艺成形的装具更便于设计制作，且插接结构的强度较高，稳定性好，避免因粘接材料老化失效而造成日久后包装强度降低。

在结构设计方面，瓦楞纸强度有限，可通过纸盒护翼、插舌等结构的合理设计，提高装具强度。缓冲结构应尽量与文物造型吻合，使文物自重及运输过程中因震动产生的冲力不被文物上某一局部所承受，最大限度地减弱文物上单位面积内所受到的压力、剪切力，有利于文物的安全存放与运输。对强度有特殊需求的装具，可采取用一整张无酸瓦楞纸裁切插接而成的整体式包装盒（图9.4、图9.5）。文物体量较大，单张瓦楞纸的幅面无法做出足够尺寸的整体式插接包装盒时，可采取天地盖式的包装结构设计（图9.6、图9.7）。

装具的结构设计还要符合文物提取规范。按照文物工作规范，提取文物应双手承托文物底部，使其受力均匀，以防损坏。故装具盒体不能仅仅设计成常见的四面立壁结构，避免从盒中提拉文

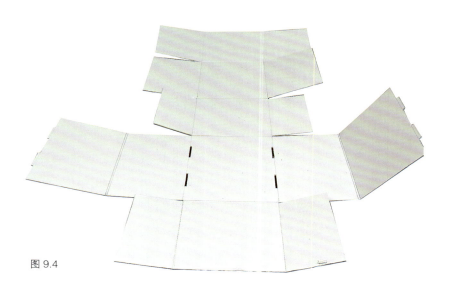

图 9.4

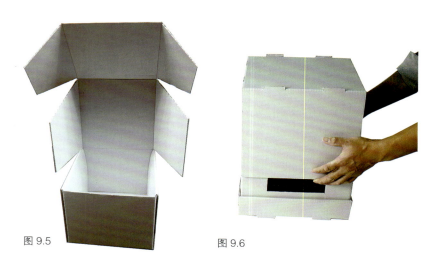

图 9.5   图 9.6

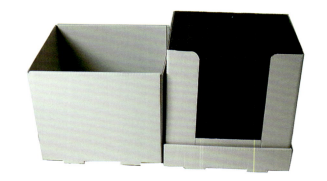

图 9.7

左页

图 9.4　常见的插接成形包装盒的展
开图

图 9.5　整体式包装盒

图 9.6　天地盖式包装盒

图 9.7　天盖与地盒为分体结构

右页

图 9.8　不当的文物提取方式

图 9.9　三面开口结构的包装盒，便
于取出随形缓冲块并规范取出文物

物耳部、口沿等局部而将文物取出（图9.8）。为使盒体紧凑便于存放运输，又兼顾文物的规范提取，可以将盒体设计为至少有一侧可开放立壁的结构，或者如图9.9所示三面开口结构。一些保存状态特殊的文物，还需要有双面开启的盒盖，甚至可以完全展开的装具结构（图9.10）。

装具还要便于使用和后期维护。因装具设计制作者不可能一直跟随文物，装具应结构简单，能使文物管理者轻易掌握正确用法，易于操作。为防止装具错误组装而损坏文物，装具内需配备包装

图9.8

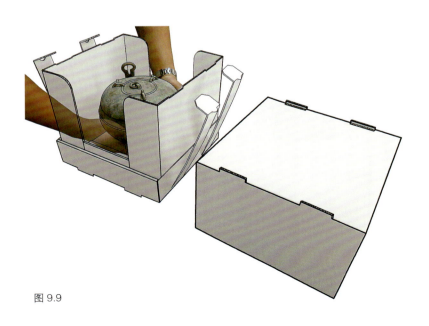

图9.9

结构图和使用说明书，装具上应做好定位记号，以免各个包装模块被取出后，难以轻易地摆回原先的预定位置，进而因受力不佳而损坏文物。

　　包装盒在不使用时，如果能以扁平化的形态存放，势必可以极大地节省博物馆的存储空间，减小存储压力。一些便于拆解的插接结构的包装盒，可以实现这一诉求。另外，由多个部件插接成形

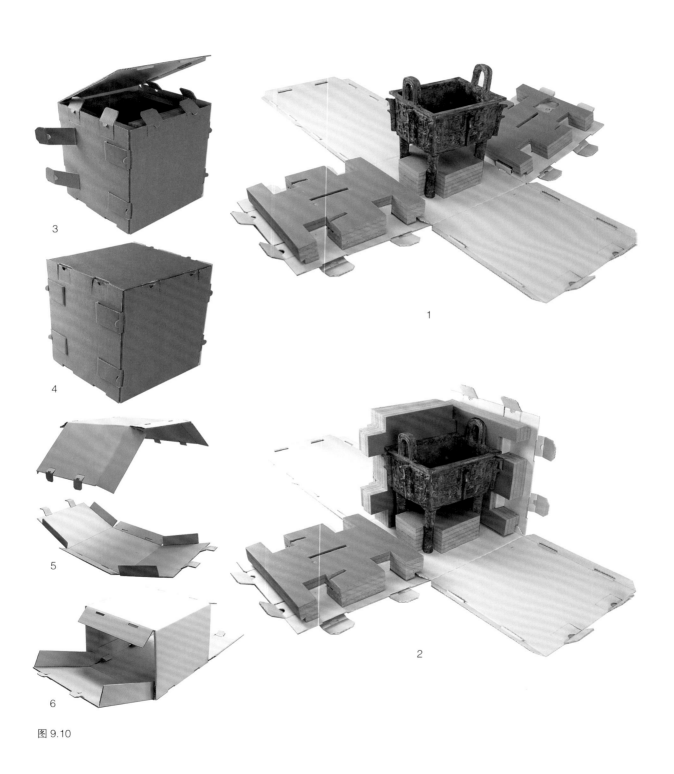

图9.10

的包装盒，其维护更容易，一旦发生局部损坏，无须报废整个包装盒，只需要替换局部部件即可。

如图 9.11，插接结构的包装盒，尤其是用整张纸板裁切后插接而成的传统整体式包装盒，制作过程中会产生大量的边角料，浪费严重，也不符合我国节能减排、减少浪费的国策。因此，应采取特殊的结构设计，使包装盒制作过程中产生的面积较大的边角料得到合理有效的利用。

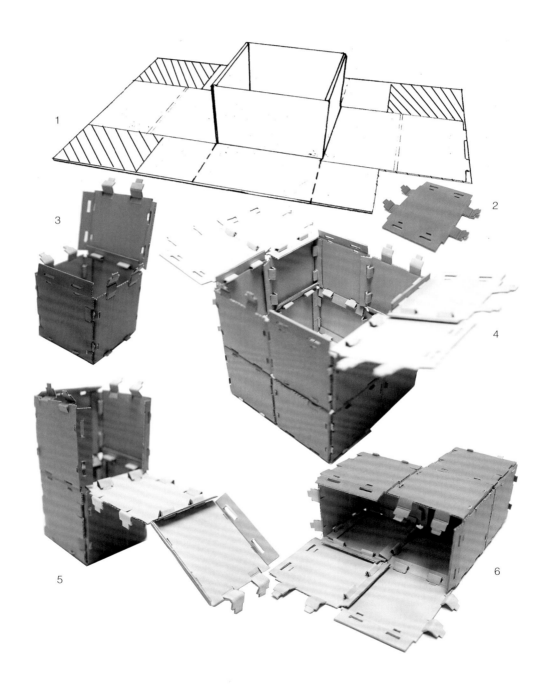

图 9.11

文物装具由包装盒和缓冲结构两部分构成，除了包装盒，缓冲结构也需要特别的设计。一些保存状态差的文物需要全面防护时，要制作全面缓冲结构，增大其与文物接触的面积，达到良好的缓冲、承托效果。全面缓冲结构与文物的关系如同"模"与"范"，"范"想要顺利脱模，必须有合理的分块方式，全面缓冲结构也必须以模块化的方式设计制作。

第二节　无酸瓦楞纸盒的设计及计算原理

市面售卖的包装设计类书籍，提供了大量的纸盒展开后的平面结构示意图。但其大都没有提供准确的计算数据，将所得示意图放大后，通常无法做成可以准确成形的包装盒。尤其是使用厚度超过 1 毫米的瓦楞纸板制作纸盒包装，因示意图没有预留和扣除折弯误差，无法使包装盒正常成形。在此以案例分析的形式，讲述如何设计和计算纸盒的平面展开结构。

一、材料对于纸盒设计的限制

首先，无酸瓦楞纸具有幅面限制且瓦楞排列方向单一，关乎纸盒结构稳定的脚扣、插舌需考虑瓦楞排列方向。在瓦楞纸上绘制平面图时需考虑上述因素。其次，笔者手头易得泡棉有两种规格，厚度分别为 2 厘米和 5 厘米。泡棉块叠加厚度为 2 厘米或 5 厘米的倍数或二者之和，即 4 厘米（2 厘米 ×2）、10 厘米（5 厘米 ×2）、7 厘米（5 厘米＋2 厘米）、12 厘米（5 厘米 ×2 ＋ 2 厘米）等。需根据器物高度选择适合厚度的泡棉块组合。例如，计划缓冲结构的厚度为 7 厘米，使用 5 厘米和 2 厘米两种厚度的泡棉块加工缓冲层。由于加工工具与工艺限制，我们可以随意裁切泡棉块的长宽，但难以规则改变其厚度，因此我们做好的纸盒内腔必须有准确的高度，以恰好容纳 7 厘米厚的泡棉块。包装容积高度少于 7 厘米则使泡棉块受到挤压，易造成文物损坏；大于 7 厘米时则使泡棉块内的文物易颠簸晃动，也容易造成损坏。在设计纸盒时，需参照折弯试验所得数据，保证纸盒精度。

右页

图 9.12　瓦楞横向排列的瓦楞纸折弯试验

图 9.13　瓦楞纵向排列的瓦楞纸折弯试验

二、通过纸样折弯试验提供尺寸计算依据

瓦楞纸的厚度使其折弯后形成尺寸误差，故在设计纸盒时需准确扣除误差，纸样折弯试验可以提供计算依据。如图 9.12-a、图 9.13-a，在准备用于纸盒制作的长方形纸样上标记三条间距 5 厘米的平行折线且与纸样边缘垂直。需制备两种纸样：折线与瓦楞方向平行和折线与瓦楞方向垂直。如图 9.12-b、c 及图 9.13-b、c，据折弯试验可见，无论折线与瓦楞垂直或平行，折弯后两互相平行的竖直立壁间距皆为 4.7 厘米，平面纸板的设计尺寸为 5 厘米，折弯后损失了 0.3 厘米。每次折弯都使瓦楞纸在水平方向的尺寸损失了瓦楞纸的半个壁厚，即 0.15 厘米。如图 9.12-d，当瓦楞方向与折线方向平行时，瓦楞纸折 90 度后，瓦楞纸在竖直面上的高度损失了 0.3 厘米。如图 9.13-d，当瓦楞方向与折线方向垂直时，瓦楞纸折 90 度后，瓦楞纸在竖直面上的高度损失了 0.2 厘米。稍后设计包装平面结构时，需要将折弯试验积累的经验考虑到误差扣除中。

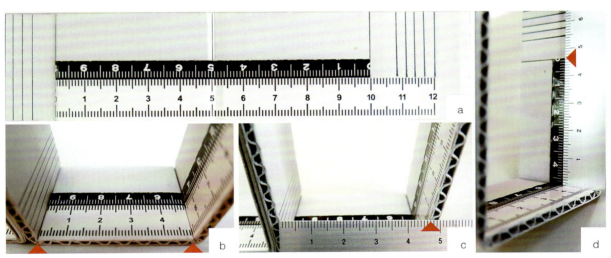

图 9.12

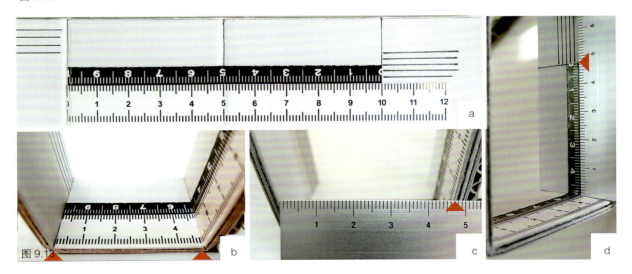

图 9.13

三、待包装器物的尺寸测量

如图 9.14,在三维坐标系统内测量文物,获得图 9.15 所示文物尺寸测绘图,据之设计尺寸最合理的包装。此器高 6 厘米,体量小且轻,包装越大,可容纳缓冲层越厚,文物越安全,但耗材越多,后期存放占用空间越大,运输过程中配套的外包装也越大,引起一系列后期使用成本的提高。因此,在确保文物安全的前提下,应使文物包装和缓冲结构的尺寸尽量紧凑。小而轻文物的包装,最薄处至少有 2 厘米缓冲层,以防无酸纸盒受冲击后的作用力直接传递给文物而造成损坏。对于较大较重文物,上述间距至少需 5 厘米。如图 9.16,通过读取文物病害图了解文物保存状态及其修复前的情况,以便进行合理的包装结构和受力设计。器物的侈口直径为 15.6 厘米,两耳顶端为器物最宽处,长 17.8 厘米。为使

图 9.14

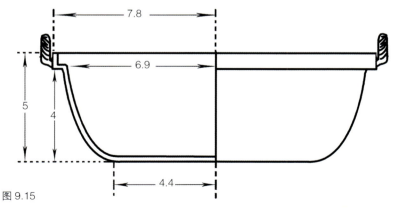

图 9.15

右页
图 9.14 文物测量
图 9.15 文物尺寸测绘图

右页
图 9.16 文物病害图

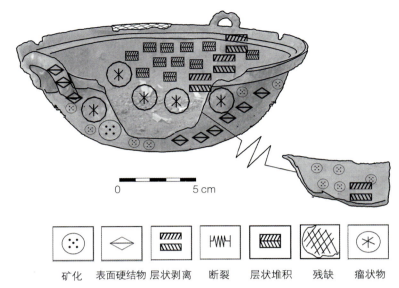

矿化　表面硬结物　层状剥离　断裂　层状堆积　残缺　瘤状物

图 9.16

包装盒在确保文物安全的前提下尺寸最小，需将文物的双耳沿着包装盒横剖面的对角线放置。

四、绘制纸盒平面结构图

图 9.17 为纸盒的平面结构图，其中 A 为插舌，B 为肩宽，C 为盖，D 为插舌兼护翼，E 为后壁，F 为防尘翼，G 为底，H 为侧壁，I 为前壁外侧，J 为边锁插舌，K 为脚扣插舌，L 为顶扣插舌，M 为前壁内侧，P 为防尘翼折线缩进量，Q 为边锁插扣折线缩进量，R 为脚扣插孔，S 为顶扣插孔，W 为前壁厚，X 为前壁内侧边缘刀切线缩进量，Y 为边锁插舌底部刀切线缩进量，Z 为插舌折线缩进量。侧壁 H 沿折线折 90 度，边锁插舌沿折线折 90 度，插入沿折线折弯的 I 与 M 之间，脚扣 K 插入插孔 R 完成自锁而固定三面立壁。脚扣 K 是确保盒体稳定的重要结构，需要受力良好，要求插接方向与瓦楞排列方向一致。盒盖 C、护翼 D 及插舌 A 皆折 90 度后，通过顶扣插舌与顶扣插孔 S 的插接使整个纸盒锁定。A 与 L 采用摩擦式插舌，只有当插接方向与瓦楞排列方向一致才可以多次开合而不损伤纸盒。插舌肩宽是盒盖开启受阻的部分，肩部尺寸越大，摩擦力越大，锁定后的纸盒越稳定。防尘翼可防灰尘进入盒体而

加速文物劣化。纸盒组装完成后，每个侧壁都有至少两层瓦楞纸，包装的抗压能力加倍。为使多个包装叠放时的压力能均匀地向下传递而不形成水平方向分力，需确保纸盒立壁平整且与平面呈90度，这就要求P、Q、X、Y、Z等部位的尺寸缩进量设计准确。如果不能达到上述要求，纸盒侧壁就会向外鼓出，纸盒受到自上而下传递的压力时，与水平面平行方向的瓦楞就极易折弯而破坏整个包装的受力结构。依照上述图纸裁切出无酸瓦楞纸型并折弯插接后的效果如图9.18、图9.19。

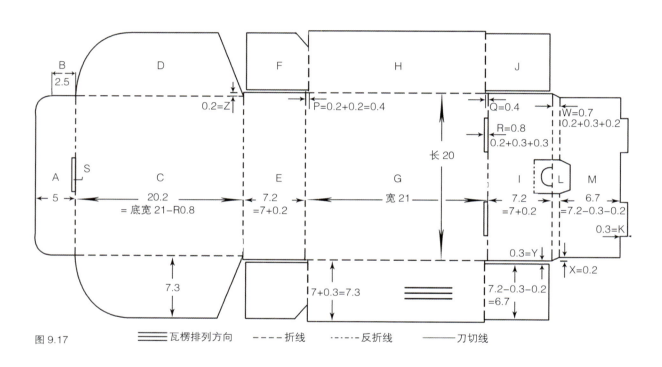

图 9.17   ▤▤▤ 瓦楞排列方向   ----- 折线   -·-·- 反折线   —— 刀切线

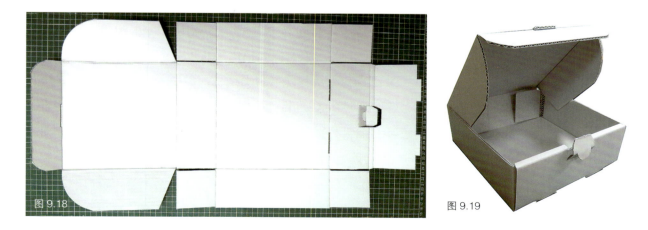

图 9.18

图 9.19

第三节　缓冲泡棉的测量与加工

一、壁纸刀裁切法

当包装盒制好后，需要为其配置内含的缓冲泡棉块。例如，测得包装盒内腔宽度为 20 厘米，减去盒盖插舌厚度 0.3 厘米及防尘翼厚度 0.3 厘米，为 19.4 厘米。盒内长度 19.6 厘米，减去盒盖两侧插舌厚度 0.6 厘米，为 19 厘米。盒内腔高度 7 厘米。故需首先制备 19.4 厘米 ×19 厘米 ×5 厘米和 19.4 厘米 ×19 厘米 ×2 厘米的两个泡棉块。如果使用壁纸刀手工裁切，为确保裁切精度并获得平整的切面，使用图 9.20 所示方法，将泡棉块夹在两块三角板间，使用木工夹具"快易夹"使三者相对位置固定，用壁纸刀沿两块三角板边缘裁切。刀刃要始终与两块三角板边缘同时接触。获得一个标准裁切面后，再以其为基准，重复上述操作，可得四壁平整、角度尺寸准确的泡棉块。

如图 9.21-A，将方形相对顶点两两相连，连线交点即中心，以其为圆心，分别以 4.4、6.9、7.8 厘米为半径做三同心圆⊙ 1、⊙ 2、⊙ 3。用壁纸刀沿⊙ 1 裁切，壁纸刀沿竖直方向运动，借助垂直测量模板不断矫正壁纸刀方向。壁纸刀运动方向如图 9.21-a 中红线 K 所示。裁切后泡棉块中央形成一圆柱形空间。

图 9.20

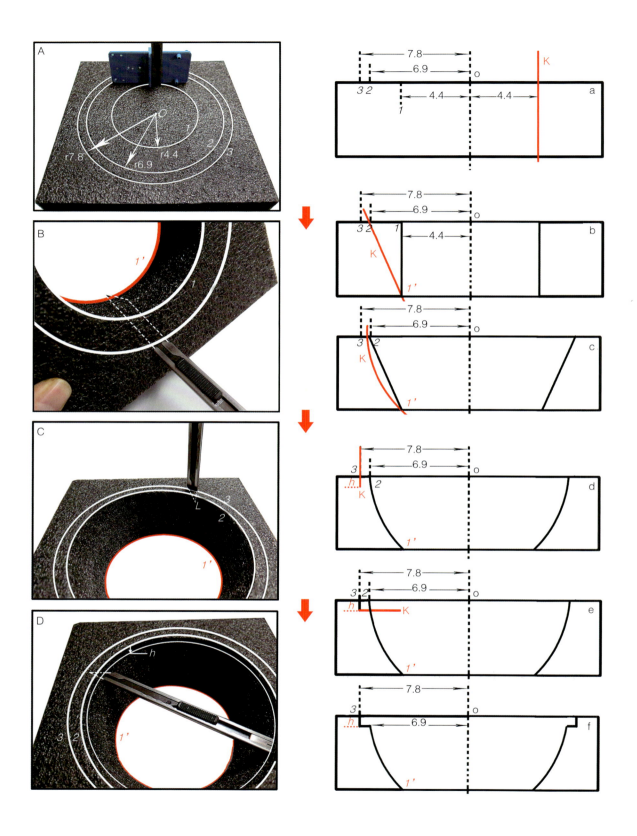

图 9.21

如图 9.21-B 与图 9.21-b，圆柱形空间与泡棉底面交线⊙ *1'*，壁纸刀切入泡棉块，刀刃同时沿⊙ *1'* 与⊙ *2* 旋切。如图 9.21-c，环切后先得倒立圆台形空间。为使泡棉与文物贴合度更高，可用壁纸刀沿红线 K 所示弧度保持弹性形变并环切。

如图 9.21-C 与图 9.21-d，壁纸刀伸出刀刃长度为 *h*，沿⊙ *3* 竖直环切。

如图 9.21-D 与图 9.21-e，壁纸刀沿水平方向，距离泡棉块顶面 *h* 高度处环切，刀尖不可超出图 9.21-d 中 K 所示裁切痕迹。最终得到图 9.21-f 所示剖面结构的泡棉块。

将文物嵌入上述泡棉块，用壁纸刀裁出容纳耳部的空间。再依上述方法裁切 19.4 厘米 ×19 厘米 ×2 厘米的泡棉块。为确保使用时不会将上述两块泡棉块按错误位置叠放，需将两块泡棉块放置于正确的相对位置后，切去一条竖直方向的棱，作为指示泡棉块放置方向的记号。泡棉缓冲内衬制作完成后的各部分相对位置如图 9.22，包装使用说明书即提供此类立体示意图，以便使用者正确使用装具的各个缓冲模块。

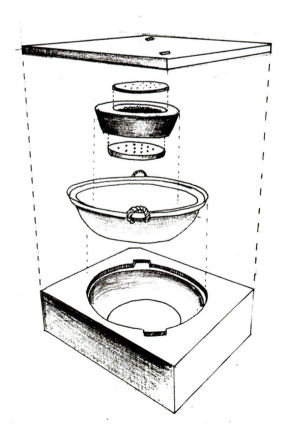

左页
图 9.21　泡棉块上型腔的裁切方法

右页
图 9.22　缓冲模块结构与文物装配的立体示意图

图 9.22

二、机器切割法

工厂批量加工大型泡棉，使用专业的泡棉切割机。博物馆自行为小件的馆藏文物制作缓冲块，可以使用图9.23所示小型台式电热丝泡沫切割机，其电热丝温度、倾角、靠山角度皆可调。需要在一块方形泡棉块中央切圆时，先如图9.24所示用粗锥子扎出穿孔，将电热丝从切割机顶丝上松脱并穿入泡棉块穿孔，再次用顶丝固定好电热丝，打开电源，沿着图9.25所示圆形记号线切割。需要方形泡棉块时，将泡棉沿着靠山平推，完成电热丝切割，即可得到图9.26所示切面及边缘平整的泡棉块。

图9.23

图9.24

图9.25

图9.26

以下使用一件圆鼎的 3D 打印模型展示泡棉块的切割过程。如图 9.27，器物有两附耳，足部单薄而外撇，腹部呈扁球状。在器物下衬垫一块方形泡棉块，确保器物最宽处的垂直投影不超过泡棉块边缘，以器物的垂直投影的最宽处与泡棉块各边等距为宜，用无酸笔标记下三足底面的轮廓。

如图 9.28，使用电热丝沿足底记号线垂直切割，然后移除切割后的泡棉芯，形成穿孔，如此将三足位置的穿孔切出。如图 9.29，将鼎置于水平面，使用纸样取下足背与水平面的角度。如图 9.30，使用纸样调节电热丝的角度，以便斜角切割。如图 9.31，将电热丝穿过足部穿孔，先切出切线，再如图 9.32 平推切出斜面。如图 9.33，将鼎置于泡棉块上，试验足部型腔是否切割到位，足以容纳三条鼎足。如图 9.34，用壁纸刀斜向环切。如图 9.35，揭开环切的泡棉，得到容纳腹底部的凹面。如图 9.36，将鼎再次置于泡棉块上，试验其与腹底部的吻合度，不合适则需要再次切割调整，达到图 9.37 所示效果。

图9.27

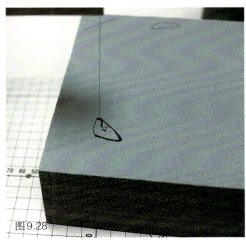
图9.28

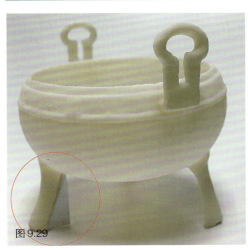
图9.29

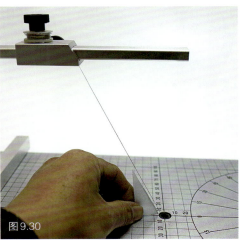
图9.30

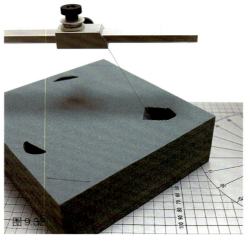

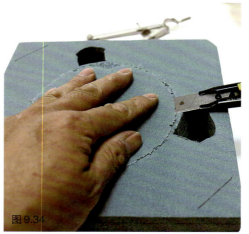

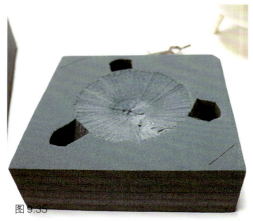

如图 9.38，制作第二层泡棉块，大致切割出一块 1/4 护角参照块。如图 9.39，将护角参照块直角外壁与下层泡棉块对齐，护角参照块与鼎腹部之间误差较大，并不吻合，需要矫正。使用图 9.40 所示带背胶的标签纸，按照图 9.41 所示方式将若干标签纸贴于参照块顶面，与鼎腹相切，始终确保参照块的直角外壁与下层泡棉块对齐。如图 9.42，将矫正过的参照块顶面轮廓描画于另一厚度相同的泡棉块上。如图 9.43，使用电热丝切出护角。如图 9.44，将护角置于相应位置，与器物外壁吻合。如图 9.45，为便于将来在反复拆装与包装过程中各个模块间及模块与包装盒间的准确定位，将一、二层泡棉块同时切去一条棱，作为上下层泡棉块的对齐记号。如图 9.46，依照上述方法，使用参考块和标签纸，依次矫正其余三个边角的造型，完成第二层缓冲结构全部护角的制作（图 9.47）。

图 9.37

图 9.38

图 9.39

图 9.40

图 9.41

图 9.42

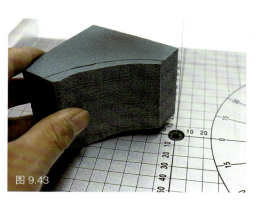

图 9.43

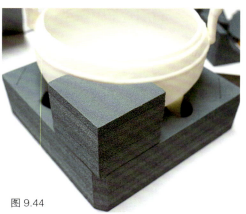

图 9.44

图 9.45

图 9.46

左页

图 9.41　修正参考块

图 9.42　描样

图 9.43　裁切护角

图 9.44　护角装配试验

图 9.45　切去一条棱以便定位

图 9.46　另一护角的参考块修正

右页

图 9.47　制得第二层缓冲结构的全部护角

图 9.48　标记鼎盖大小

图 9.49　参考块与第三层缓冲护角

图 9.50　用标签纸修正参考块

图 9.51　另一护角参考块的修正

图 9.52　描样

如图 9.48，在泡棉块上描画鼎盖边缘轮廓，用壁纸刀裁切出鼎盖与鼎腹口沿之间的缓冲隔离（具体结构详见图 9.57、图 9.58）。如图 9.49～图 9.54，同样使用上述参考块矫正法，制得第三层缓冲结构的四个护角。全部制作完成的缓冲块如图 9.55～图 9.60 所示。如图 9.61，在泡棉块上用无酸记号笔标明层位和对应记号，以便拆装后原物归位。

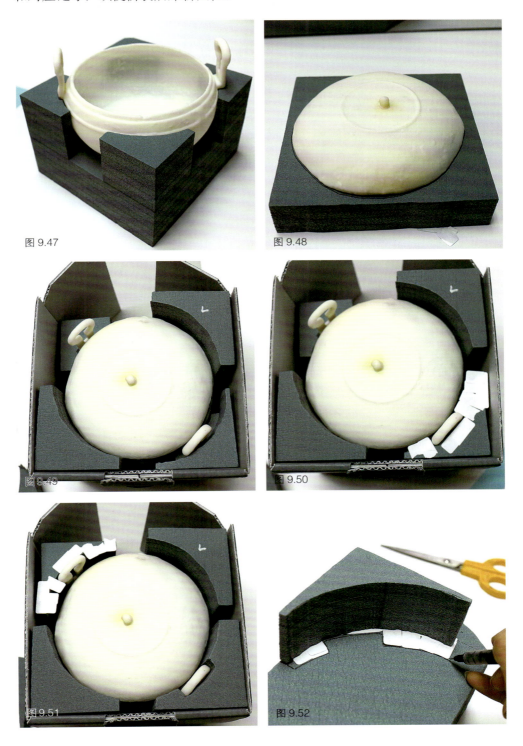

图 9.47

图 9.48

图 9.49

图 9.50

图 9.51

图 9.52

第九章　文物装具基础知识与基本技能

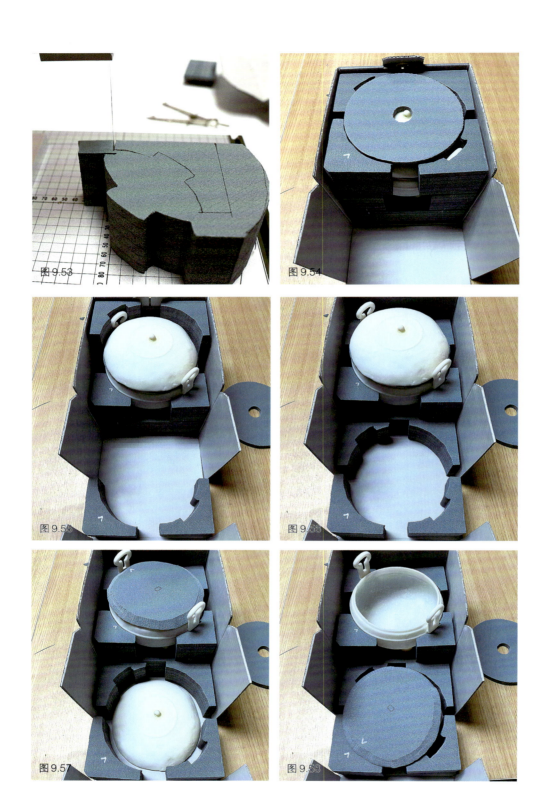

图 9.53　切割

图 9.54　制得全部护角

图 9.55　取出两个顶层护角

图 9.56　取出另两个顶层护角

图 9.57　取下鼎盖

图 9.58　取下盖与鼎间缓冲垫

图 9.59

图 9.60

图 9.61

图 9.59　取出两个第二层护角

图 9.60　取出全部第二层护角

图 9.61　各个缓冲模块间的定位记号

第九章　文物装具基础知识与基本技能

第四节　无酸瓦楞纸盒、缓冲泡棉与文物的装配

　　纸盒及泡棉块横截面通常并非正方形，为使每次装配都能按照设计正确使用，需在纸盒内立壁一角用无酸笔标注记号线（图 9.62-a）。泡棉块被切去一条棱的位置对准记号线即可（图 9.62-b）。将器物双耳沿包装盒对角线方向嵌入泡棉（图 9.62-c）。将泡棉内胆置入器物腹部（图 9.62-d）。内胆与包装盒内的顶部泡棉块配合，一方面可以避免文物颠簸晃动，另一方面便于在内胆内存储调湿材料，控制包装盒内的微环境。据国家标准，应在文物包装箱内放置合适的调湿、吸附、防霉材料。调湿材料指不借助任何人工能源和机械设备，通过自身吸放湿性能，感应所调空间空气湿度变化，自动调节空气相对湿度的一类功能材料。

图 9.62

馆藏文物保护环境控制对调湿材料的基本要求有：（1）用于馆藏文物保存环境调控的调湿材料应由专业质量监督检验机构检验确认合格；（2）调湿材料使用过程中不应产生液态凝结水；（3）调湿材料使用时应避免与文物直接接触；（4）使用包装表面不允许有异物析出；（5）调湿材料应指明调控的目标湿度、单位质量及推荐用量；（6）调湿材料宜在具有良好密闭性的环境中使用。据上述诸条及青铜器对保存环境的要求，我们使用具有单向调节作用的变色硅胶，该产品在相对湿度20%以下或干燥时呈天蓝色至蓝色，相对湿度大于50%时呈粉红色。如图9.62-e，将蓝色的干燥状态的变色硅胶放入泡棉内胆。如图9.62-f，为避免变色硅胶泄漏而与文物直接接触，泡棉内胆需加配盖板并加工成筛网状，保证变色硅胶的吸湿效果。如图9.62-g，安装顶部泡棉块。如图9.62-h，为确保包装盒正确使用，其内配置结构图和使用说明书，具体内容见图9.22。如图9.62-i，将插舌插入泡棉块与盒壁之间的间隙，将顶扣插舌插入插孔完成包装。缓冲块与文物间的位置关系如图9.63所示。当变色硅胶呈现图9.64所示状态，需要及时更换。需要强调的是，包装盒内少量的变色硅胶仅可吸附少量水分，如果将文物包装盒置于没有任何环境调控的房间或户外，硅胶干燥剂很快便会失效。因此，为确保包装盒微环境控制，应将包装盒置于密封性较好的储藏柜或聚乙烯密封盒。包装盒的开启和卡锁方式如图9.65所示。

图 9.63

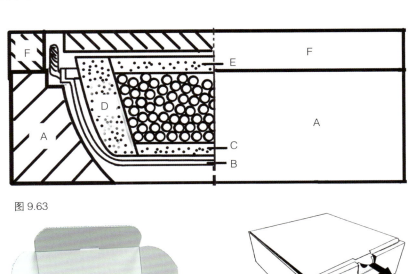

左页

图 9.62　纸盒、缓冲结构与文物的装配过程

右页

图 9.63　缓冲块与文物间的位置关系

图 9.64　变色硅胶

图 9.65　纸盒开启方法

图 9.64

图 9.65

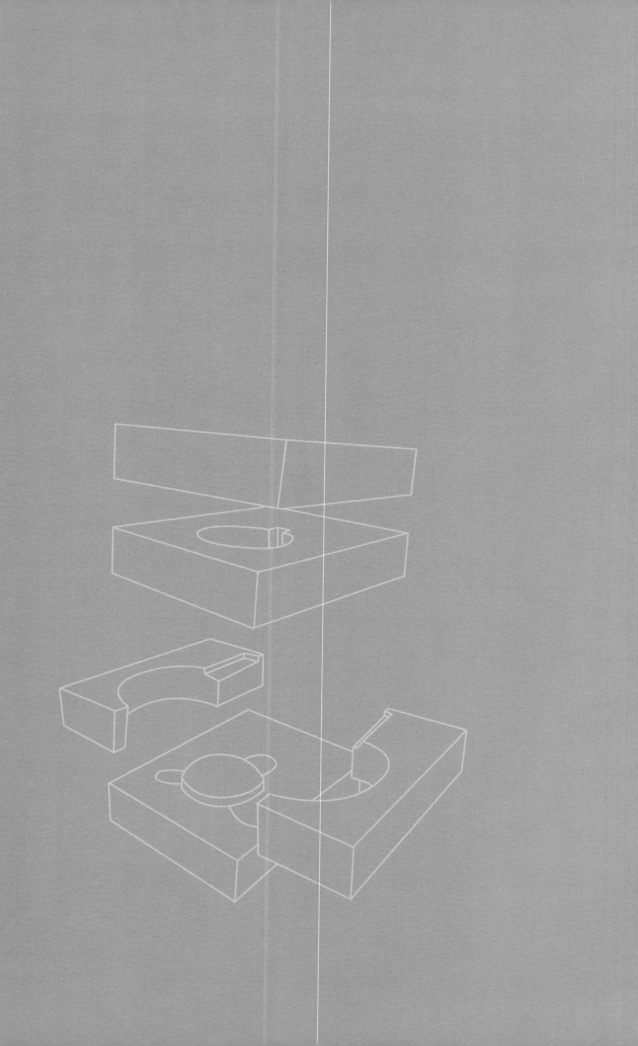

第十章
脆弱文物的装具

本章所包装之文物，皆为广西合浦汉墓出土青铜器，文物保存状态差，出土时破碎变形，胎体矿化严重，运输到北京以便修复保护和研究。文物修复完成后，虽然强度有所提升，但依然脆弱，需要为它们设计制作装具，确保其在长途运输过程中的安全与稳定。所述装具采用经济性的"合理包装"设计，由无酸瓦楞纸盒和环保缓冲泡棉组成。所有装具的安全性、有效性皆经过实践检验，由该批装具防护包装的脆弱文物，经过上千公里的陆运，无一损坏。

第一节　小件脆弱文物的装具

使用一整张瓦楞纸板裁切后插接而成的最简单的插接包装盒，设计和成形简单，适合体量小而轻文物的包装，插接包装盒内配置缓冲泡棉块衬垫和泡棉盖板，共同构成装具。包装盒起到限定缓冲泡棉与文物相对位移的作用，防止文物在运输过程中因剧烈摇动和颠簸而撞击包装盒内壁导致损坏。

一、造型扁平的文物

图 10.1 为两件铜矛及其装具。将铜矛嵌入缓冲泡棉衬垫再置入敞开的包装盒（图 10.2），盖上泡棉盖板（图 10.3），合拢包装盒侧壁（图 10.4），一手扶持插孔而另一手调整插舌并盖上盒盖（图 10.5），将插舌插入到底完成包装（图 10.6）。需要打开包装盒时，提拉盒盖边缘的拉手释放插舌即可。为避免包装盒上的粘贴式文物标签易脱落的缺点，不使用带背胶的无酸纸标签，而是使用手持打印机将文物编号、包装朝向等提示标识喷印于包装盒表面。装具的成形过程不使用一滴黏合剂。

二、造型扁平而有局部凸起的小件文物

图 10.7 为一件青铜短剑及其装具。短剑虽体态单薄，但剑格和剑首凸起，如只在包装盒底部泡棉衬垫上单面开槽嵌入剑身，再以盖板压覆，短剑在包装盒内易发生位移，受力不稳定。因此需要在底部衬垫和盖板的对应位置同时开槽，使剑格和剑首精确嵌入泡棉型腔。

图 10.1

图 10.2

图 10.3

图 10.4

图 10.5

图 10.6

将底部衬垫置入包装盒（图 10.8），将短剑嵌入衬垫中央的型腔（图 10.9），盖上盖板，使盖板底面的型腔容纳剑格和剑首（图 10.10）。再合拢包装盒侧壁，盖上盒盖，插入插舌，完成包装（图 10.11 ~ 图 10.13）。图 10.14 为缓冲泡棉衬垫及盖板上的型腔结构。

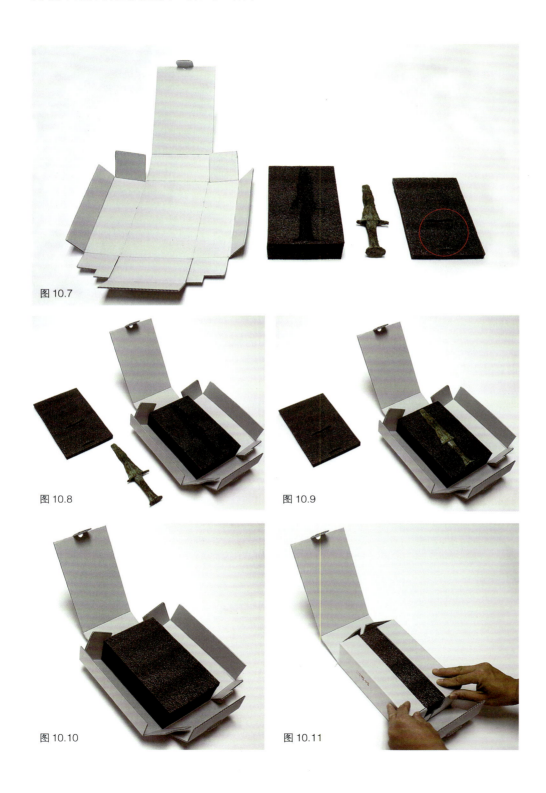

图 10.7

图 10.8

图 10.9

图 10.10

图 10.11

扫码观看第十章第一节图 10.15 ~ 图 10.18
19 秒

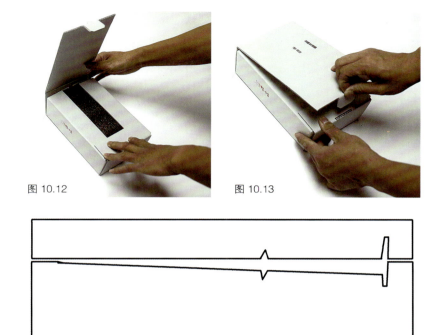

图 10.12　　　　　　　　　　图 10.13

图 10.14

三、表面有重要残留物的小件文物

图 10.15 为一件铜钺及其装具。铜钺表面有一块木材残留物，
需要保存，不得使其损坏脱落。为便于将铜钺嵌入泡棉块和从中
取出，泡棉块上容纳铜钺的型腔两侧需要预留出手指抓持的空间。
盖板上铜钺表面残留物对应的位置也要挖出穿孔，以便容纳器表
残留物而不是任由其接触泡棉而被摩擦和重压。

图 10.15

如图 10.16、图 10.17，接触文物时，为防止手上的汗液、油脂、盐等分泌物污染文物，应佩戴丁腈手套。两手指夹持铜钺的柄部，将其嵌入泡棉块型腔。柄部是这件铜器上强度最大的部位，缓冲块上预留的下手位置，也引导操作者在合理的位置抓持文物，好的包装设计应该引导和规范使用者的行为。如图 10.18，将盖板嵌入型腔，确保器表残留物从穿孔露出。如图 10.19，再次拆装和提取文物时，泡棉块上预留的明显的容纳手指的位置，可以提示操作者以正确的方式打开泡棉盖板。

扫码观看第十章第一节图 10.19

16 秒

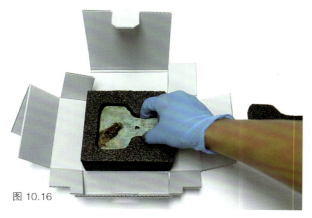

图 10.16

图 10.17

图 10.18

图 10.19

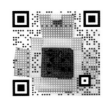

扫码观看第十章第一节图 10.20～图 10.26
44 秒

四、带样品的一套多个小件文物

图 10.20 所示为弩机的四个部件和需要共同保存的塑封样品及其装具。如图 10.21，泡棉衬垫上预留了存放样品的凹槽，将塑封袋卷起折叠后插入相应位置。如图 10.22 ～图 10.24，将弩机的小部件置入对应的凹槽，每个凹槽两侧皆设置容纳手指的空间，手指抓持位置的设计需要考虑到对操作者规范行为的引导。如图 10.25、图 10.26，将各部件的盖板嵌入相应位置，最后完成包装盒的插接，将所有部件及样品全部存放于同一包装盒内。

图 10.20

左页
图 10.16　铜钺置入缓冲块
图 10.17　铜钺两侧预留容纳手指的位置
图 10.18　盖板露出器表残留物
图 10.19　容纳手指处便于提拉盖板

右页
图 10.20　弩机部件及其装具
图 10.21　置入样品袋

图 10.21

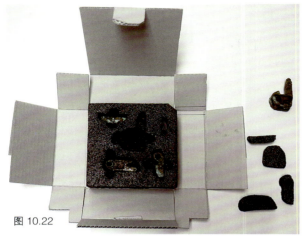

图 10.22

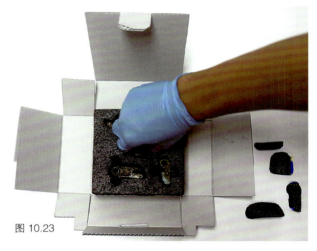

图 10.23

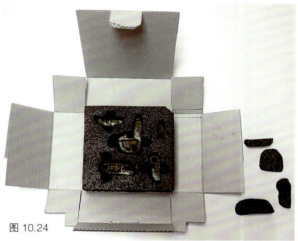

图 10.24

图 10.25

图 10.26

第二节　上下套入式缓冲模块

图 10.27 为一件铜釜及其装具。器物造型较简单，口沿与腹部最宽处尺寸一致，两錾有变形，矿化严重但仍有一定强度。缓冲包装由三个缓冲模块组成。模块 1 用以嵌入器物半球腹底，模块 2 用以防止器身的转动和晃动，模块 3 用以保护口沿。

图 10.28 为全部缓冲模块的正面形态。制作缓冲模块时为了便于切出斜面，将模块 1 分为两部分，缓冲模块顶面的白色记号线用于指示器物变形錾部的对应位置。图 10.29 为全部缓冲模块的背面形态，模块 1 的两个部件上有对齐记号，便于二者按照既定位置组合。图 10.30 为各个缓冲模块的相

图 10.27

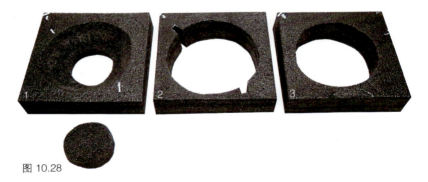

图 10.28

图 10.29

对位置，将模块 1 的两个部件组装后如图 10.31 所示。

　　如图 10.32，将器物置于模块 1 的凹陷处，并使其鏊部对准缓冲模块上的记号线。如图 10.33，向下套入模块 2。如图 10.34，向下套入模块 3。缓冲模块及文物置入包装盒的操作手法与流程见图 10.35 ～图 10.39。如图 10.40、图 10.41，完成全部缓冲模块的装配后，将带着文物的各个缓冲模块推入包装盒内。如图 10.42 ～图 10.44，盖上盒盖，插入插舌，完成文物的包装。需要拆装和提取文物时，将上述流程倒序进行，将缓冲模块与文物的组合从包装盒开口的侧壁拉出，逐块提起并移除缓冲模块，再佩戴丁腈手套，双手承托文物底部将其取出，不可提拉文物鏊部或将文物单手抓起，以防文物局部意外断裂，导致跌落损毁。

扫码观看第十章第二节图 10.30 ～图 10.44
39 秒

图 10.30

图 10.31

图 10.32

图 10.33

左页
图 10.30　各缓冲模块相对位置
图 10.31　嵌套底部模块
图 10.32　置入文物
图 10.33　套入第二层缓冲模块

右页
图 10.34　套入第三层缓冲模块
图 10.35　底部模块置入包装盒
图 10.36　双手承托器底置入文物
图 10.37　嵌套缓冲模块的手法
图 10.38　完成嵌套
图 10.39　嵌套下一缓冲模块
图 10.40　完成缓冲模块嵌套
图 10.41　推入纸盒准备包装

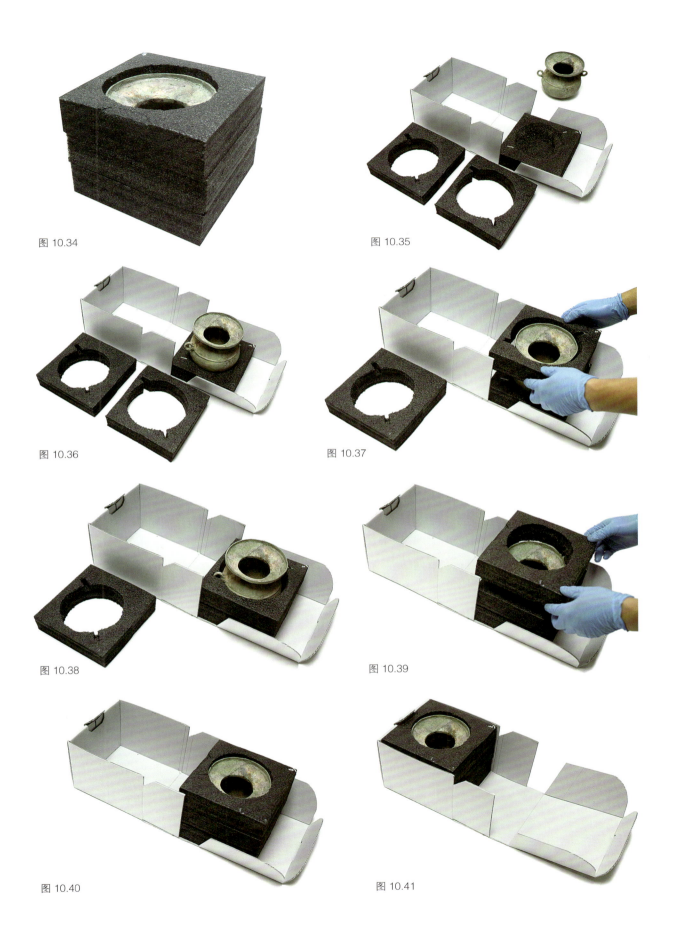

图 10.34

图 10.35

图 10.36

图 10.37

图 10.38

图 10.39

图 10.40

图 10.41

第十章　脆弱文物的装具

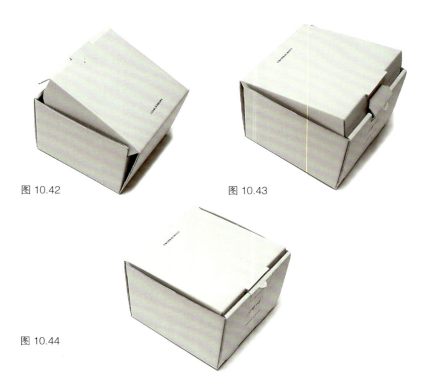

图 10.42   图 10.43

图 10.44

图 10.45 为一件铜鐎壶及其装具。鐎壶柄部残缺，三足纤细易断。如图 10.46，包装时双手承托文物腹底，将其置于模块 1 上，足部嵌入模块 1 上的足部型腔内。务必使残缺柄部对准缓冲模块上标记的柄部断口位置，因三足相对距离并不平均，如插入错误的足部型腔，会造成足部受到挤压磨损甚至断裂。图 10.47 ～图 10.49 为各个缓冲模块上下套入的位置关系及顺序。

图 10.45

图 10.46

图 10.47

图 10.48

图 10.49

图 10.50 为一件带盖圆鼎，足部细高，盖上有三枚钮，器物破碎严重，曾经修复。图 10.51 为器物缓冲结构，由器物内外相对的五组泡棉块组成，模块 1 为薄的正方形泡棉块，模块 2 中央挖孔，模块 2'和模块 2 与器物装配后位于同一水平位置，用以保护鼎盖。模块 3 用以保护器物耳部，模块 3'填入器物腹内。模块 4 与模块 4-1 为嵌套结构，用以保护器物腹部，模块 4'填入器物腹内。模块 5 用于保护器物足部，模块 5'填入器物腹内底部。

扫码观看第十章第二节图 10.50 ~ 图 10.56
1 分 21 秒

图 10.50

图 10.51

　　图 10.52 为模块 4 与模块 4-1 嵌套并与模块 5 装配的效果，所形成的型腔用以嵌入铜器足部和腹底。图 10.53 为文物嵌入后效果。如图 10.54，将模块 5'、4'、3' 依次填入铜鼎腹内，模块 3' 顶面的三个型腔用以嵌入倒扣鼎盖的钮部。图 10.55 为鼎盖倒扣放置效果，鼎盖与鼎口间通过缓冲结构形成隔离，避免二者在长途运输过程中发生碰撞。如图 10.56，向下套入模块 3，再向下套入模块 2，用模块 2' 防止鼎盖在运输过程中因上下颠簸与缓冲结构发生相对位移而造成碰损。最后将模块 1 盖在顶部。图 10.57 为此件器物的全部缓冲模块，其上标记的记号用以辅助器物及器盖的定位，确保器物按照预先设计的位置摆放而受力均衡。

图 10.52　　　　　　　　　　　图 10.53

第十章　脆弱文物的装具

图 10.54   图 10.55   图 10.56

图 10.57

扫码观看第十章第二节图 10.58 ~ 图 10.73
44 秒

图 10.58 为另一件带盖圆鼎及其五个缓冲模块的相对位置，鼎盖中央有一小凸起。如图 10.59，将鼎耳对准模块 5 上的标记并使鼎足嵌入模块 5 上对应的型腔内。将模块 4 向两侧略微拉开，以便顺利向下穿过耳部，将鼎腹套入其中。如图 10.60，由于泡棉良好的自动回弹性能，模块 4 可以与鼎腹较好地贴合。如图 10.61，将承托倒扣鼎盖的模块 3 向下套入，使鼎盖不会磕碰鼎口。如图 10.62，向下套入模块 2，可以限定鼎盖的左右移动，防止其与鼎耳磕碰。图 10.63 ~ 图 10.67 为各个缓冲模块、文物及包装盒的装配方法，提取文物时要双手承托文物底部。图 10.68、图 10.69 展示了模块 3 正、反两侧的结构及其与文物的嵌套方式。如图 10.70 ~ 图 10.73，完成缓冲模块的装配后盖上盒子，插接固定，完成包装。

左页

图 10.54　腹内模块置入完成

图 10.55　摆放鼎盖

图 10.56　模块 3 嵌套完成

图 10.57　全部缓冲模块

右页

图 10.58　另一件带盖圆鼎及其各个缓冲模块相对位置

图 10.58

图 10.59

图 10.60

图 10.61

图 10.62

图 10.63

图 10.64

图 10.65

第十章　脆弱文物的装具

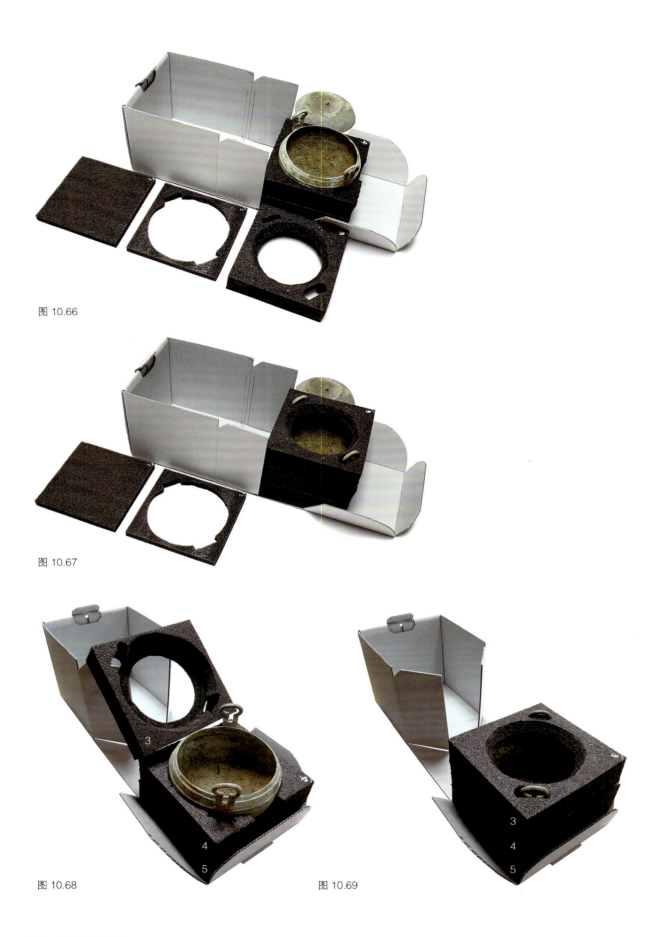

图 10.66

图 10.67

图 10.68   图 10.69

图 10.70

左页
图 10.66　第一步嵌套
图 10.67　第二步嵌套
图 10.68　模块 3 的嵌套结构
图 10.69　模块 3 嵌套完成

右页
图 10.70　摆放鼎盖
图 10.71　嵌套模块 2
图 10.72　完成缓冲结构装配
图 10.73　推入纸盒并包装

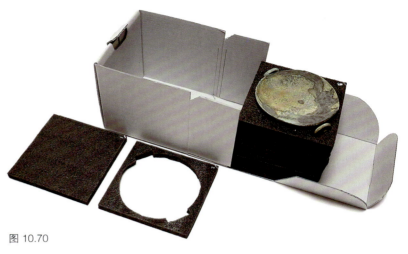

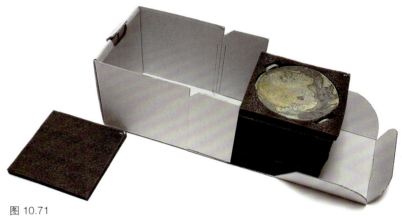

图 10.71

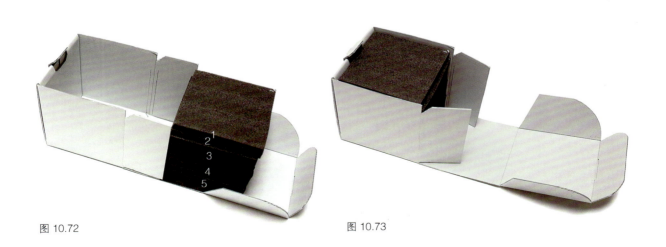

图 10.72

图 10.73

第三节　对开分型式缓冲模块

图 10.74 为铜鐎壶及其各个缓冲模块的相对位置。模块 1、2 为上下套入式。模块 3-1 和模块 3-2 为对开分型式，贴合后可以为柄部提供良好支撑。模块 4 上标记有文物俯视图定位线及足部型腔。图 10.75 可见器物足部、底面及长柄部结构，制作对开分型的缓冲模块时，可以参照器物上的范线设置分型位置。

扫码观看第十章第三节图 10.74 ～图 10.97
43 秒

图 10.74

图 10.75

左页
图 10.74　铜鐎壶及其各个缓冲模块
相对位置
图 10.75　铜鐎壶底部

右页
图 10.76　各缓冲模块相对位置
图 10.77　各缓冲模块正面

图 10.76 为各个缓冲模块的相对位置，图 10.77、图 10.78 为各个缓冲模块的正、反面形态，模块 0 是鐎壶与壶盖之间的缓冲衬垫。如图 10.79、图 10.80，先将模块 4 置于盒盖内。如图 10.81、图 10.82，双手承托鐎壶底部置于模块 4 顶面高起的衬垫上，器足插入相应型腔，不接触包装盒底面，不会受冲击而断裂。

图 10.76

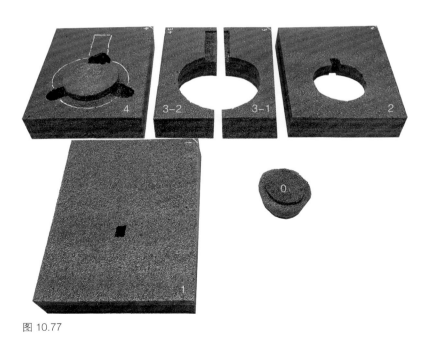

图 10.77

　　　　　　　　　　　第十章　脆弱文物的装具

图 10.78

图 10.79

图 10.80

图 10.81

图 10.82

　　如图 10.83 ～图 10.86，将对开分型的模块 3-1 和模块 3-2 从两侧推向文物，在使弦纹部位得到保护的同时，也承托了长柄部位。如图 10.87 ～图 10.90，向下套入模块 2，其中图 10.88 展示了模块 2 的嵌套结构。

　　　　　　　　　　　　　　　　　　　第十章　脆弱文物的装具

图 10.83

图 10.84

图 10.85

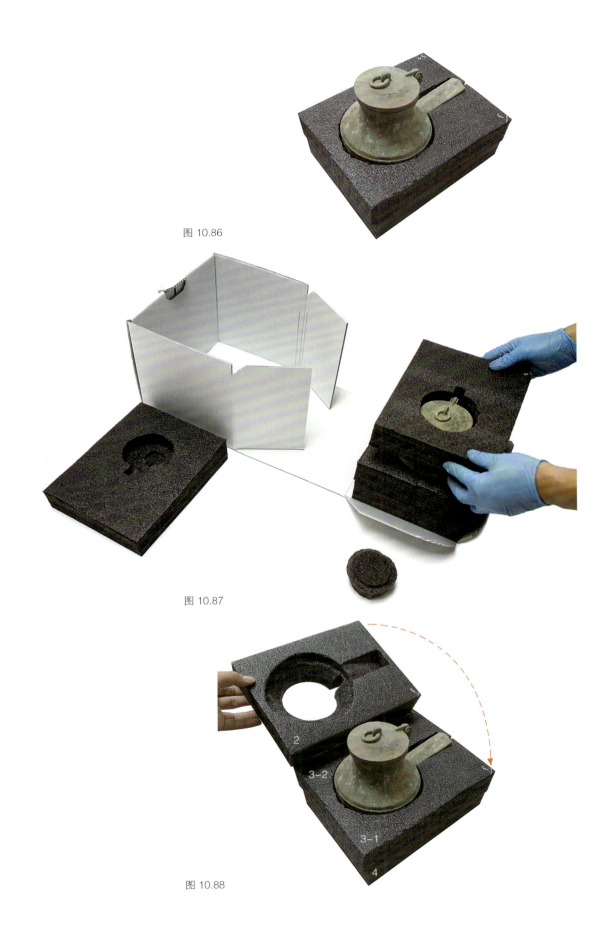

图 10.86

图 10.87

图 10.88

图 10.89

图 10.90

　　如图 10.91、图 10.92，打开器盖，塞入模块 0，防止器物与其盖在运输颠簸中互相磕碰。如图 10.93，向下套入模块 1。图 10.94 可见模块 1 的嵌套结构。如图 10.95 ～图 10.97，全部缓冲模块装配完成后推入包装盒内，固定盒盖，完成包装。

图 10.91

图 10.92

图 10.93

　　　　　　　　　　　　　　第十章　脆弱文物的装具 ◣

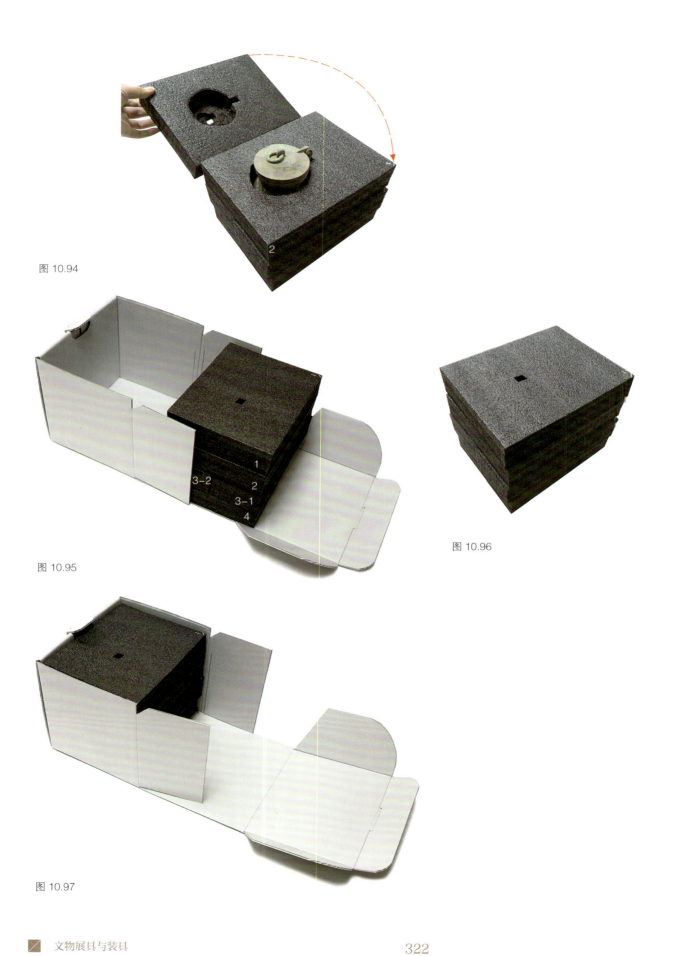

图 10.94

图 10.95

图 10.96

图 10.97

扫码观看第十章第三节图 10.98 ～图 10.114
49 秒

图 10.98 所示为一件铜奁及其装具，装具由一个以整张无酸瓦楞纸插接成形的包装盒和七个缓冲模块组成。图 10.99 所示为各缓冲模块的背面形态。图 10.100 展示了各缓冲模块的相对位置。

如图 10.101，先将文物置入底部缓冲模块 1。如图 10.102，从两侧插入分体模块 1-1 和分体模块 1-2。如图 10.103，将对开分型的模块 2-1 和模块 2-2 从文物外侧推向文物，在使文物侧壁得到防护的同时，也将铺首上的圆环予以承托并轻微挤压，以防其在运输途中撞击奁的腹部。如图 10.104、图 10.105，依次从上向下套入模块 3 和模块 4。

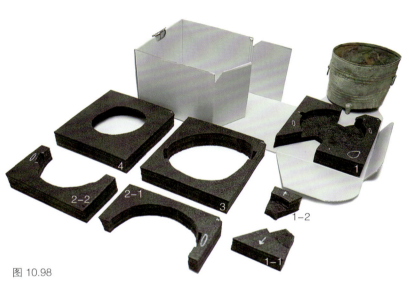

图 10.98

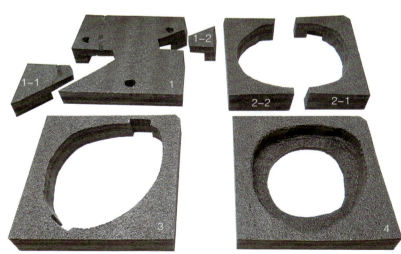

图 10.99

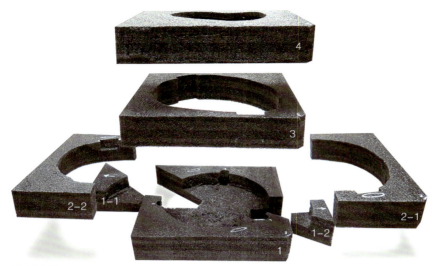

图 10.100

图 10.101

图 10.102

左页
图 10.100　各缓冲模块相对位置
图 10.101　文物嵌入底部缓冲模块
图 10.102　嵌入底部缓冲模块的两个分体模块

右页
图 10.103　向文物一侧平推对开分型的模块 2-1
图 10.104　对开分型缓冲模块装配完成
图 10.105　嵌套模块 3

图 10.103　　　　　　　　　　　　　　　图 10.104

图 10.105

　　如图 10.106，包装时，将模块 1 置于展开的盒盖内壁，双手承托文物底部将其置入模块 1 的型腔内，模块 1 上移去分体模块 1-1 和分体模块 1-2 后为双手留出操作空间。如图 10.107、图 10.108，将分体模块 1-1 和分体模块 1-2 嵌入模块 1。如图 10.109，将对开分型的模块 2-1 和模块 2-2 与文物装配。如图 10.110 ~ 图 10.114，套入剩余模块，完成文物包装。

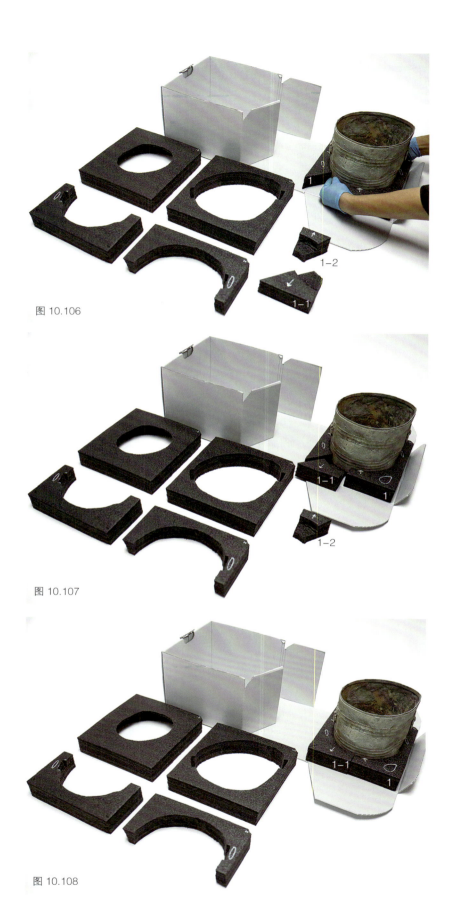

图 10.106

图 10.107

图 10.108

图 10.109

图 10.110

左页
图 10.106　双手承托器底置入文物
图 10.107　插入分体模块 1-1
图 10.108　插入分体模块 1-2

右页
图 10.109　装配模块 2-1 和模块 2-2
图 10.110　完成第二层缓冲结构装配
图 10.111　嵌套第三层缓冲结构

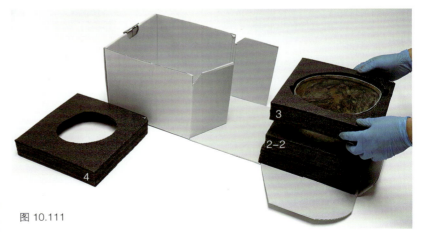

图 10.111

　　　　　　　　　　　　　　　　第十章　脆弱文物的装具

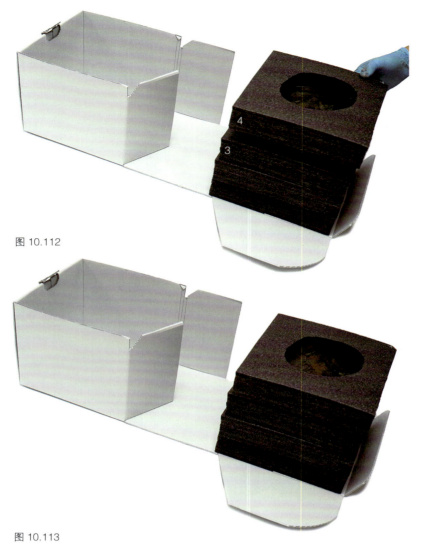

图 10.112

图 10.113

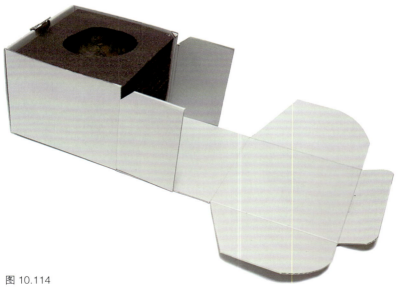

图 10.114

扫码观看第十章第三节图 10.115 ～图 10.133

1 分 8 秒

图 10.115 所示为一件带盖铜簋及其装具，装具由一个无酸瓦楞纸盒及六个缓冲模块组成。图 10.116 为各缓冲模块的背面形态。图 10.117、图 10.118 为各缓冲模块的相对位置。模块 4 和模块 4-1 为嵌套结构，是为便于切割型腔而分为两个单元，嵌套后可以容纳簋的圈足并承托腹底。如图 10.119、图 10.120，将簋盖倒扣放置于模块 2 上（由于簋盖变形，应注意簋盖与缓冲泡棉上承托位置的匹配，使簋盖内壁可识别的补全部位边界线与模块 2 顶面用无酸记号笔绘制的记号线对齐），将簋置于模块 4 和模块 4-1 嵌套组成的型腔内。

图 10.115

图 10.116

329　　　　　　　　　　　　　　　第十章　脆弱文物的装具

图 10.117   图 10.118

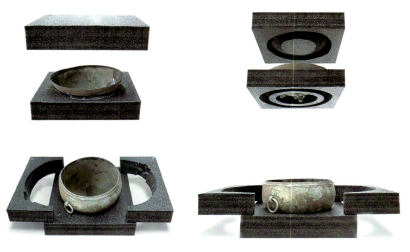

图 10.119   图 10.120

　　如图 10.121、图 10.122，依次装配其余缓冲模块。图 10.123 ~ 图 10.129 为模块 4、3、2 与文物的装配手法及流程。图 10.130 为模块 2 与文物的嵌套结构关系。图 10.131 为倒扣鼎盖与模块 2 的装配结构。图 10.132 为模块 1 与倒扣鼎盖的嵌套结构关系。图 10.133 为全部缓冲模块装配完成的效果。需要强调的是，拆装并提取文物时，必须倒序完成上述操作流程，错误的缓冲模块移除方式和方向势必压迫文物而造成损坏。

图 10.121

图 10.122

图 10.123

图 10.124

图 10.125

图 10.126

图 10.127

左页
图 10.125　置入器物的手法
图 10.126　模块 3 的装配方向
图 10.127　模块 3' 的装配

右页
图 10.128　对开分型的两个模块
包裹器物腹部并制约器物上的铜环
晃动
图 10.129　嵌套模块 2
图 10.130　模块 2 与器物口沿的
嵌套结构

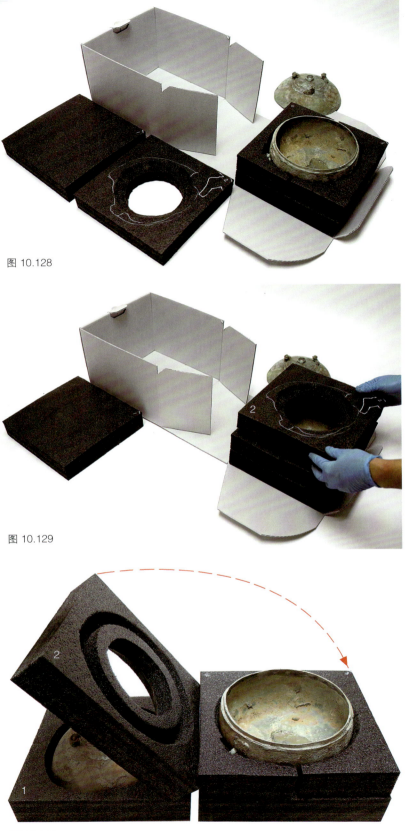

图 10.128

图 10.129

图 10.130

图 10.131

图 10.132

图 10.133

左页
图 10.131　器盖内壁修复痕迹边界
与模块 2 上的记号线对齐
图 10.132　模块 1 与鼎盖之间的嵌
套结构
图 10.133　完成缓冲结构装配

右页
图 10.134　三件套铜炉、甑和釜
图 10.135　三件套器物的装具

扫码观看第十章第四节图 10.134～图 10.155

1 分 30 秒

第四节　成套器物的缓冲包装

图 10.134 为一套三件的铜炉、甑和釜。器物腐蚀严重且经过修复，需要配置装具，以便其安全运回原收藏单位。图 10.135 为其装具的全部部件，包括一个无酸瓦楞纸盒及九个缓冲模块。图 10.136 为各个缓冲模块的相对位置。图 10.137 为各个缓冲模块与倒扣放置的铜炉的相对位置。

图 10.134

图 10.135

图 10.136

图 10.137

左页
图 10.136　各缓冲模块相对位置
图 10.137　各缓冲模块与文物的相对位置

右页
图 10.138　倒扣铜炉嵌入模块 6、7 组成的型腔
图 10.139　模块 5 嵌入铜炉腹内，模块 4 防止甑的上下位移

如图 10.138，将模块 6、7 装配后形成型腔，将铜炉嵌入其中。铜炉采用倒扣放置的方式，是为了在保证器物安全的前提下，尽量使得缓冲结构和包装盒的体积紧凑，以便在后期的保管和运输过程中节约空间和降低运输成本。如图 10.139，将模块 5 嵌入铜炉内壁后，置入甑和釜。为防止甑在运输过程中上下颠簸，为其配置模块 4。如图 10.140，将模块 2、3、3-1 和 3-2 置于铜炉四周形成防护，将模块 1 向下套住铜炉底部。图 10.141 ～图 10.155 为铜炉、甑、釜与装具的装配过程。如图 10.149，模块 5 上设置有便于下手的操作空间，以便文物的安全提取。通过这样的结构设计，也限制和引导了未来拆包人员的行为，使其按照预先设计好的位置提取文物。

图 10.138

图 10.139

第十章　脆弱文物的装具

图 10.140

左页

图 10.140　铜炉底沿被各个分体模块环绕

图 10.141　底部模块 7 置入纸盒

图 10.142　模块 6 堆叠于模块 7 上

图 10.143　分体模块 3-2 就位

图 10.144　置入倒扣铜炉

右页

图 10.145　置入模块 3

图 10.146　置入模块 3-1

图 10.147　置入模块 2

图 10.148　模块 5 防止三器物互相碰撞

图 10.149　模块 5 预留了手指的操作空间

图 10.150　甑置入后效果

图 10.151　釜置入后效果

图 10.152　置入模块 4

图 10.141

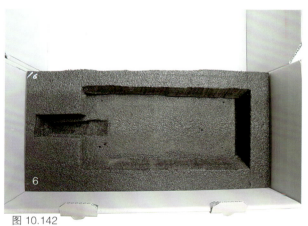

图 10.142

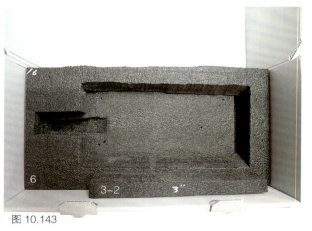

图 10.143

图 10.144

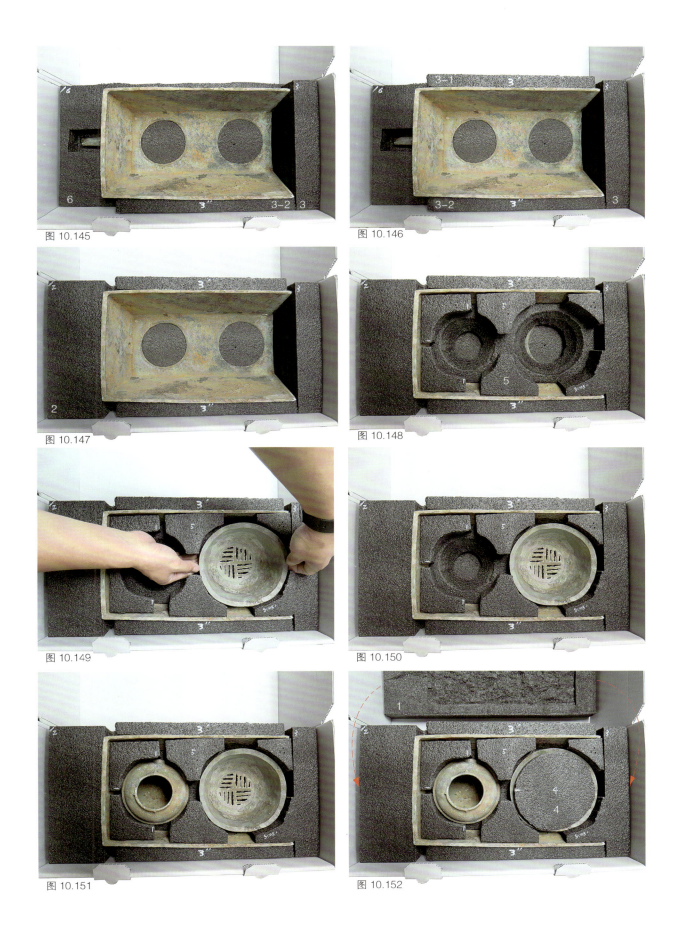

图 10.145

图 10.146

图 10.147

图 10.148

图 10.149

图 10.150

图 10.151

图 10.152

图 10.153

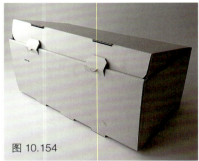
图 10.154

图 10.155

图 10.156 所示为带盖博山炉及其内残留炭化物样品的装具，炉盖上有一段活动链条。装具由一个无酸瓦楞纸盒和六个缓冲模块组成。图 10.157 为各缓冲模块的相对位置。模块 2 与模块 3 为嵌套结构，将其分开设置的目的是便于炉盖上链条的穿出和固定。如图 10.158、图 10.159，包装时先将铜炉底盘置入模块 6 的型腔，由于炉盘变形，需要使炉子侧壁的环钮对准模块 6 上的半圆形环钮标记，确保炉盘与缓冲模块的准确装配。将装有炭化物样品的密封袋置入炉腹。如图 10.160，将模块 5 嵌入炉盘上部，使其上的半圆形标记线与模块 6 上的半圆形标记线对齐。如图 10.161 ～图 10.163，将模块 4 嵌入相应位置。

扫码观看第十章第四节图 10.156 ～图 10.173
1 分 20 秒

图 10.156

图 10.157　　　　　　　　　　图 10.158

图 10.159　　　　　　　　　　图 10.160

图 10.161

图 10.162

图 10.163

左页

图 10.161　置入模块 4

图 10.162　炉盘被限制位移

图 10.163　另一视角观察

右页

图 10.164　炉盖摆放于对应的定位线上

图 10.165　另一角度观察

图 10.166　嵌套模块 3

图 10.167　模块 3 与模块 2 的嵌套

关系

文物展具与装具　　　　　　　　342

如图 10.164、图 10.165，将炉盖摆放于圆形标记线上。如图 10.166 ~ 图 10.169，一手轻提炉盖链条，另一手将模块 2 嵌套于模块 3，使链条穿出模块 2 和模块 3 的透孔。为防止运输过程中链条剧烈甩动和位移，需将其固定。如图 10.170 ~ 图 10.172，在模块 3 上标记有链条记号，在链条最后一个圆环标记处插入一根 ABS 柱，将链条顺着标记位置摆放并将最后一个圆环套于 ABS 柱。如图 10.173，盖上模块 1 后，链条被限制移动，避免其损坏和撞击炉盖。最后再将带有文物的全部缓冲结构装入无酸瓦楞纸盒，完成文物包装。经长途运输，文物安然无恙，验证了此包装设计的安全性。

图 10.164

图 10.165

图 10.166

图 10.167

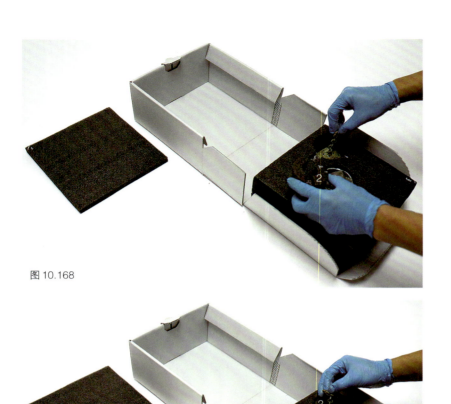

图 10.168

图 10.169

图 10.170

左页
图 10.168　一手轻提链条
图 10.169　另一手嵌套模块 2 与模块 3 并穿过链条
图 10.170　另一视角观察链条与模块 2、模块 3 的嵌套关系

右页
图 10.171　嵌套完成
图 10.172　固定链条最后一个圆环
图 10.173　完成缓冲结构装配

图 10.171

图 10.172

图 10.173

第十一章
便于提取文物的
三面开口装具

上一章所述之插接包装盒，其顶面和一侧壁开口，虽然可以方便地将带有文物的缓冲结构拉出，但这类纸盒采用整张瓦楞纸板插接成形，纸张幅面会限制所能成形的纸盒大小，市面常见的瓦楞纸板只能做出尺寸不大的一体式插接包装盒。如图11.1，当遇到一些体量较大的文物，整张纸板插接成形的整体式包装盒无法达到足够的容积。这就要求采用多张纸板构成的复合结构纸盒，如天地盖式包装盒，天盖与地盒分别采用一张瓦楞纸成形，这样便可以用同样幅面的瓦楞纸板做出更大容积的包装盒。然而，市面常见的天地盖式瓦楞纸盒多为顶面开口结构，不便于安全而规范地提取文物。另外，如图11.2，常见的天地盖式包装盒如果拿取不当，地盒容易脱落，不符合文物预防性保护的安全要求。

图 11.1

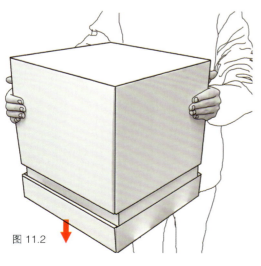

图 11.2

左页
图 11.1　常见的整体式插接纸盒的容积无法承装较大器物
图 11.2　常见天地盖式纸盒的地盒容易意外跌落

右页
图 11.3　天盖的平面结构

因此，本章介绍一种新型的无酸瓦楞纸插接成形的天地盖式纸盒，取下天盖后，地盒三面开口，便于逐块取出缓冲模块后，双手承托文物底部将其取出，防止在提取文物时因包装空间的局促而提拉文物局部，增加文物意外损坏的风险。另外，天盖与地盒之间由插接结构连为一体，不易脱落。

第一节　三面开口的插接成形天地盖式纸盒

本包装盒的结构分为天盖 A、连接带 B、立壁 C、底盒 D 四个部分，其中立壁 C 与底盒 D 插接组成地盒。其平面结构如图 11.3 ~ 图 11.5 所示。图 11.3 为天盖 A 的平面结构，图 11.4 为底盒 D 及连接带 B 的平面结构，图 11.5 为立壁 C 的平面结构。将上述平面图绘制在博物馆专用无酸瓦楞纸板上，然后用壁纸刀将纸型从纸板上刻下。如果批量生产，也可使用专用的纸板切割机。手工加工时，用铝尺沿着纸板上的虚线进行按压，破坏虚线下的局部瓦楞结构，以便沿着压痕精准地折弯纸板。

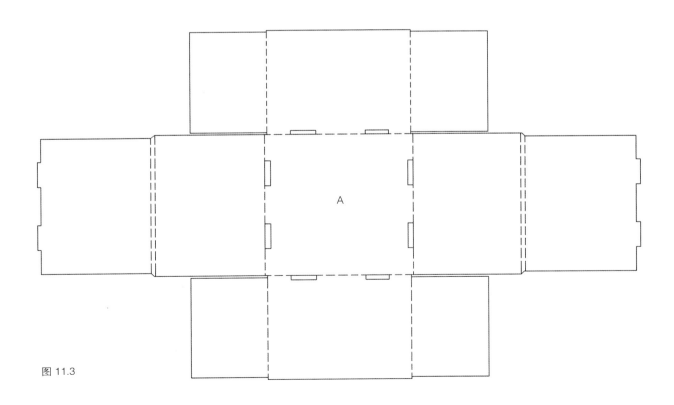

图 11.3

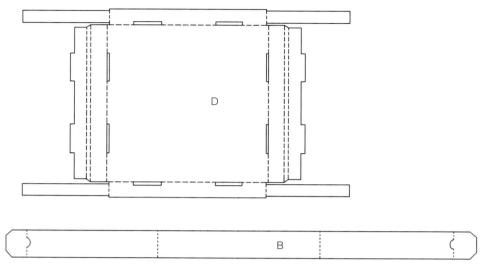

图 11.4

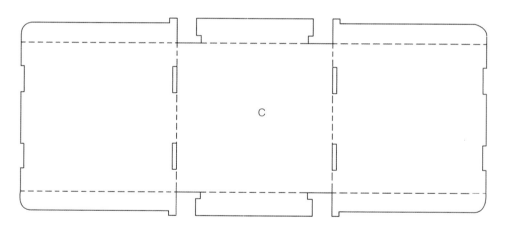

图 11.5

图 11.6 所示为底盒的折叠和插接顺序。最后将脚扣插入插孔，底盒即可自锁成形（图 11.7）。图 11.8 为立壁的折叠和卡锁顺序。如图 11.9，将立壁整体插入底盒，立壁底部的锁扣 L 会自动插入底盒底部的插孔 L'，立壁与底盒便被固定为整体（图 11.10）。如图 11.11，此时立壁通过锁扣 S 保持稳定。

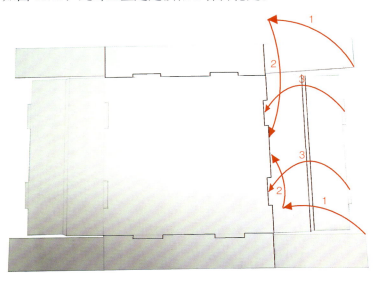

图 11.6

图 11.7

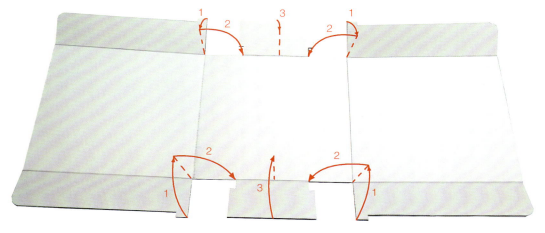

图 11.8

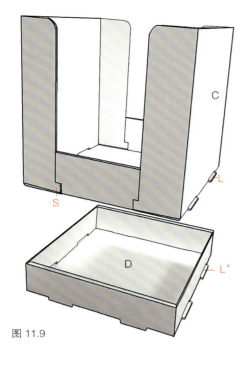

图 11.9

图 11.10

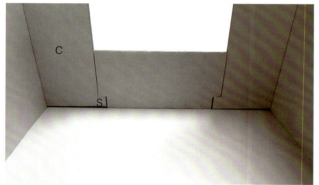

图 11.11

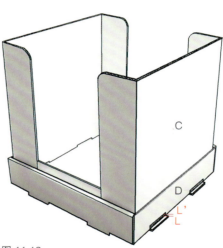

图 11.12

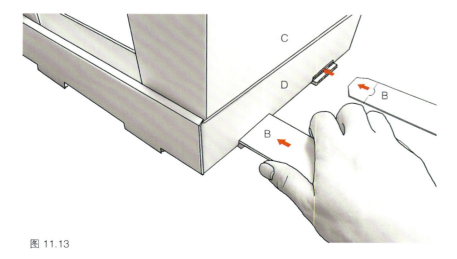

图 11.13

如图 11.12、图 11.13，将连接带 B 插入底盒 D 一侧壁底部的插孔 L'，并从另一侧壁底部插孔穿出纸盒。将连接带 B 顶端沿着纸板上预先绘制好的折线，折出插舌。图 11.14 为裁切后的天盖纸板，其折叠与插接方式与底盒 D 一致。包装盒各个部位折叠插接完毕如图 11.15 所示。如图 11.16，文物 W 可以按照博物馆文物提取规范，双手承托器底将其置入或提出包装盒。如图 11.17，盖上天盖 A。如图 11.18，将连接带 B 顶端的插舌插入天盖 A 侧壁顶端的插孔，没有使用胶带和一滴黏合剂，仅通过插接即可完成文物包装。上、下盒体固定也通过插接被连接为整体，稳定性好，防止盒体因不当搬运而意外脱落，损毁文物。随后章节将叙述如何在文物周围填充泡棉等缓冲材料，防止文物在运输过程中晃动和损坏。

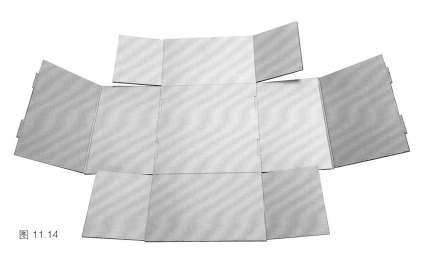

图 11.14

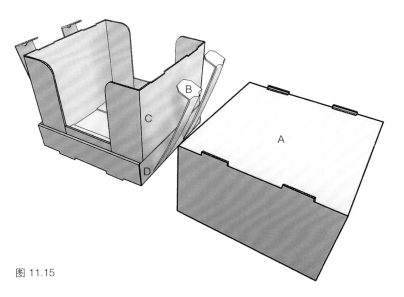

图 11.15

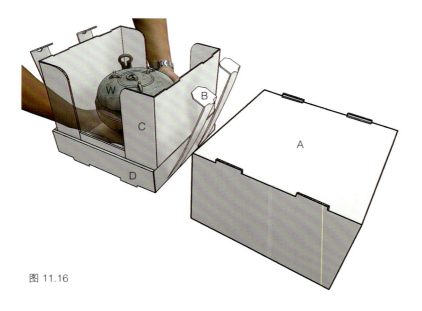

图 11.16

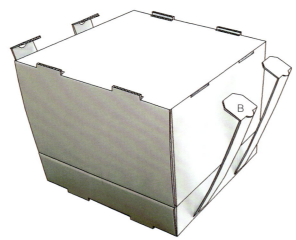

图 11.17

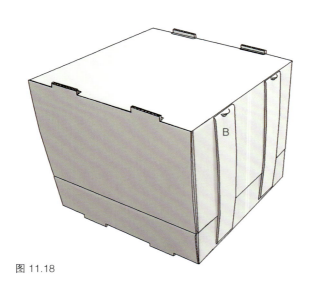

图 11.18

左页

图 11.16　三面开口结构便于规范
地提取文物

图 11.17　天盖地盒插接后

图 11.18　固定连接带完成包装

右页

图 11.19　圆鼎及其天地盖式装具

图 11.20　模块 7 和模块 7–1 完成
嵌套

第二节　上下套入式缓冲与三面开口纸盒的配合

图 11.19 所示为一件鼎及其装具的全部部件，由上述一套天地盖式三面开口的无酸瓦楞纸包装盒和十个缓冲模块构成。模块 7 和模块 7-1 为嵌套结构，为了方便模块 7-1 斜面的裁切成形而分为两个独立的模块。图 11.20 为模块 7-1 嵌入模块 7 的效果。如图 11.21，包装时，首先将模块 1 置入包装盒底部。如图 11.22，双手承托文物底部，将其置入包装盒。因包装盒为三面开口结构，可确保文物在置入和提取过程中受力均匀和稳定，符合文物预防性保护的安全要求。如图 11.23、图 11.24，从上向下依次将模块 2 和模块 3 置入包装盒。因包装盒为三面开口结构，缓冲模块的置入和取出也变得很方便，可抓持其两侧，使泡棉块得以直上直下地运动，不会因偏斜而挤压文物，致使脆弱文物意外损坏。

图 11.19

图 11.20

扫码观看第十一章第二节图 11.19 ～图 11.3：

1 分 35 秒

图 11.21

图 11.22

左页

图 11.21　模块 1 置入盒底

图 11.22　置入文物的方式与手法

右页

图 11.23　从上向下嵌套模块 2

图 11.24　从上向下嵌套模块 3

图 11.23

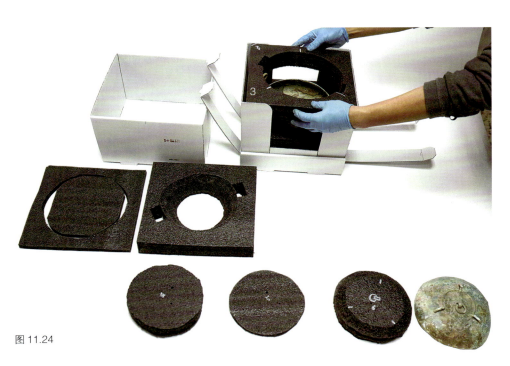

图 11.24

　　　　　　　　第十一章　便于提取文物的三面开口装具

如图 11.25 ~ 图 11.27，依次将模块 4、5、6 置入器物腹内。如图 11.28，将鼎盖置于模块 6 上。由于模块 4、5、6 的托举，长途运输过程中鼎盖与鼎口沿不会发生碰撞而致器物意外损坏。如图 11.29，将嵌套结构的模块 7 和模块 7-1 置入包装盒，防止鼎盖晃动，并在鼎盖与两侧鼎耳之间形成缓冲隔离，防止意外磕碰。如图 11.30 ~ 图 11.32，置入全部缓冲模块，盖上盒盖并插接插舌，完成包装。拆包时先打开作为观察口的模块 8，以便观察鼎盖情况，同时安全取出模块 7。在确保文物长途运输安全的前提下，将文物包装盒及其缓冲结构设计制作得尽量紧凑，既节省空间和运输成本，在未来库房保管和管理时也便于存放和循环使用。

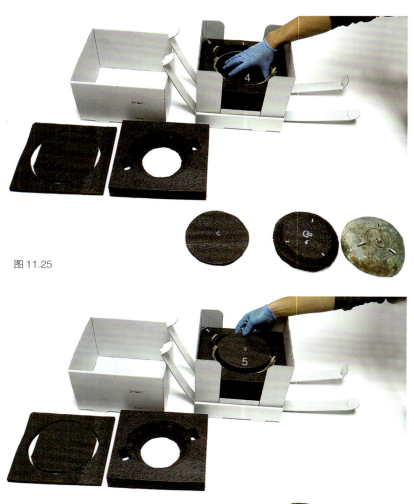

图 11.25

图 11.26

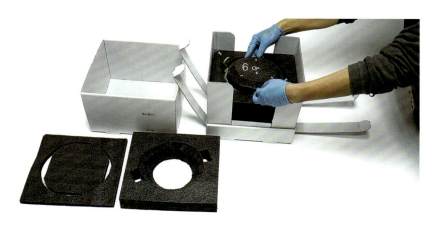

图 11.27

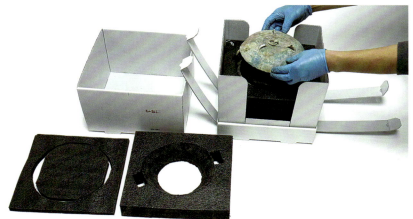

图 11.28

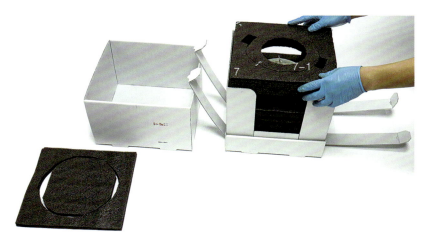

图 11.29

图 11.30

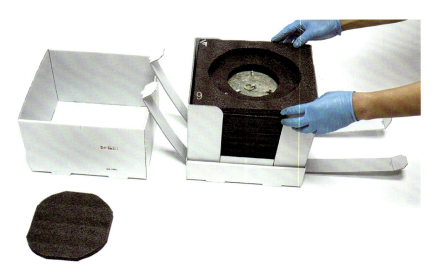

图 11.31

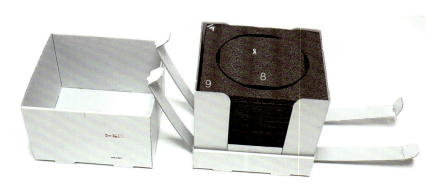

图 11.32

左页

图 11.30　模块 7 配置完毕

图 11.31　配置模块 9

图 11.32　盖上作为拆包观察口的
模块 8

右页

图 11.33　铜壶及其天地盖式装具

第三节　复杂造型缓冲模块配合三面开口纸盒

一、装具结构及包装过程

图 11.33 为本书第八章第三节所述采用可拆解支撑处理的铜壶及其装具。该铜壶曲面构成复杂，上下套入式的缓冲结构无法提供周全的防护。采用模块组的结构，除了顶部两个简单造型的模块 1、2 和底部模块 7，其他模块组采用每层四块的分型方式，便于从四个方向分别置入包装盒，既确保与文物贴合度良好，又不会在包装和拆装时损伤文物。独立模块 4-1 用以衬垫提梁部位，防止其碰撞壶腹部。图 11.34 可见所有缓冲模块的背面形态。图 11.35 所示为各个缓冲模块、包装盒及文物的相对位置。如图 11.36，首先将模块 7 置入包装盒底部。如图 11.37、图 11.38，分别将模块组 6 相对的两个长模块置入包装盒。如图 11.39、图 11.40，双手承托文物腹底处的内支撑暴露位置，将文物置入包装盒，使其圈足嵌入模块 7。

图 11.33

图 11.34

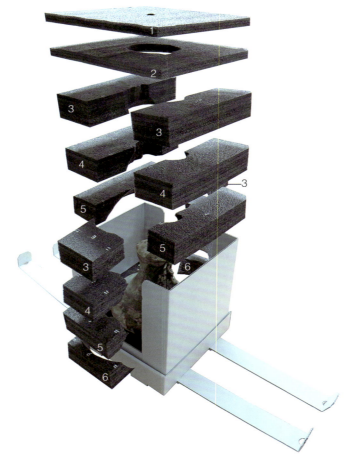

图 11.35

图 11.36

图 11.37

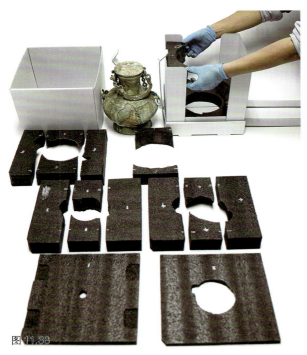
图 11.38

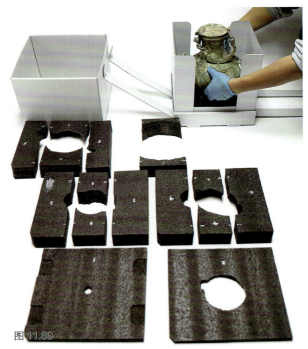
图 11.39

左页

图 11.34　各个缓冲模块的背面形态

图 11.35　纸盒、文物与缓冲结构的

相对位置

右页

图 11.36　盒内置入底部缓冲模块 7

图 11.37　置入模块组 6 的长模块

图 11.38　置入模块组 6 的另一个长

模块

图 11.39　置入文物的方式与手法

如图 11.41、图 11.42，将模块组 6 的两个短模块分别从包装盒两侧开口处置入。如图 11.43 ~图
11.55，依照上述做法，依次置入模块组 5、4、3。如图 11.56 ~图 11.58，依次置入模块 2 和模块 1。
如图 11.59，盖上包装盒的天盖。如图 11.60，将底盒连接带的插舌插入天盖顶端插孔，完成包装，
确保上下盒体连接紧密，不会因搬运不当造成地盒脱落而损毁文物。

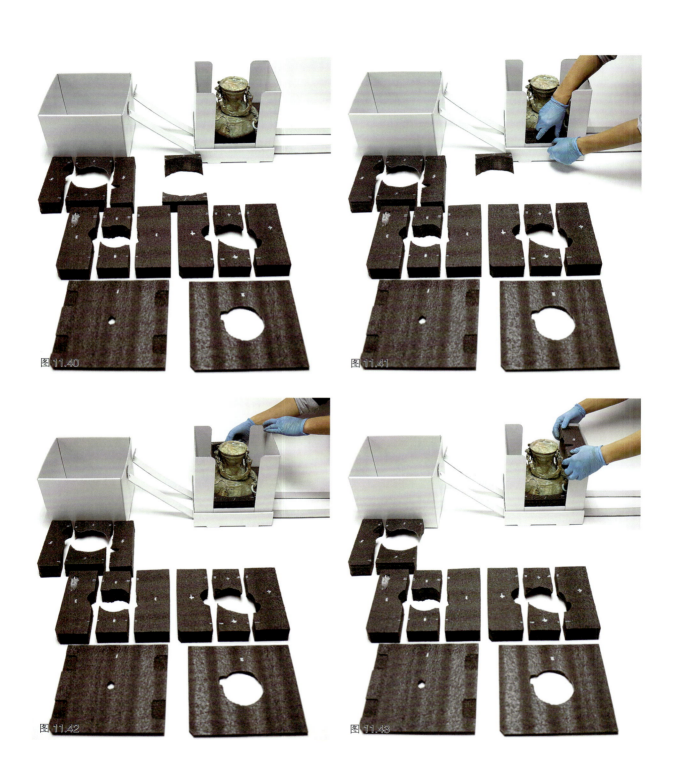

图 11.40

图 11.41

图 11.42

图 11.43

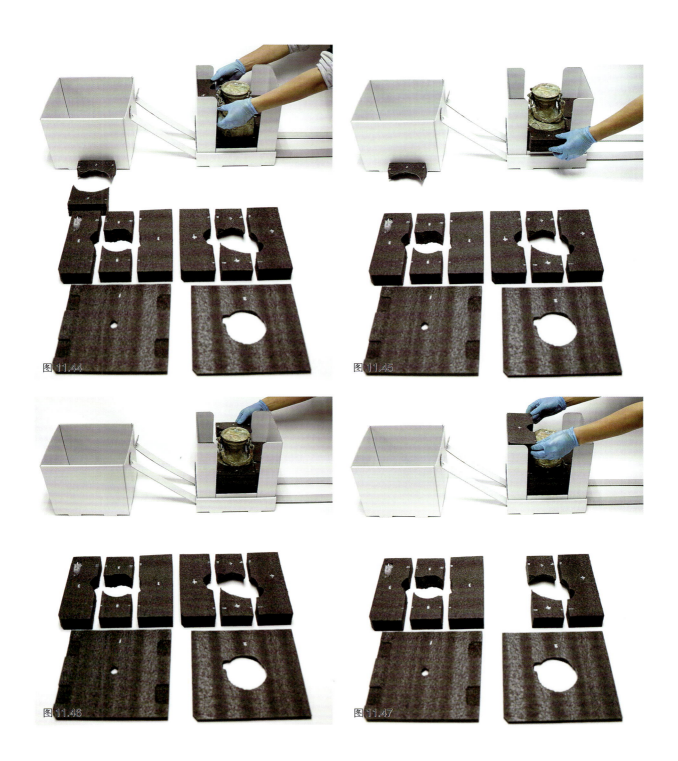

左页

图 11.40 文物圈足嵌入模块 7

图 11.41 从纸盒侧开口插入模块组 6 的一个短模块

图 11.42 从纸盒侧开口插入模块组 6 的另一个短模块

图 11.43 置入模块组 5 的一个长模块

右页

图 11.44 置入模块组 5 的另一个长模块

图 11.45 从纸盒侧开口插入模块组 5 的一个短模块

图 11.46 从纸盒侧开口插入模块组 5 的另一个短模块

图 11.47 置入模块组 4 的一个长模块

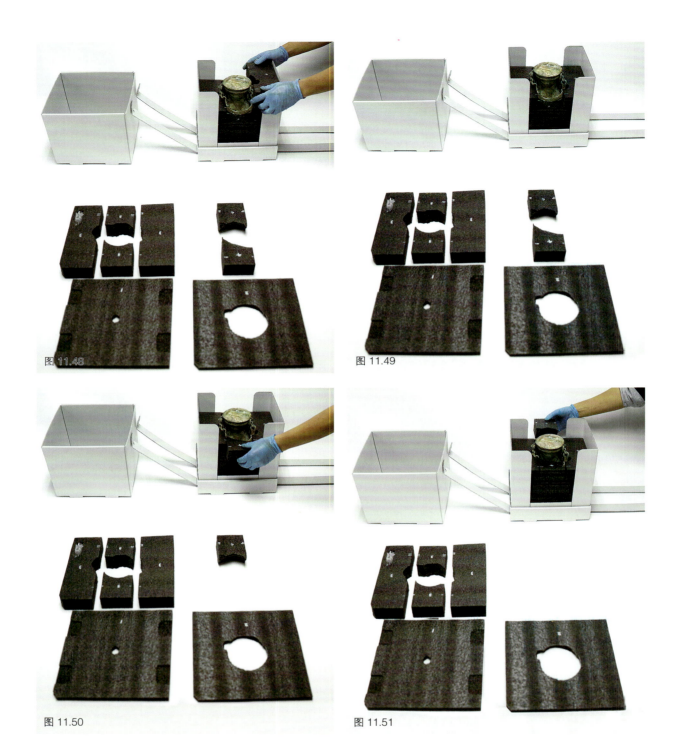

图 11.48

图 11.49

图 11.50

图 11.51

左页

图 11.48 置入模块组 4 的另一个长
模块

图 11.49 假如纸盒无侧开口，将无
法置入短模块

图 11.50 从纸盒侧开口插入模块组
4 的一个短模块

图 11.51 从纸盒侧开口插入模块组
4 的另一个短模块

右页

图 11.52 置入模块组 3 的一个长模
块

图 11.53 置入模块组 3 的另一个长

模块

图 11.54 从纸盒侧开口插入两个短
模块

图 11.55 模块组 3 装配完成

文物展具与装具

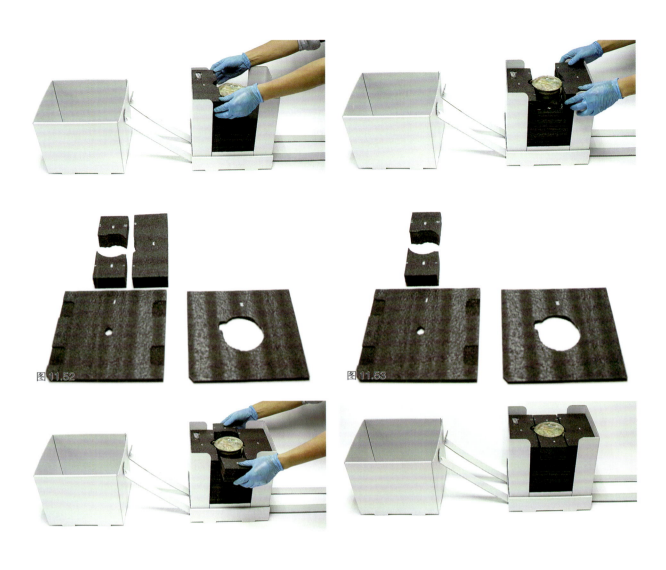

图 11.52

图 11.53

图 11.54

图 11.55

扫码观看第十一章第三节图 11.36 ～图 11.60

1 分 53 秒

包装完成后，包装盒内部缓冲模块被限位，确保文物、缓冲模块与包装盒三者相对位置的固定。这件保存状态很差的青铜器，使用此包装经过两千多公里的长途陆运而未发生损坏，验证了其结构设计的合理性。

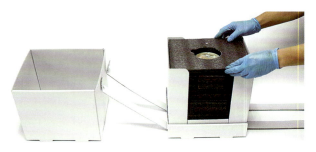

图 11.57

图 11.58

图 11.58

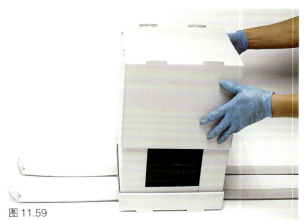

图 11.59

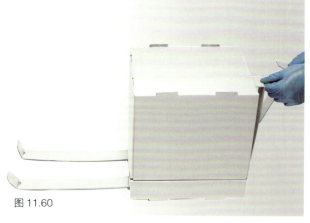

图 11.60

左页
图 11.56　模块 2 置入纸盒
图 11.57　模块 1 置入纸盒
图 11.58　缓冲结构配置完毕
图 11.59　盖上天盖
图 11.60　插入连接带

右页
图 11.61　按照纸盒内腔裁切泡棉缓冲模块
图 11.62　用泡棉缓冲模块填满纸盒内腔
图 11.63　模块 7 割出圈足型腔
图 11.64　模块 7 与圈足装配

二、复杂分型缓冲模块的制作方法

上一节所述为复杂分型的套组式缓冲模块与包装盒配合使用的方法，本节介绍其测量制作的流程。图 11.61 为前文所述文物的包装盒的地盒，为其逐块配置内部缓冲模块。如图 11.62，所有模块恰好可以填满包装盒内部空间，各层模块从下至上依次编号标记为 7、6、5、4、3、2、1。

如图 11.63，取底部模块 7，在中央切割出透空圆形。如图 11.64，模块 7 恰好可容纳青铜壶的圈足。如图 11.65 ～图 11.67，再取模块 6，将刚裁切好透空部分的模块 7 置于其上，使二者边缘对齐，将透空部位的边缘标记于其下放置的模块 6 上。如图 11.68，沿着标记线在模块 6 上裁切出中央透空部分，复制成与模块 7 一样的结构。如图 11.69，将铜壶圈足嵌入模块 6，使用和模块 6 等厚的一小块长方体泡棉作为参考块，将其置于模块 6 顶面，并与壶体相切，在相切位置垂线下的模块 6 顶面上标记一点。如图 11.70 ～图 11.73，按照上述方法，用参考块沿铜壶相切一周，取得若干关键点，关键点取得越多，文物造型的提取越精确。如图 11.74，将模块 6 中央割去的圆形再次嵌入，以便固定圆规的圆心，用圆规将各个关键点连接成圆。

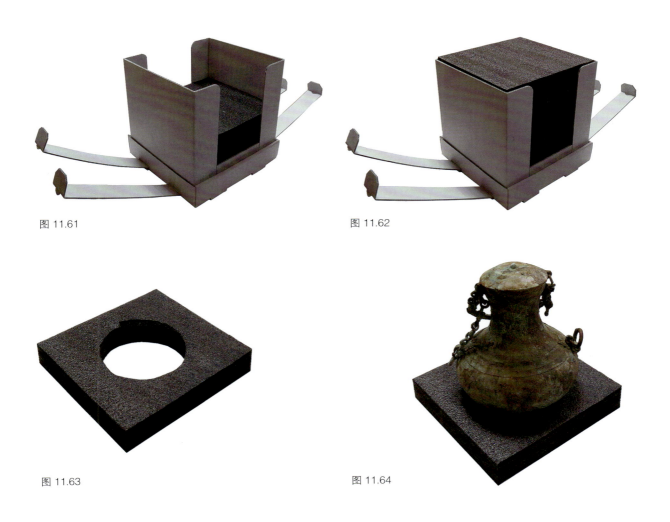

图 11.61

图 11.62

图 11.63

图 11.64

图 11.65

图 11.66

图 11.67

图 11.68

图 11.69

图 11.70

图 11.71

图 11.72

图 11.73

图 11.74

如图 11.75，使壁纸刀同时与模块 6 一侧的大圆和另一侧的小圆相切，环切一周得到图 11.76 所示斜壁，再将其切分四块，成为模块组 6，注意确保较短的两块可从前文所述三面开口包装盒的侧壁开口处平推置入。如图 11.77 ~ 图 11.79，将文物圈足嵌入模块 7，再依次将模块组 6 的四个模块依次装配，查验其与文物及模块 7 边缘的匹配度，若装配无误，用白色无酸记号笔画出拼合记号线。如图 11.80 ~ 图 11.82，取模块 5 置于台面，将模块组 6 翻转并拼合后，置于模块 5 顶面，确保二者边缘平齐，标记二者接触位置的大圆记号线。如图 11.83，使用和模块 5 等厚的一小块长方体泡棉作为参考块，将其置于模块组 6 顶面且确保参考块与模块组 6 的侧壁平齐，再将直尺贴合于参考块顶面，使直尺与壶相切，读取直尺与参考块外壁相交处的尺寸。如图 11.84，将上一步骤直尺读数位置与模块 5 边沿垂直相切，标记直尺顶点位置。

图 11.75　　　　　　　　　　图 11.76

图 11.77　　　　　　　　　　图 11.78

左页
图 11.75　环切斜面
图 11.76　模块 6 的切割分块
图 11.77　模块组 6 的装配试验过程之一
图 11.78　模块组 6 的装配试验过程之二

右页
图 11.79　模块组 6 装配无误后标记拼合记号线
图 11.80　将模块 5 置于平台
图 11.81　模块组 6 拼合倒扣于模块 5 并标记大圆记号线
图 11.82　大圆记号线
图 11.83　用参考块测壶颈关键点 1
图 11.84　关键点 1 标记于模块 5 上

图 11.79

图 11.80

图 11.81

图 11.82

图 11.83

图 11.84

如图 11.85～图 11.88，依照上述方法，取下另外三处尺寸并标记于模块 5 上。

　　如图 11.89、图 11.90，用圆规将模块 5 上的四点连成小圆。如图 11.91、图 11.92，用壁纸刀沿着小圆垂直裁切模块 5，得到中央圆形透空处。如图 11.93，用壁纸刀同时沿着模块 5 一侧的大圆和另一侧的小圆斜向环切，得到图 11.94 所示带有斜壁的模块 5。如图 11.95，将模块 5 切分四块，成为模块组 5。

图 11.85

图 11.86

图 11.87

图 11.88

图 11.89

图 11.90

图 11.91

图 11.92

图 11.93

图 11.94

图 11.95

如图 11.96 ~ 图 11.99，将切分为四块的模块组 5 与文物和模块组 6、模块 7 装配，查验匹配度良好，用白色无酸笔标记拼合记号线。如图 11.100 ~ 图 11.104，取模块 4 置于台面，将模块组 5 翻转拼合后置于模块 4 顶面，并确保二者边缘平齐，标画二者接触位置的圆形标记点。如图 11.105，用圆规将若干标记点连接成圆。如图 11.106，使用和模块 4 等厚的一小块长方体泡棉作为参考块，将其置于模块组 5 顶面且确保参考块与模块组 5 的侧壁平齐，再将直尺贴合于参考块顶面，使直尺与壶相切，读取直尺与参考块外壁相交处的尺寸，将上一步骤的直尺读数位置与模块 4 边沿垂直相切，标记直尺顶点位置。

图 11.96

图 11.97

图 11.98

图 11.99

图 11.100

左页
图 11.96　缓冲结构 7、6、5 装配试验过程之一
图 11.97　缓冲结构 7、6、5 装配试验过程之二
图 11.98　缓冲结构 7、6、5 装配试验过程之三
图 11.99　缓冲结构 7、6、5 装配无误
图 11.100　模块组 5 的分块一置于模块 4 上

右页
图 11.101　模块组 5 的分块二置于模块 4 上
图 11.102　模块组 5 的分块三置于模块 4 上
图 11.103　模块组 5 的全部分块置于模块 4 上
图 11.104　在模块 4 上标记模块组 5 的小圆关键点
图 11.105　将模块 4 上的关键点连成圆
图 11.106　模块组 5 上用参考块测量后标于模块 4 上

图 11.101

图 11.102

图 11.103

图 11.104

图 11.105

图 11.106

如图 11.107 ~ 图 11.109，依照上述方法，取下另外三处标记点。如图 11.110，用圆规将模块 4 上的四点连成小圆。如图 11.111，依照前文所述斜壁裁切方法，在模块 4 上切出型腔，再将模块 4 切为四块，成为模块组 4。如图 11.112，模块组 3 的测量及裁切方法同上，不再赘述。

图 11.107   图 11.108

图 11.109   图 11.110

图 11.111

图 11.112

第十二章
可完全展开的文物装具

可完全展开的包装盒
使用案例

一些极脆弱的文物，表面呈酥粉状，不宜摩擦和受压，往往需要包装盒能够完全展开为平面结构，以便设计和制作特定位置的局部缓冲结构。基于此装具需求，本章讲述一种可完全展开的插接式环保包装盒及其制作方法，旨在解决经过修复的易碎文物的包装及安全运输问题。该装具的生产制作工艺不使用黏合剂等化学物质，仅通过插接工艺，连接若干无酸瓦楞纸板部件，不会释放有害环境及妨害文物安全长久保存的物质。

第一节　可完全展开的包装盒

　　图 12.1 所示为可完全展开包装盒的平面结构，其中 A 为包装盒左壁，B 为包装盒右壁，C 为侧插舌 1，D 为侧插舌 2，E 为包装盒前壁，F 为包装盒底面，G 为包装盒后壁，H 为包装盒顶面，I 为侧插舌 3，J 为侧插舌 4，a 为侧壁脚扣，b 为侧壁顶插舌，c 为护翼，d 为脚扣限位。将平面结构图绘制于 3 毫米厚的无酸瓦楞纸板上，用壁纸刀裁切出各个纸板，再用直尺沿着折线按压，手工折弯，所得各个纸板部件按照图 12.2 所示相对位置摆放。按照图 12.3 所示形状裁切缓冲模块，选用材料为 EPE 环保泡棉，各个泡棉缓冲模块与相应的纸板配合使用，例如纸板 A 配合模块 A' 使用，纸板 B 配合模块 B' 使用。

　　如图 12.4，将沿着折线折好的插舌 C 插入模块 A' 侧面的穿孔 k。如图 12.5，将另一条插舌 D 插入模块 A' 侧面的另一穿孔 k。图 12.6 为插舌 C、D 与模块 A' 装配后的效果。如图 12.7，翻转装配后的插舌与模块 A'。如图 12.8，使插舌穿入纸板 A 上的四个穿孔。如图 12.9，使纸板 A 与模块 A' 贴合。如图 12.10，插舌沿折线外翻。如图 12.11，依照纸板 A、模块 A'、插舌 C、插舌 D 的组装方法，组装纸板 B、模块 B'、插舌 I、插舌 J。

　　如图 12.12，将纸板 E—F—G—H 沿折线折好。如图 12.13，将纸板 A、模块 A'、插舌 C、插舌 D 的组合体与底板 F 插接。如图 12.14，将纸板 B、模块 B'、插舌 I、插舌 J 的组合体与底板 F 插接。具体步骤见图 12.15 ～ 图 12.20。图 12.15、图 12.17、图 12.19 为纸板 B、模块 B'、插舌 I、插舌 J 的组合体与底板 F 插接的三个步骤：第一步，纸板 B 的脚扣 a 对准底板 F 的护翼 c

右页
图 12.1　可完全展开包装盒平面结构
图 12.2　各纸板的相对位置

瓦楞方向
折线
反折线
刀切线
C
a
A
b
B
I
D
J
c
d
E
F
G
H

图 12.1

折线
反折线
刀切线
A
C
D
E
F
G
H
I
J
B

图 12.2

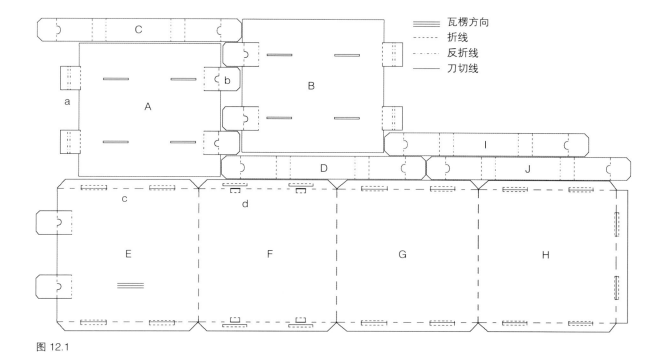

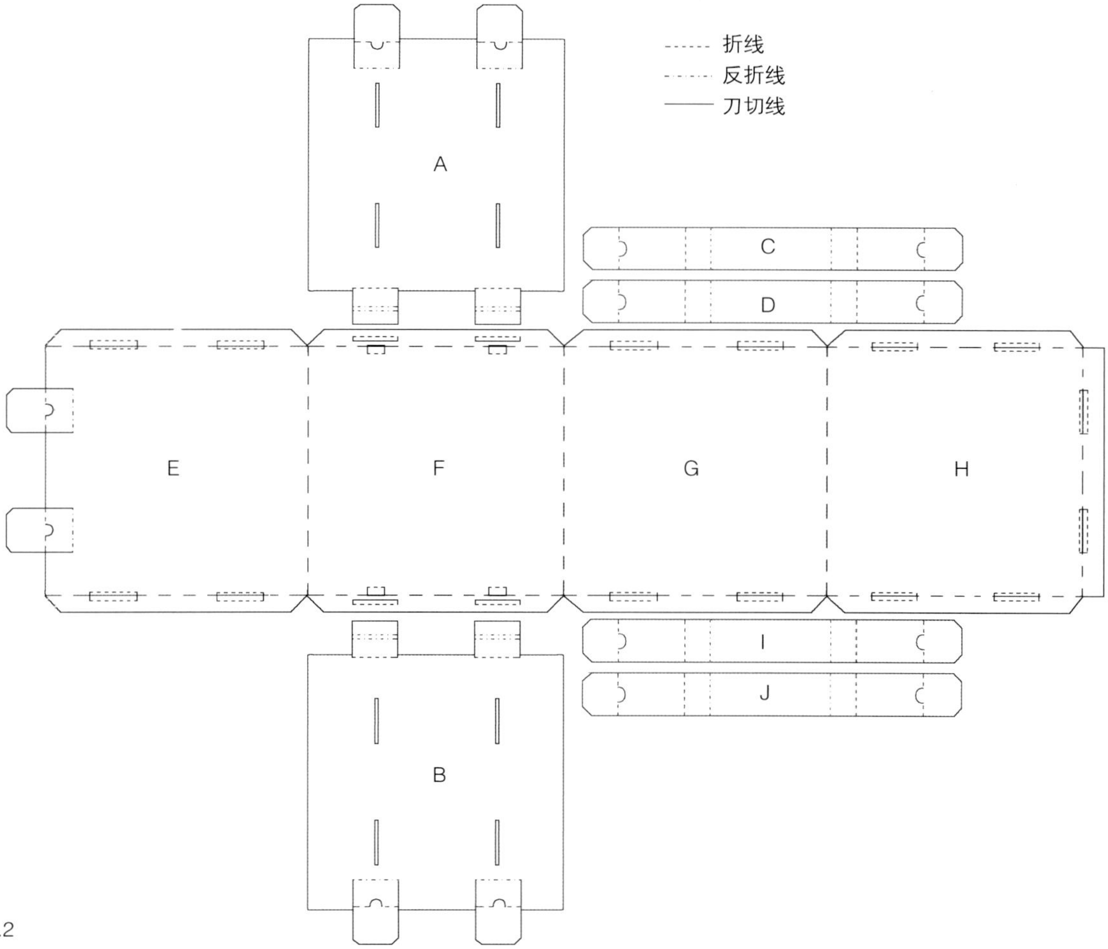

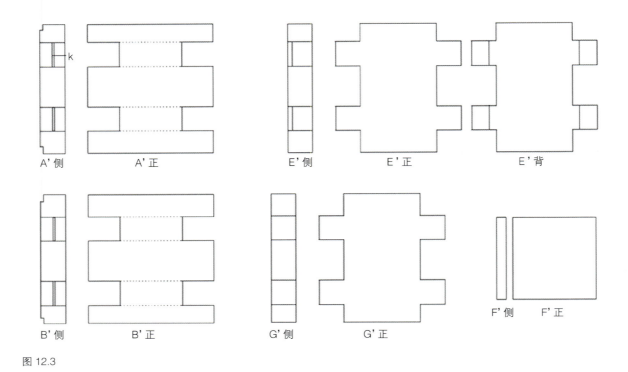

A'侧　　　　A'正　　　　　　　E'侧　　　　E'正　　　　　　　E'背

B'侧　　　　B'正　　　　　　　G'侧　　　　G'正　　　　　　　F'侧　　F'正

图 12.3

上的穿孔；第二步，纸板 B 的脚扣 a 插入底板 F 的护翼 c 上的穿孔；第三步，纸板 B 的脚扣 a 沿着双反折线折弯，被底板 F 上的脚扣限位 d 抵挡，防止其弹起。如图 12.21，将包装盒侧壁 A 立起，使模块 G' 的凸齿插入模块 A' 的凹齿。也可采用图 12.16、图 12.18、图 12.20、图 12.22 所示加强版插接结构，使包装盒获得更好的稳定性。

如图 12.23，使模块 G' 的凸齿插入模块 B' 的凹齿。如图 12.24，将包装盒后壁 G 和顶面 H 翻起，侧插舌 C、D、I、J 插入后壁 G 护翼的插孔，使后壁 G 固定。如图 12.25，使模块 E' 的凸齿插入模块 B' 和模块 A' 的凹齿。如图 12.26，上翻前壁 E，并使侧插舌 C、D、I、J 插入前壁 E 护翼的插孔，使前壁 E 固定。如图 12.27，盖上顶面 H。如图 12.28，将侧壁和前壁的顶插舌插入插孔，完成包装后如图 12.29。

本包装盒特点如下：

（1）制作过程环保，不依赖特殊的专业设备，不使用任何黏合剂。

（2）成形过程不使用粘接工艺，各部件通过插接成形。

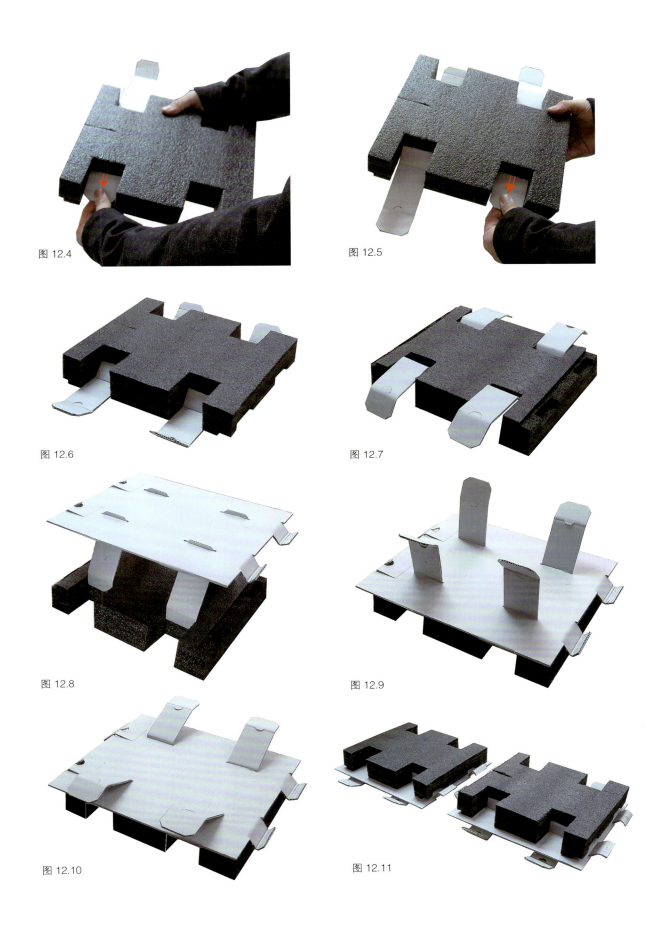

图 12.4

图 12.5

图 12.6

图 12.7

图 12.8

图 12.9

图 12.10

图 12.11

第十二章　可完全展开的文物装具

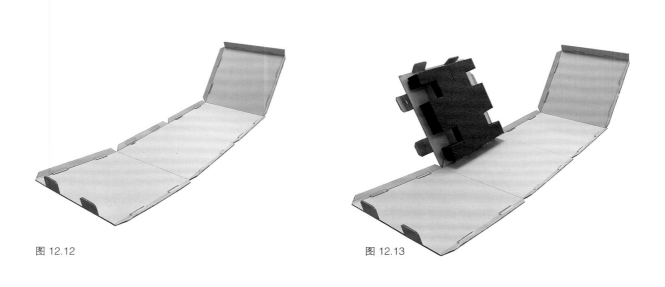

图 12.12

图 12.13

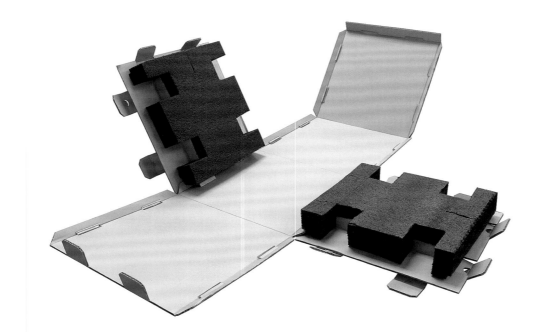

图 12.14

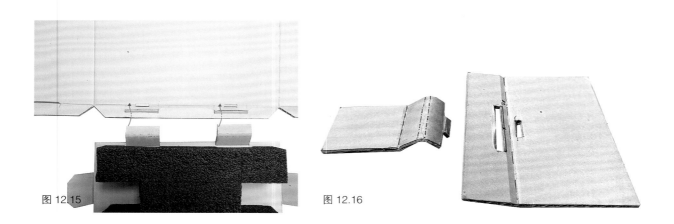

图 12.15

图 12.16

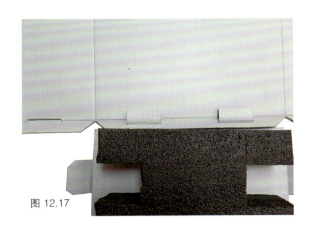

图 12.17

图 12.18

图 12.19

图 12.20

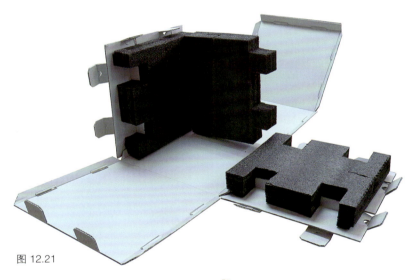

图 12.21

图 12.22

左页

图 12.12　折弯的纸板 E—F—G—H

图 12.13　纸板 E—F—G—H 与纸板 A 及模块 A' 插接

图 12.14　纸板 E—F—G—H 与纸板 B 及模块 B' 插接

图 12.15　插接结构

图 12.16　加强版的插接结构

右页

图 12.17　插舌穿入插孔

图 12.18　加强版的插舌穿入插孔

图 12.19　插舌被卡锁

图 12.20　加强版的插舌实现锁定

图 12.21　插接模块 A' 和模块 G'

图 12.22　瓦楞纸部件 A 与 F 垂直连接后实现锁定

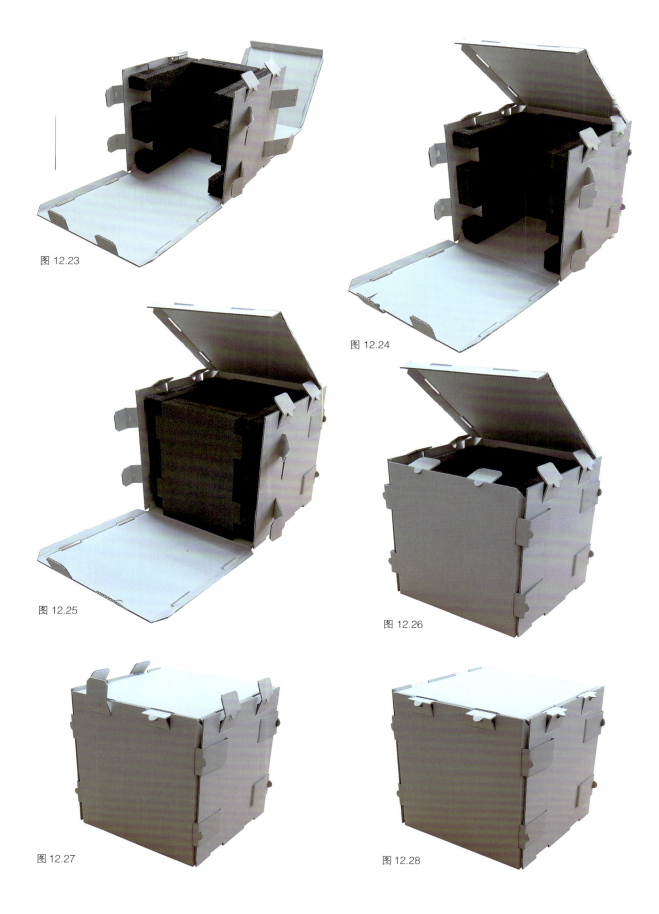

图 12.23

图 12.24

图 12.25

图 12.26

图 12.27

图 12.28

图 12.29

（3）包装盒可以反复组装和无损拆解，通过插扣使包装盒闭合稳定，不需要额外借助胶带、热熔胶等化工产品，避免环境污染，也避免胶带、热熔胶粘接后损坏包装盒表面，造成包装盒无法反复拆装使用。

（4）包装盒的所有部件可以展开在一个平面上，实现包装的完全开放，便于特殊物品的包装和存取需求。

（5）包装盒组装和稳定闭合无须依赖钉枪固定。

（6）所有插舌的朝向皆与瓦楞排列方向一致，保证所有插舌都有最佳的插接强度。

（7）泡棉缓冲模块与纸板也通过插接固定，不使用任何黏合剂，也不使用当前其他包装产品固定缓冲结构常用的热熔胶，制作过程无异味。

（8）插接成形的包装盒比粘接成形的包装盒耐久性更好（粘接成形的包装盒容易因黏合剂老化失效而开胶解体）。

（9）泡棉缓冲模块之间也通过榫卯插接连接，不使用黏合剂和热熔胶。泡棉缓冲模块互相插接固定后，也使包装盒的整体结构更稳定。

第十二章　可完全展开的文物装具

第二节　使用案例

　　此节所述文物破碎残缺严重，通体矿化，金属胎体已腐蚀殆尽，材质酥脆，重压即碎，采用可拆解式内支撑结构，将三块较大的文物碎片固定其上。文物在北京完成保护修复后需要经过两千多公里的长途陆运送还其原收藏单位，需要制作文物装具，确保文物在运输及未来保管过程中的安全。该文物新制作的内支撑结构强度较好，可以承受挤压和摩擦，而内支撑结构上固定的文物碎片经修复后依然强度很差，不能挤压和摩擦，否则会进一步破碎。因此，文物装具需要设计制作局部缓冲结构，挤压固定文物的内支撑结构，而不接触文物碎片的位置。为便于包装和设置缓冲结构，箱体需可完全展开为平面结构。

一、局部缓冲模块及固定结构的制作

　　如图 12.30，为文物制作上述可完全展开的包装盒，使其缓冲泡棉内壁距文物外壁最宽处有 3 厘米间隙。因文物底部新制支撑块结构的强度较高，文物底部衬垫 1 厘米厚的泡棉缓冲垫即可，文物顶部口沿最高处距盒盖 3 厘米。

　　如图 12.31，将包装盒完全展开为平面结构，确保文物、底部泡棉缓冲垫及包装盒底面的相对位置固定，用仿形规取下待制作的局部缓冲模块左侧壁与文物内支撑结构相切位置的形状。如图 12.32，将仿形规所取形状描画在纸上。如图 12.33，剪下造型纸样。如图 12.34，用仿形规取下待制

图 12.30

左页
图 12.30　盒内配置底部缓冲垫并居中摆放文物

右页
图 12.31　待挤压支撑位置的取形
图 12.32　描纸样
图 12.33　剪裁纸样
图 12.34　另一待挤压支撑位置的取形

图 12.31

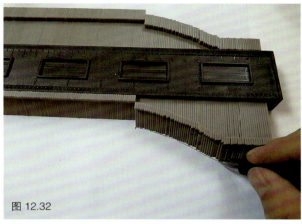

图 12.32

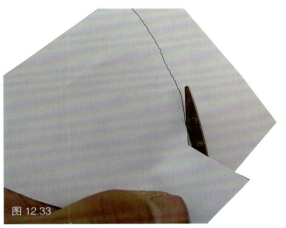

图 12.33

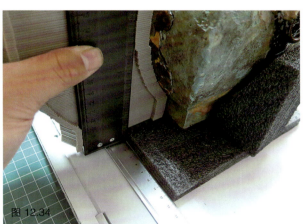

图 12.34

作的局部缓冲模块右侧壁与文物内支撑结构相切位置的形状，描画在纸上并剪出纸样。如图 12.35，与文物相切的两个纸样即为待制作的局部缓冲模块两侧壁的形状，纸样垂边恰好与文物底部泡棉垫的边缘相切。因器物扭曲变形，制成的两个纸样大小不等。如图 12.36、图 12.37，将两个纸样分别粘贴于泡棉块两侧。

如图 12.38，用壁纸刀切割泡棉块时，使壁纸刀同时与泡棉块两侧纸样相切。如图 12.39，制得的局部缓冲模块置于其预计位置，查看其与文物内支撑结构的贴合度，若有误差，需取下矫正，直到形状与尺寸合适。如图 12.40，依照上述做法，制得另外三个局部缓冲模块。

如图 12.41，将包装盒四壁合拢并插接，文物底部被四个局部缓冲模块挤压固定稳妥。此时文物口沿处尚可晃动，需做顶部支撑以便固定。文物口沿的四边皆为新制的内支撑结构，强度较高，可以用无酸瓦楞纸制成局部卡锁的固定结构。如图 12.42，取一块底边平直的纸板，两侧搭接于纸盒内壁的泡棉缓冲模块顶面中央作为参考线，并用无酸记号笔在泡棉块上做出白色标记。如图 12.43，用直尺测量参考线到文物口沿待卡锁位置的垂直距离，分别为 3.3 厘米与 2.3 厘米。如图 12.44，在长条瓦楞纸板上画出口沿相对两边的位置与宽度。

图 12.35

图 12.36

图 12.37

图 12.38

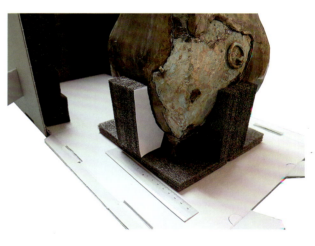

图 12.39

图 12.40

图 12.41

图 12.42

图 12.43

图 12.44

如图 12.45，取一块造型油泥，取下文物内支撑结构口沿处的内壁弧度，将油泥顶面切平并与参考线相切。如图 12.46，将油泥块置于长条瓦楞纸上，使油泥块顶面与瓦楞纸边缘平行，当油泥块顶面与瓦楞纸条上边缘的距离等于图 12.43 的测量结果时，将油泥块弧度形状描于纸上。如图 12.47，沿瓦楞纸上描画线裁切后，应恰好可以卡住文物口沿相对的两侧边。如图 12.48，用壁纸刀在泡棉块顶面白色标记位置切出凹槽。如图 12.49，裁切和折弯长条瓦楞纸板，使其恰好嵌入泡棉块上切出的凹槽并卡住文物口沿。如图 12.50，依照上述方法制得另外一块垂直插接的无酸瓦楞纸板，并嵌入泡棉块，文物口沿得以固定，文物完成其在包装盒内的定位，盖上盒盖并完成插接，文物包装完毕。

图 12.45

图 12.46

左页
图 12.45　用油泥取斜面形状
图 12.46　用油泥辅助绘制斜面形状

右页
图 12.47　瓦楞纸板上的口沿卡槽
图 12.48　切割插槽
图 12.49　瓦楞纸板卡锁器口
图 12.50　交叉固定的器口卡锁结构

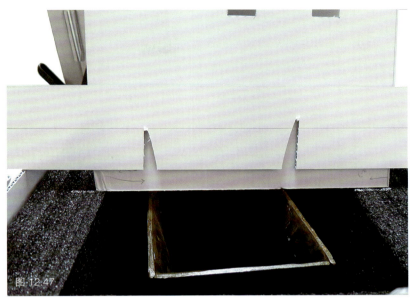

图 12.47

图 12.48

图 12.49

图 12.50

二、文物的包装过程

图 12.51 为上述文物装具的全部部件，将四个局部缓冲模块嵌入文物底部泡棉缓冲垫，以防其向两侧偏移。如图 12.52，将文物置于底部缓冲垫上。如图 12.53，合拢四个局部缓冲模块，使其贴合文物圈足四壁。

如图 12.54 ～ 图 12.56，插接四块侧壁泡棉缓冲模块。如图 12.57 ～ 图 12.58，插入两块口沿固定纸板。如图 12.59 ～ 图 12.61，组装无酸瓦楞纸盒，完成包装。脆弱文物被固定于包装盒内，经过两千多公里陆运的颠簸，运抵拆装后文物依然完好。

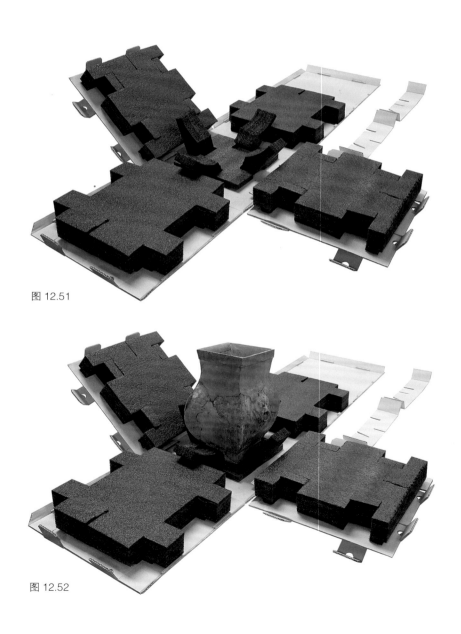

图 12.51

图 12.52

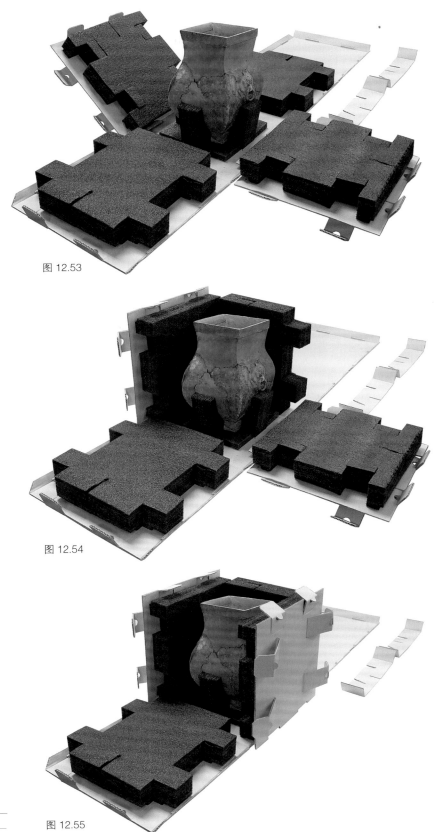

图 12.53

图 12.54

图 12.55

第十二章　可完全展开的文物装具 ◣

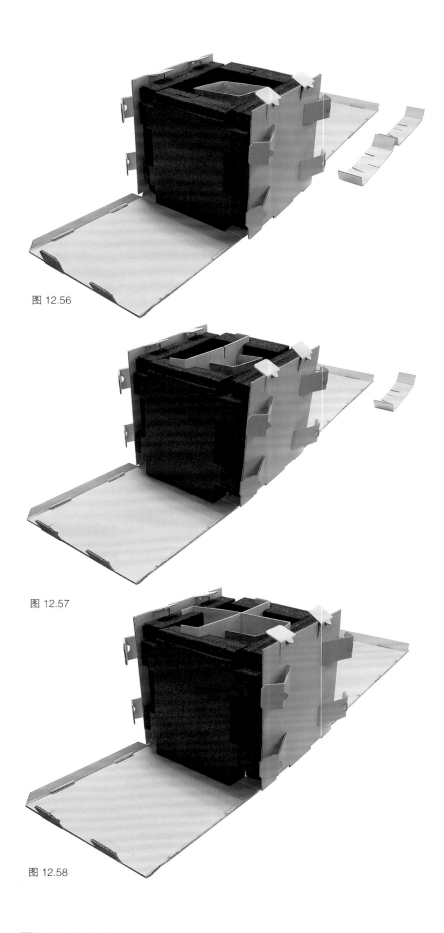

图 12.56

图 12.57

图 12.58

图 12.59

图 12.60

图 12.61

左页
图 12.56　插接缓冲结构过程之三
图 12.57　插入口沿固定纸板
图 12.58　插入另一块口沿固定纸板

右页
图 12.59　上翻盒盖
图 12.60　固定一侧壁
图 12.61　固定另一侧壁后插接盒盖
完成包装

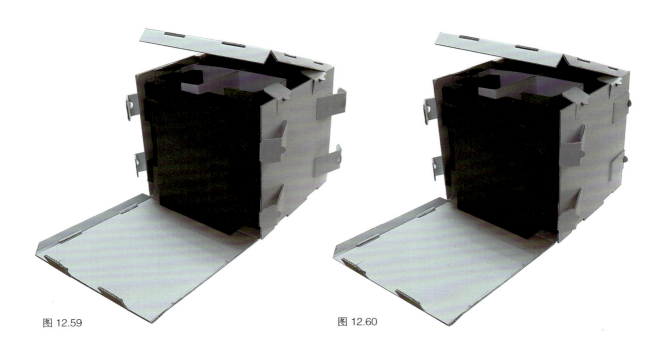

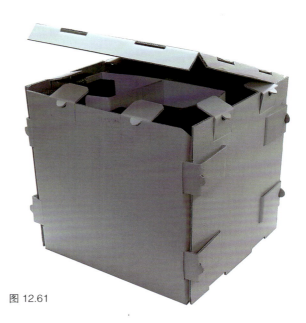

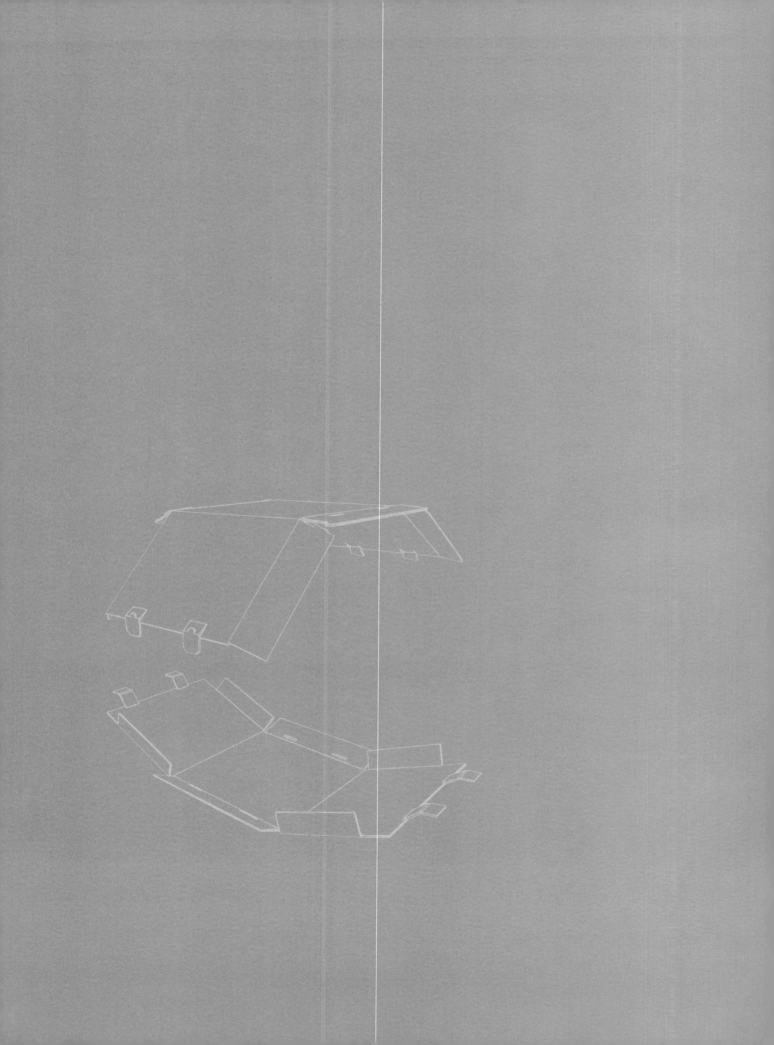

第十三章
装具制作中的节约和环保

使用整张无酸瓦楞纸板制作包装盒时，通常会裁切掉不少边角料，如一些幅面窄长的边料和纸板四角裁下的小块方板。这些边角料通常未经利用便被当作垃圾处理掉，以每张无酸瓦楞纸板价格 120 元计，边角料造成的资金浪费通常至少可达 10 元。批量制作包装盒时，对资金和材料的浪费尤为明显。造纸和纸张运输过程中还有其他的能源投入，不良的利用效率也在一定程度上浪费了资源。为了减少浪费，应研究适当的方式和技术，对展具、装具制作过程中剩余的较大的边角料进行合理利用。

第一节　使用窄长边料插接纸盒

图 13.1 所示诸多幅面窄长的边料，皆为前文各种无酸瓦楞纸插接展具及装具制作过程中所遗留。按照现有纸盒制作技术，用这种长幅面的边料无法为图 13.2 所示泡棉结构制作包装盒。在资源充足的条件下，通常便会裁切整张纸板制作所需包装盒。虽然不断增加的边角料持续造成浪费，但往往不能引起反思和警醒。制作本案例的包装盒时，正值 2020 年初的新冠肺炎疫情严峻时期，物流停运，笔者除了手边所剩边角料可供利用，无法预期何时才有机会购得新的原材料。然而，准备文物装具的任务却不能耽搁，必须设计新型装具，用仅有的边角料完成装具制作，并且确保所包装的脆弱文物经过两千多公里的陆运后依然完好。

为解决上述问题，笔者研究出一种用两张幅面窄长的纸板插接而成的包装盒。包装盒使用无酸瓦楞纸边料成形，完全依靠插接，不使用黏合剂、胶带和钉枪，结构紧凑，节省纸张，可完全手工成形，不依赖专业设备，设计制作成本低廉。

图 13.3 为新型包装纸盒的平面结构，由 A、B 两块纸板构成。纸板 A 的一侧为自锁式插扣 a，另一侧为插舌 b，插扣与插舌的排列方向与瓦楞方向一致。c 为自锁式插扣的插孔，其开孔宽度为所用瓦楞纸厚度的两倍。d 为顶扣。e 为顶扣插孔，其开孔宽度与所用瓦楞纸厚度一致。纸板 B 的两侧皆为自锁式插扣 f。纸板 B 上有护翼 g，可增加盒盖插入包装时的摩擦力，增强包装的强度和稳定性。纸板 B 的一侧为插舌的插孔 h，另一侧为自锁式插扣的插孔 i。

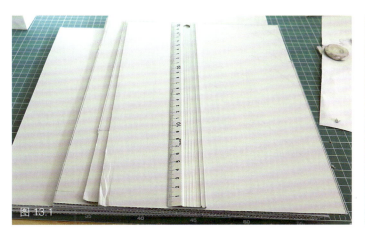

图 13.1

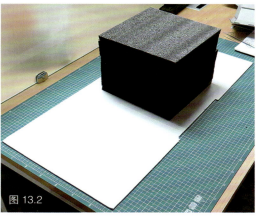

图 13.2

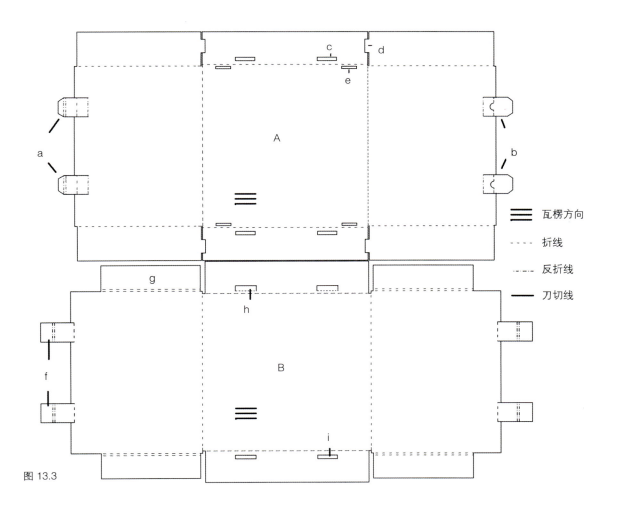

图 13.3

瓦楞方向

折线

反折线

刀切线

按照图 13.3 所示平面结构裁切无酸瓦楞纸板，沿折线和反折线折弯。图 13.4 为此新型纸盒的 A、B 两块纸板的相对位置示意图。纸板 A 在上，纸板 B 在下，两块纸板垂直排列。如图 13.5，将纸板 B 一侧的自锁式插扣 f 插入纸板 A 的自锁式插扣的插孔 c。如图 13.6，将纸板 B 另一侧的自锁式插扣插入纸板 A 的自锁式插扣的插孔。图 13.7 是将纸盒在水平方向逆时针旋转 90 度后的效果。

如图 13.8，自锁式插扣完全插入插孔后自动弹开并锁定，使纸板 A 和纸板 B 稳定连接。图 13.9 是将纸盒水平旋转 180 度的效果。如图 13.10，将纸盒垂直翻转 180 度，使纸板 A 在下，纸板 B 在上。如图 13.11，将纸板 A 有自锁式插扣一侧的护翼向内折弯并插入纸板 B 两立壁之间，使纸板 A 的自锁式插扣 a 对准纸板 B 上的插孔 i。如图 13.12，纸板 A 的自锁式插扣完全插入纸板 B 上的插孔后会自动弹开，实现锁定。

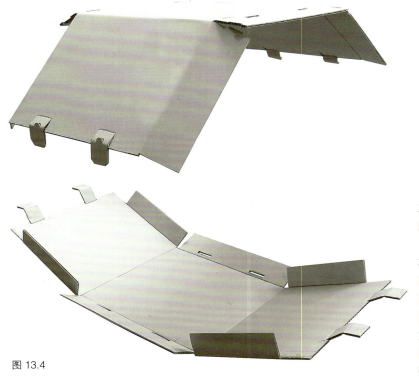

图 13.4

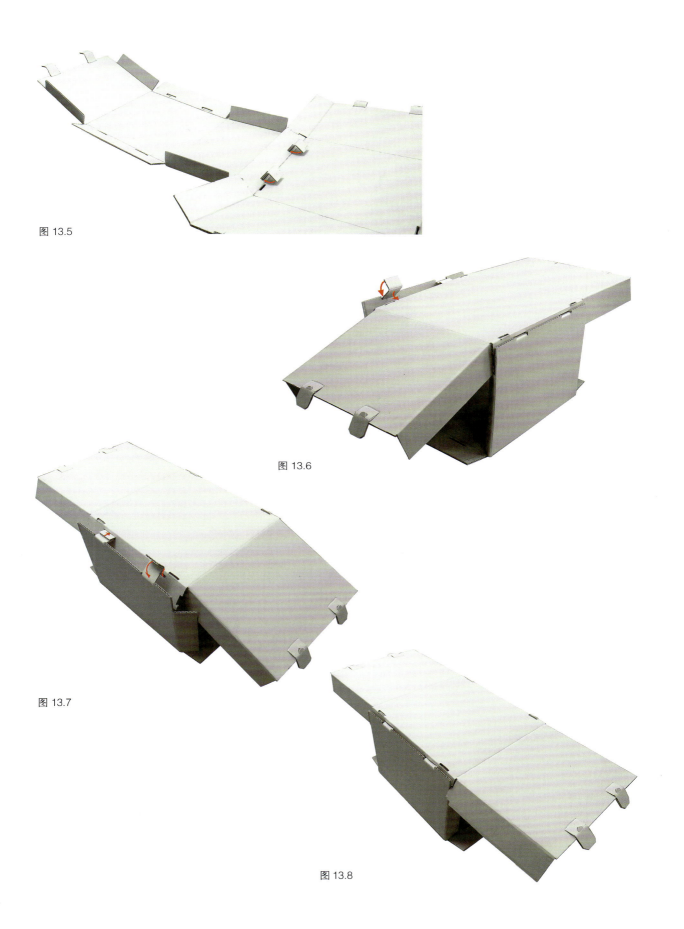

图 13.5

图 13.6

图 13.7

图 13.8

图 13.9

图 13.10

图 13.11

图 13.12

如图 13.13，将纸盒翻转 90 度，使纸板 B 的顶面朝向观者。如图 13.14，将纸板 A 的护翼插入纸板 B 两侧壁之间，使纸板 A 的插舌 b 对准纸板 B 上的插孔 h。如图 13.15，纸板所有的面皆被固定，纸板 A 的插舌上有拉手，再次打开包装盒时，抓住拉手向外拔出插舌。如图 13.16，再次将包装盒翻转 90 度，使其在日常使用、存放、运输时受力稳定。

如果需要该纸盒具有双面开启的盒盖，将图 13.3 中纸板 A 的自锁式插扣 a 也做成插舌 b 结构，并相应改变纸板 B 的插孔 i 的宽度即可。

图 13.13

图 13.14

图 13.15

图 13.16

第十三章　装具制作中的节约和环保

第二节 使用小块纸板插接大盒

如图 13.17 所示，使用当前常用纸盒插接成形技术，插接一个边长 30 厘米的盒盖，就需要使用一整张 85 厘米 ×130 厘米的浅灰色无酸瓦楞纸，其四角产生了四个 20 厘米 ×25 厘米的角料，如弃之不用，浪费面积将达到 18%。因此，需要采用有效的方法，合理利用这些小块无酸瓦楞纸板。

本节讲述的新型插接式可扩展环保包装盒的制作方法，不但可以合理利用边角料，还解决了当前常见包装盒插接技术对纸张幅面大小的依赖问题，可用小材办大事。比如利用小幅面的瓦楞纸板，仅需要将若干个结构单一而简单的模块互相插接组合，就可以制成多种样式和尺寸的包装盒，还可以根据需要改变盒盖的开启位置和开启方式。包装盒不使用时可以拆解，便于收纳和存储。

一、解决方法与成形过程

图 13.18 为新型包装盒的同一结构的单元模块。其中 1 为插舌，2 为插舌顶端凸起结构（其兼有锁扣和抓手的双重功能，后文详述），3 为护翼，4 为摩擦式插孔，5 为锁扣插孔。该结构可以采用博物馆专用无酸瓦楞纸板制作，也可以采用其他可以反复折弯并有韧性的材料如 PP、尼龙等高分子材料制作。图中所示平面结构的设计适用于 3 毫米厚的无酸瓦楞纸板。此新型包装盒案例所演示的所有样式和尺寸的包装盒，都仅需要使用这同一结构的单元模块，拥有的单元模块数量越多，可以插接出的包装盒的尺寸、样式就越多。图 13.19 为若干待插接单元模块的叠加效果，皆用边角料裁切而成。

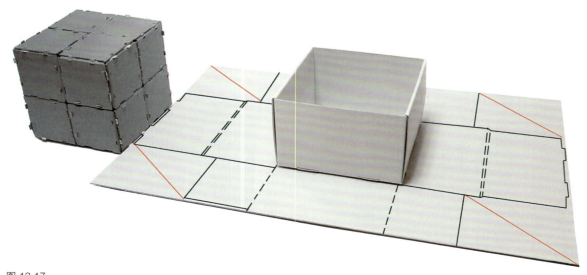

图 13.17

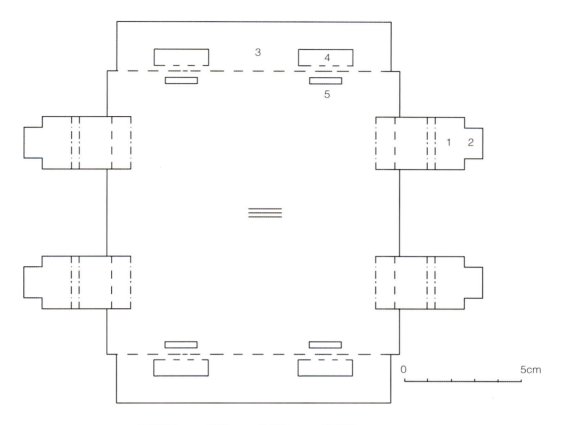

3 4
5
1 2

≡瓦楞方向 ···· 折线 - - - 反折线 —— 刀切线

0   5cm

图 13.18

图 13.19

左页
图 13.17 常规插接盒盖的纸型边角
料浪费较多

右页
图 13.18 插接单元的平面结构
图 13.19 若干无酸瓦楞纸单元结构

第十三章 装具制作中的节约和环保

图 13.20～图 13.22 为两块同一结构的单元模块间的连接步骤：第一步，分别将单元模块 A、B 沿折线折弯，将单元模块 B 的插舌对准单元模块 A 护翼上的插孔；第二步，完成插入后，将单元模块 B 的插舌沿折线折弯，使插舌顶端的凸起结构对准单元模块 A 底面右侧边缘的锁扣插孔；第三步，将单元模块 B 的插舌顶端凸起结构插入单元模块 A 底面右侧边缘的锁孔插孔，实现插接和锁定。

图 13.23 为五个同样结构的单元模块，按照图示的相对位置互相插接，可以制成本设计方案所能提供的最小尺寸的包装盒。

图 13.20

图 13.21

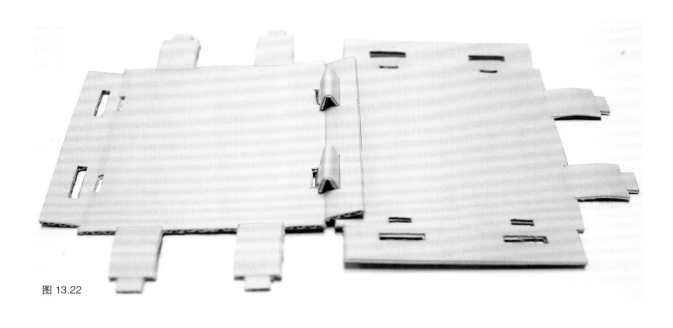

图 13.22

图 13.23

图 13.27 为十二个同样的单元模块，按照图 13.24～图 13.26所示方式互相插接，可以制成的包装盒的底面积远大于单元模块的面积，实现"小纸插大盒"。

图 13.28、图 13.29 为两个单元模块互相垂直时的连接和锁定步骤：第一步，将一块单元模块的插舌 1 沿折线折叠并穿过另一块单元模块护翼 3 上的插孔 4，使插舌伸直；第二步，折叠并挤压插舌 1，使凸起结构 2 插入另一块单元模块上的插孔 5。图 13.30 为两个互相垂直的单元模块实现连接和锁定后的效果。

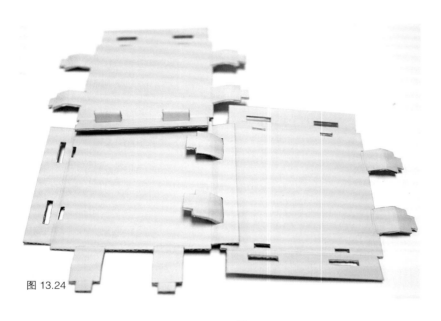

图 13.24

图 13.25

左页
图 13.24　三块单元互相插接
图 13.25　四块单元互相插接

右页
图 13.26　十二块单元互相插接
图 13.27　十二块单元互相插接后

图 13.26

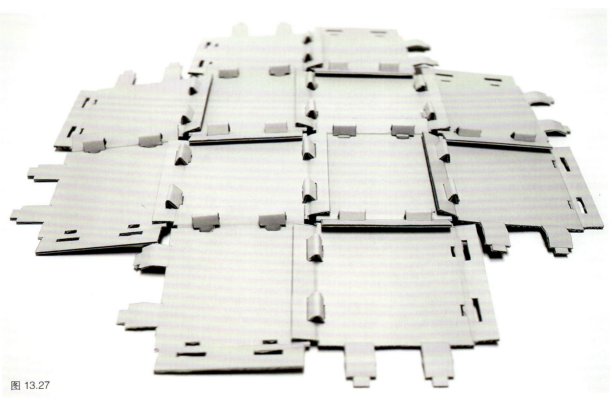

图 13.27

　　　　　　　　　　　　　　　　　第十三章　装具制作中的节约和环保

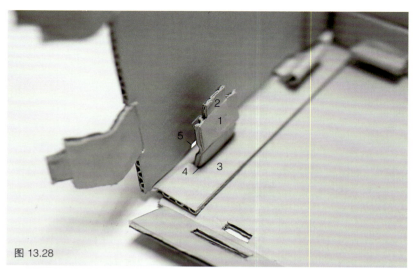

图 13.28

图 13.29

图 13.30

图 13.31、图 13.32 为两个互相连接并锁定的单元模块的解锁和拆解步骤：第一步，一手置于包装盒外壁，用手指向盒内一侧推按锁扣 2（左图），置于包装盒内壁的另一手同时向内拉出插舌 1 并使其顶端锁扣 2 从插孔 5 释放（右图）；第二步，置于包装盒内壁一侧的手指将插舌 1 伸展，另一手同时拉出对应的单元模块，实现两单元模块的拆解。

如图 13.33，单元模块上的结构 1、2 除了上述"锁扣"功能，还兼有盒盖固定"插舌"的功能。图示包装盒的顶面为其可开启的盒盖，盒盖关闭后，通过结构 1、2 来插接固定。如图 13.34，用手指将折叠的插舌沿着箭头方向插入盒盖护翼上的插孔。如图 13.35，盒盖三边的所有插舌都完成插接后，盒盖和整个包装盒被固定，盒盖三边会露出拉手结构 2。

图 13.31

图 13.32

图 13.33

图 13.34

图 13.35

　　如图 13.36、图 13.37，需要再次开启盒盖时，用手指抓住拉手，沿着箭头方向拉出即可。

　　如图 13.38 ～ 图 13.41，本新型纸盒成形技术所提供的单元模块及插接方法，可以实现不限于图示的多种样式及尺寸的包装盒制作。

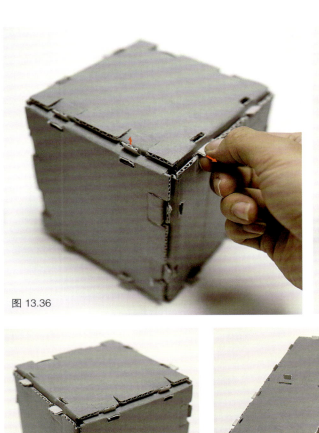

图 13.36

图 13.37

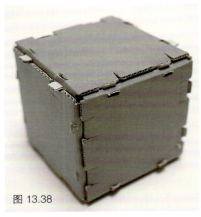

图 13.38

图 13.39

图 13.40

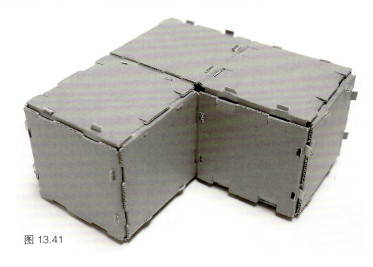

图 13.41

417

如图 13.42～图 13.55，各种样式和尺寸的包装盒，不需要做任何的单元模块的结构改变，只需要更换上述两种插舌的插接方法，即可随意改变开启方式和盒盖位置。

使用者掌握足够数量的单元模块时，还可以自行开发更多的包装盒样式。

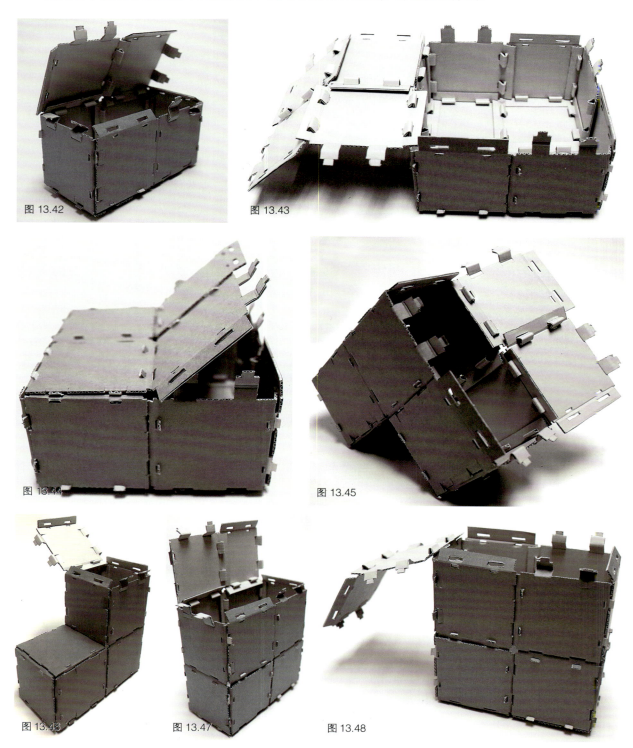

图 13.42

图 13.43

图 13.44

图 13.45

图 13.46

图 13.47

图 13.48

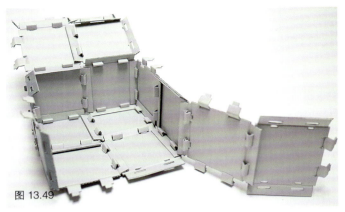

图 13.49

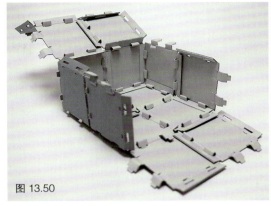

图 13.50

图 13.51

图 13.52

图 13.53

图 13.54

图 13.55

二、改版的使用案例

图 13.56 所示为一件小体量青铜器及若干无酸瓦楞纸板边角料。下面用这些边角料为这件青铜器制作包装盒并配置泡棉缓冲模块。

为便于包装盒的开启，纸盒的三个立壁及底面用四块独立纸板制成，另外一背面立壁和顶盖用一张加长的纸板制成。所有纸盒部件结构及相对位置如图 13.57 所示，各纸盒部件与各泡棉缓冲模块

图 13.56

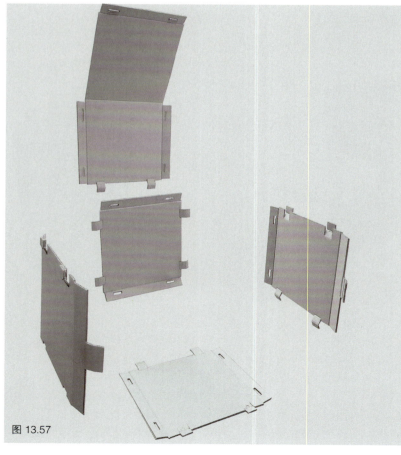

图 13.57

相对位置如图 13.58 所示，所有纸盒部件与泡棉缓冲模块组装后形成文物装具。图 13.59 为所有纸盒部件的平面图，该结构适用于小件包装的插接，插舌结构由上一节所述"凸"字形简化为"日"字形。

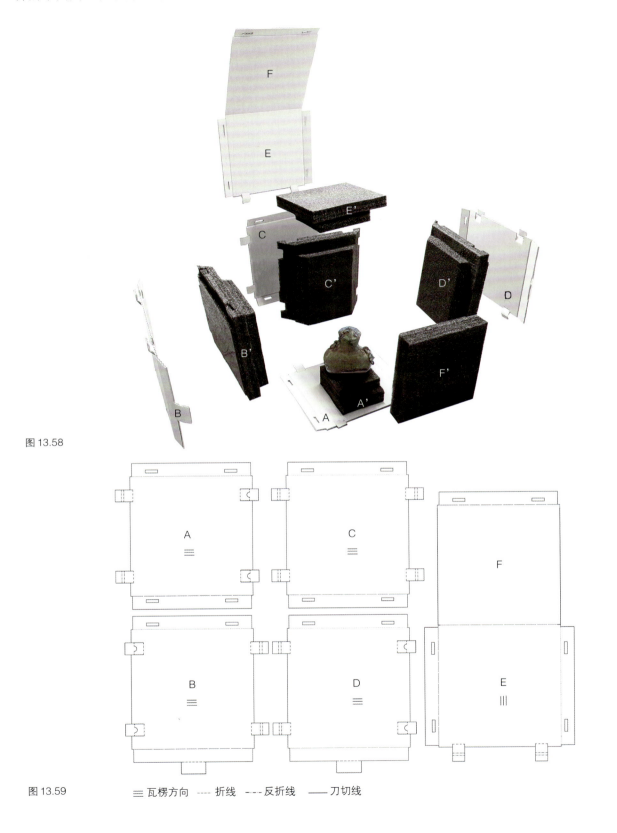

图 13.58

图 13.59　　　☰瓦楞方向　---- 折线　--- 反折线　—— 刀切线

　　　　　　　　　　　　　第十三章　装具制作中的节约和环保

图 13.60 为模块 C'四视图，图 13.61 为模块 B'六视图，图 13.62 为模块 D'六视图，图 13.63 为模块 A'三视图，图 13.64 为模块 E'二视图，图 13.65 为泡棉缓冲模块与对应包装盒部件配合后的效果。其中，模块 A'、E'上开出凹槽，分别用以嵌入器物圈足及器盖，以防器物晃动。

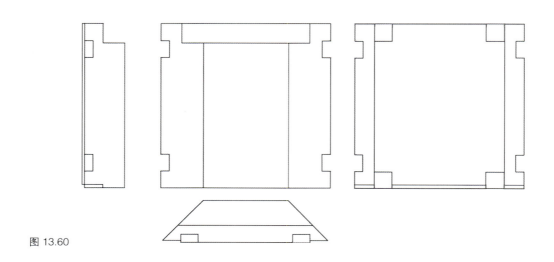

图 13.60

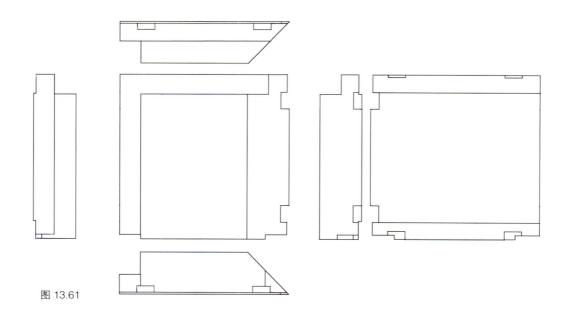

图 13.61

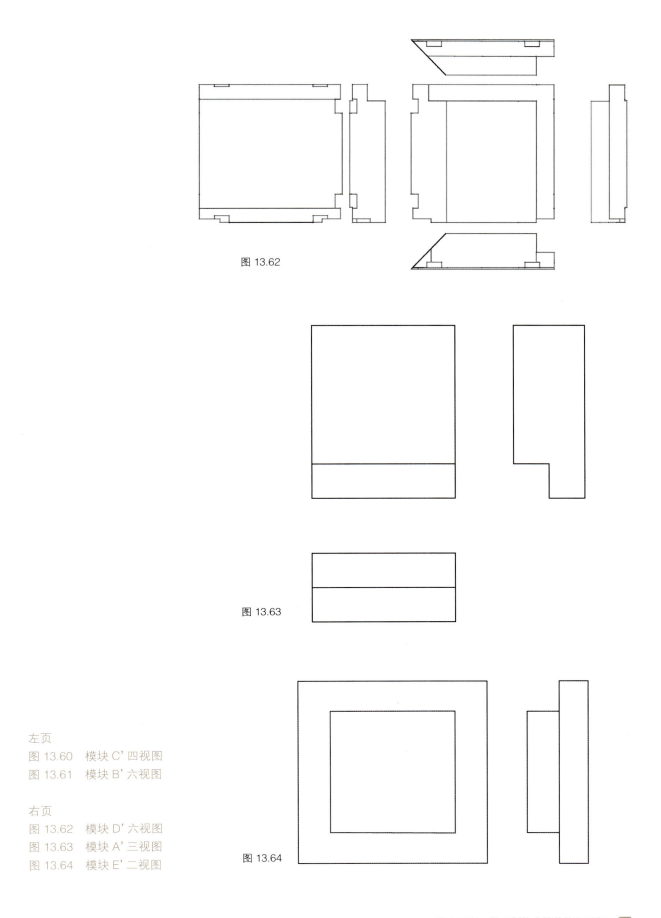

图 13.62

图 13.63

图 13.64

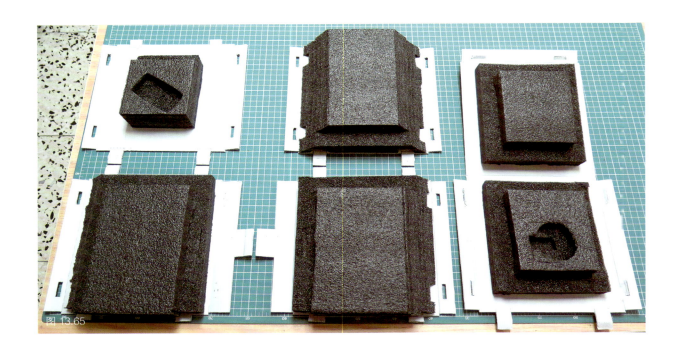

图 13.65

图 13.66 为连接结构细节，左侧纸板带有插扣，右侧纸板护翼
上带有插孔。如图 13.67，将左侧纸板的插扣沿折线折弯后对准右
侧纸板护翼上的插孔并插入到底。如图 13.68，当两张纸板处于互
相垂直的位置关系时，插扣会略微弹起实现自动锁定，将两张纸
板稳定连接。本纸盒各个纸板之间的插扣与插孔皆按照此法操作。

图 13.69 右侧为纸板 A，左侧为纸板 B，将纸板 B 右侧的插
扣沿折线折弯并对准纸板 A 左侧护翼上的插孔。图 13.70 为纸板
A 和纸板 B 连接后效果。如图 13.71，将纸板 A 顶端插扣沿折线
折弯后对准纸板 C 底端护翼上的插孔并插入到底，实现纸板 A 及
纸板 C 的连接。如图 13.72，将纸板 B 及纸板 C 竖立，将纸板 C 左
侧两插扣沿折线折弯后插入纸板 B 右侧护翼上的插孔，插入到底
后，纸板 A、B、C 实现稳定连接，三者互相垂直。如图 13.73，
将纸板 D 左侧两插扣沿折线折弯后插入纸板 A 右侧护翼上的插孔，
插入到底后，纸板 A、D 实现连接。如图 13.74，将纸板 D 向左翻转，
将纸板 C 右侧两插扣沿折线折弯后插入纸板 D 护翼上的插孔，插
入到底后，纸板 D、C 亦实现稳定连接。如图 13.75，将纸板 E 底
部两插扣沿折线折弯并插入纸板 C 顶端两插孔，实现纸板 E—F 与
纸板 C 的连接。

左页
图 13.65　泡棉缓冲模块与对应包装
盒部件配合后的效果

右页
图 13.66　连接结构
图 13.67　插扣插入孔眼
图 13.68　两盒壁连接后
图 13.69　插接纸板 B 与纸板 A
图 13.70　纸板 B 与纸板 A 插接后
图 13.71　插接纸板 A 与纸板 C
图 13.72　插接纸板 B 与纸板 C

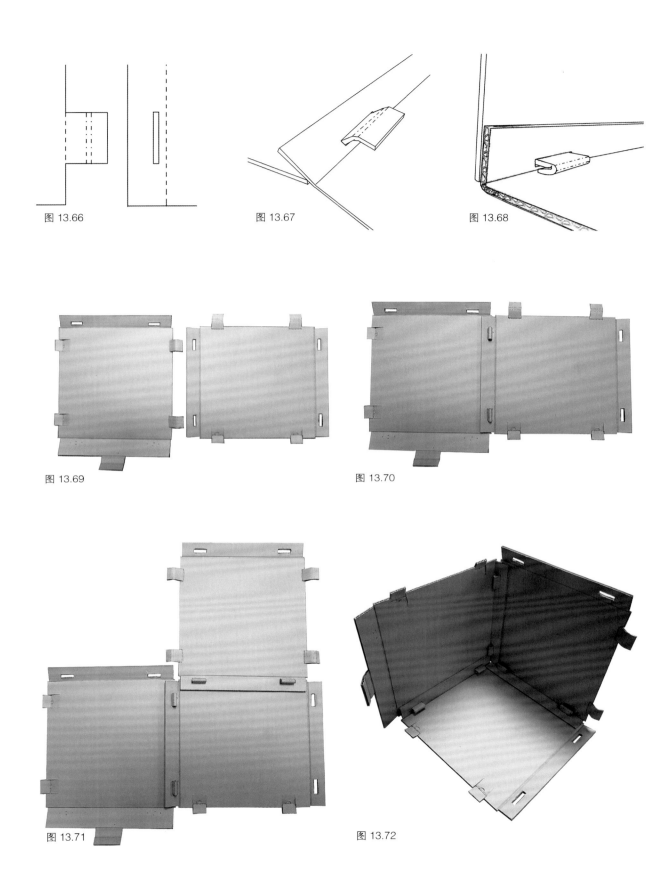

图 13.66

图 13.67

图 13.68

图 13.69

图 13.70

图 13.71

图 13.72

图 13.73

图 13.74

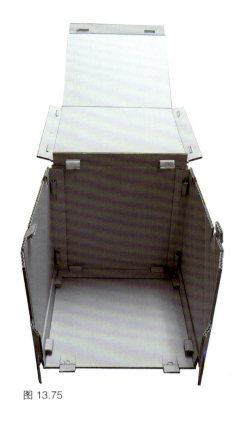

图 13.75

如图 13.76，在包装盒内置入模块 C'，使其与纸板 C 内壁接触，无须使用黏合剂。如图 13.77、图 13.78，置入模块 D' 及模块 B'，使其分别与纸板 D 及纸板 B 内壁接触，无须使用黏合剂。如图 13.79，将纸板 D、B 护翼向内折弯，以固定模块 D'、B'。如图 13.80，置入模块 A'，使 A' 与纸板 A 接触，无须使用黏合剂。如图 13.81，放置小件文物。如图 13.82，嵌入模块 F'。如图 13.83，嵌入模块 E'。

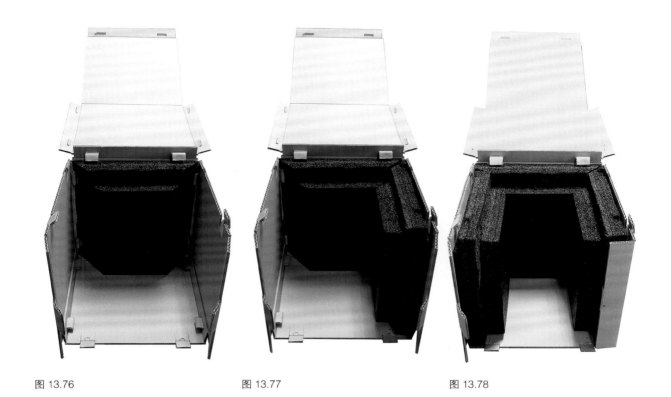

图 13.76 图 13.77 图 13.78

图 13.79 图 13.80 图 13.81

图 13.82

图 13.83

如图 13.84、图 13.85，向操作者方向翻转纸板 E—F，纸板 E 成为包装盒顶面，将纸板 B、D 顶端的插舌插入纸板 E 两侧护翼上的插孔，实现纸板 E 的稳定连接。

如图 13.86，将包装盒翻转 90 度，使 F 面向上，D 面向下，以便操作。

如图 13.87，将纸板 A 顶端插舌插入纸板 F 边缘的插孔，完成包装。

为保证包装盒受力稳定及其内包装物安全，包装盒日常存放、运输过程中，应使纸板 E 朝上，处于纸盒顶面位置。

需要打开包装盒时，依次逆向操作上述程序，使顶盖 E 和前壁 F 被翻开，成为半开放式包装，便于存取被包装的文物。

扫码观看第十三章第二节图 13.80 ～图 13.87
50 秒

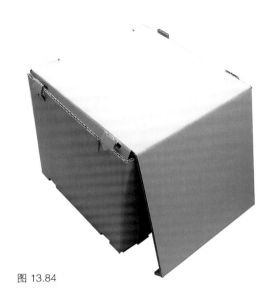

图 13.84

图 13.85

图 13.86

图 13.87

第十四章

展具与装具的系统化与集成化

系统化设计是根据系统（展陈环境及博物馆文物工作流程）分析的结果，设计出最大限度满足上述文物展陈、保管与运输要求的新系统的过程。进行系统化设计时，要同时考虑所要设计的对象系统（文物展具与装具）和围绕该对象系统的环境（可变的展陈环境及博物馆文物工作流程）。为实现这一目标，产品部件要模块化。而模块化设计是在功能分析的基础上，划分并设计出系列化的功能模块，通过模块选择和组合以构成不同产品，满足不同需求。

博物馆文物工作是一个系统性的行为，每个环节都要考虑其是否妨碍其他环节顺利高效地进行。展具设计与制作，不仅要考虑展陈效果和文物在展陈过程中的安全与稳定，还要考虑到撤展后展具的保管、运输等等。例如整体式展具，不具备可拆解性而占用大量空间，撤展后不便于存放，日久混乱不便管理，使得展具的可持续使用性差，通常仅能适应某一次临时展览的需要，如遇外展或再次临时展览，往往需要重新设计制作，造成人力物力不断重复投入和浪费，不但降低了效率，还因文物被干预的次数增多而增加安全隐患。使用系统化与集成化设计的展具与装具，使得撤展后暂时不用的展具能够恢复扁平化状态，与未来可能用到的其他展具模块一同存入文物装具。再次布置展览时，可以根据展览现场的需求，快速完成不同模式的展具与文物的装配，提高博物馆文物工作的效率，减少对文物的干预，确保文物安全。

集成化本是工业领域的概念，是将若干产品或功能集合在一起，而不是一个设备只具备一个功能。这一设计思想同样可以用于文物展具和装具领域，比如通过一定的设计，使展具兼具装具的部分功能。再如将模块化的装具兼作文物维护或展具拆解所需的支架，确保文物在保存与处理过程中受力稳定，预防文物的意外损坏等。

案例一　铜镜及其支架、展块的集成包装

图 14.1 所示为本书第三章第四节所述铜镜的无酸瓦楞纸包装盒，可以将铜镜及其展具一同收纳其中，便于管理及展具的可持续使用。亚克力展托被处理为亚光表面，减少眩光并提供良好的展陈效果，其上开孔以便与支架匹配连接。为了确保未来临时

展览中可以快捷地提供所需亚克力展托，将其一同存入文物装具中。如图14.2，在亚克力展托外侧衬垫缓冲材料，以防碰损。如图14.3，在亚克力展托表面衬垫泡棉缓冲垫，以隔离文物和展托。缓冲垫上做出嵌入铜镜的空间。如图14.4，将铜镜置入装具。如图14.5，在铜镜表面铺设缓冲垫，使铜镜受力稳定。如图14.6，在无酸瓦楞纸盒内置入存放展具的缓冲模块，其上挖有嵌入展具部件的凹槽，将系列化的展具模块装入，合上盒盖，完成展具与装具的集成包装。再次展览时，打开包装盒，按需取用和组装所需的展具模块，快速达成所需的展陈方式。

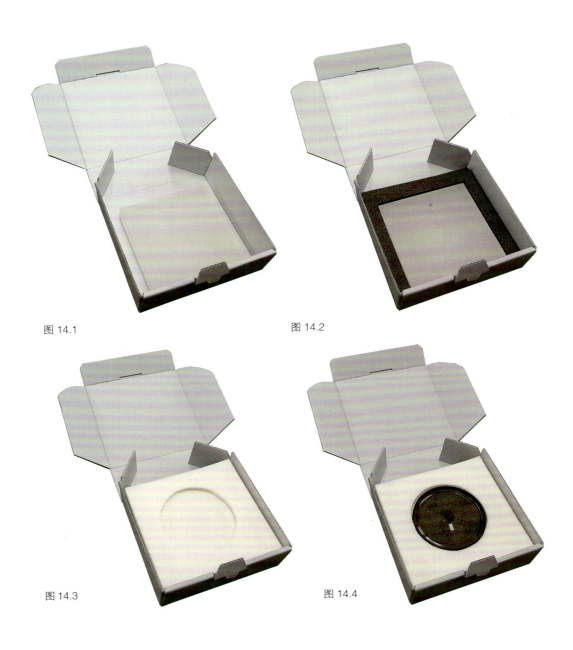

图 14.1

图 14.2

图 14.3

图 14.4

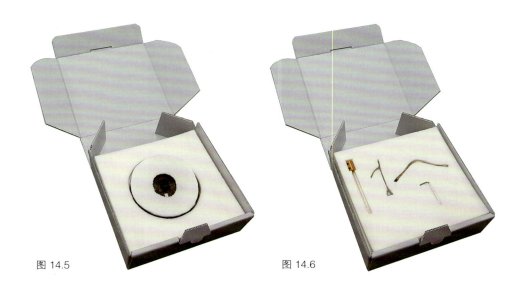

图 14.5   图 14.6

案例二　铜镜及其展托和可调角度支架的集成包装

图 14.7 为一件铜镜及其展托与可调角度支架，所用可调角度支架的结构和用法在本书第四章第三节已经介绍。展览结束后，可调角度支架可以拆解，各个部件恢复扁平化状态。如图 14.8，可将支架部件嵌入文物包装的缓冲垫内，使铜镜、展托与无损瓦楞纸支架共同存放。再次使用文物布置展览时，可根据需要选用展托或支架模块，以合适的方式和角度展示铜镜。

案例三　拓片装裱、展陈与包装的模块化集成

图 14.9 为本书第四章第一节所述之拓片装裱模块的支架拆解后状态。如图 14.10，将拆解后的支架插接模块和拓片装裱模块叠放后，共同置于包装模块上。图 14.11 为翻转后的包装另一侧效果，盒盖上有一挖出圆形透空部分的衬垫模块，可以防止拓片表面凹凸不平的立体纹理被包装盒挤压而变形失真。在拆解支架插接模块时，将此衬垫模块的圆形透空部分对准拓片的图像区域，也可以有效地预防拓片被挤压或者画面被桌面摩擦。如图 14.12，合上盒盖，将插舌插入盒盖上的插孔，完成拓片及其各个模块的包装与存储。通过这一系统化的设计和系列化的模块集成，确保拓片在装裱、展陈、拆解、保管、再处理等全流程工作中的安全，使其在博物馆的各个环节的工作顺利开展。

图 14.7

图 14.8

图 14.9

图 14.10

图 14.11

扫码观看第十四章案例三图 14.9 ～图 14.12
40 秒

图 14.12

案例四　漆器碎片的展示、保存与运输的系统化

本书第八章第二节所述之漆器碎片 3D 打印支撑展具，用以在展览时支撑和固定漆器碎片。展览结束后，漆器碎片需要存入包装盒，以便保管或运输。由于漆器碎片保存状态差，不应使其频繁脱离展具，也不可使其在包装盒内受到挤压和摩擦，以防损毁。如图 14.13、图 14.14，根据这些诉求，3D 打印支撑展具上留有两处位置相对的定位圆孔，用于对穿亚克力定位销。展览结束后，漆器碎片不需要从展具上取下，只要将包装盒中预留的亚克力定位销穿入展具上的两个圆孔，用以连接包装盒内的缓冲模块，即可使展具兼具文物包装模块的功能。图 14.15 是固定于 3D 打印支撑展具上的漆器碎片及其缓冲模块。缓冲模块顶面有三处白色标记，是缓冲模块与展具装配时的定位记号。展具上的三处弹性夹具，需要与三处白色标记对齐，使漆器碎片及其展具可按照预先的设计，准确置入缓冲模块。如图 14.16，将 3D 打印展具上对穿的亚克力定位销插入缓冲模块，使展具、漆器碎片和缓冲模块的相对位置固定，脆弱的漆器碎片不会碰撞乃至接触包装盒内壁和缓冲模块，被稳妥地保存和包装。如图 14.17，泡棉块切掉的一角露出一段亚克力定位销，便于拆装和再次提取文物时拔出亚克力定位销，释放带有漆器碎片的展具模块。展具模块两侧预留有伸入手指的凹槽，便于带有文物的展具的安全提取。如图 14.18 ～图 14.24，将漆器碎片的缓冲模块依次置入包装盒，完成包装，便于保管和运输过程中的文物安全。

右页
图 14.13　亚克力定位销穿入 3D 打印支撑展具

图 14.14　漆器碎片的 3D 打印支撑展具背面

右页
图 14.15　承托漆器碎片的 3D 打印支撑展具及其缓冲模块
图 14.16　亚克力定位销插入缓冲模块
图 14.17　组合为保管及运输模式的各个模块
图 14.18　无酸瓦楞纸包装盒
图 14.19　置入组合模块
图 14.20　置入无酸瓦楞纸隔板
图 14.21　置入另一个组合模块

图 14.13

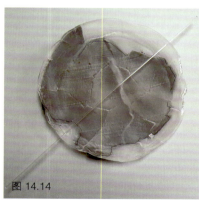

图 14.14

图 14.15

图 14.16

图 14.17

图 14.18

图 14.19

图 14.20

图 14.21

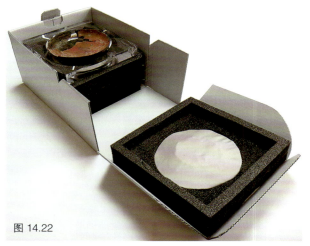

图 14.22

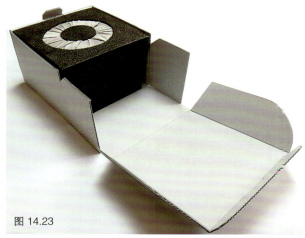

图 14.23

图 14.24

案例五　铜灯的展具与装具集成

图 14.25 为一件保存状态极差的铜灯的底部状态，修复前破碎残缺严重，器物通体矿化，文物本体已呈酥粉状。加固并修复补全后的文物仍然强度不足，使用半透明的日本纸涂 5% 浓度的丙烯酸树脂 Paraloid B-72 丙酮溶液粘贴于文物底面以作加固，才使文物得以稳定。因为其特殊的保存状态，文物展示时，必须在底部衬垫一块透明亚克力垫块展具，防止文物足部的局部受力过大而造成器物再次破损。图 14.26、图 14.27 为文物及其亚克力垫块展具和缓冲包装结构。图 14.28 可见文物在日常展陈时，必须置于亚克力垫块上的状态。如图 14.29，包装时，先将亚克力垫块置于包装缓冲模块上预留的位置。

扫码观看第十四章案例五图 14.26 ～图 14.37

24 秒

图 14.25

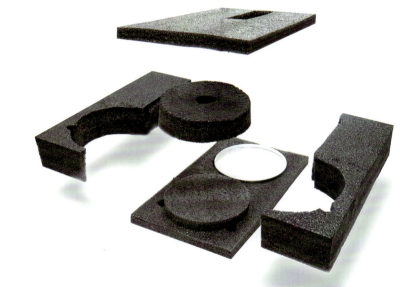

图 14.26

图 14.27

如图 14.30，将文物置于泡棉块衬垫上。如图 14.31、图 14.32，将对开分型的泡棉缓冲模块从文物两侧推向文物，为文物提供侧面缓冲，并承托铜灯的细长柄部。如图 14.33，灯盘内置入缓冲模块，其中央穿孔用于容置灯盘中央的支钉状灯钎，以防其受压损坏。如图 14.34，盖上顶部缓冲盖板，其上透孔用以嵌入铜灯柄部，以防其被压。如图 14.35～图 14.37，插接盒盖，完成包装。文物及其辅助展具被装具统一收纳，再次展陈和提用文物时，将包装盒内预留的垫块展具与文物匹配即可。通过这一集成化设计，不需要在每次临时展览时反复地重新配置展具，在减少浪费的同时，也减少了多次测量制作展具给文物带来的风险。

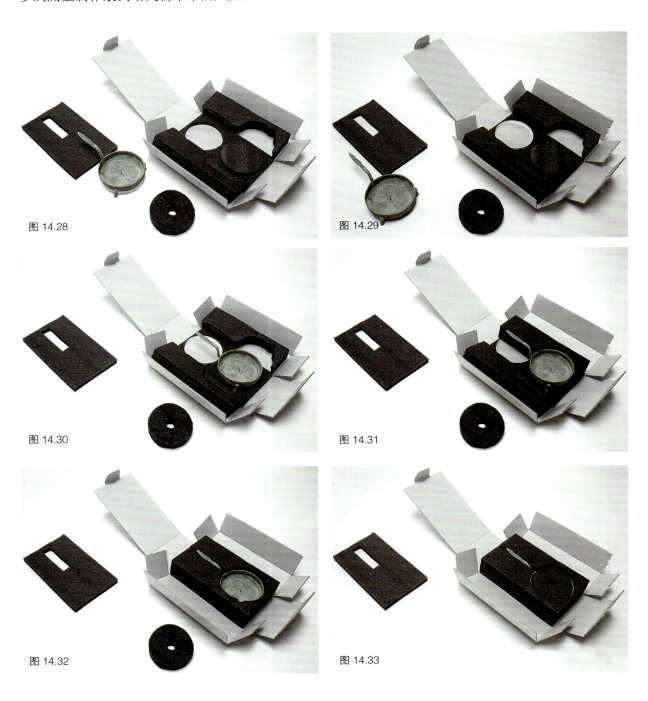

图 14.28

图 14.29

图 14.30

图 14.31

图 14.32

图 14.33

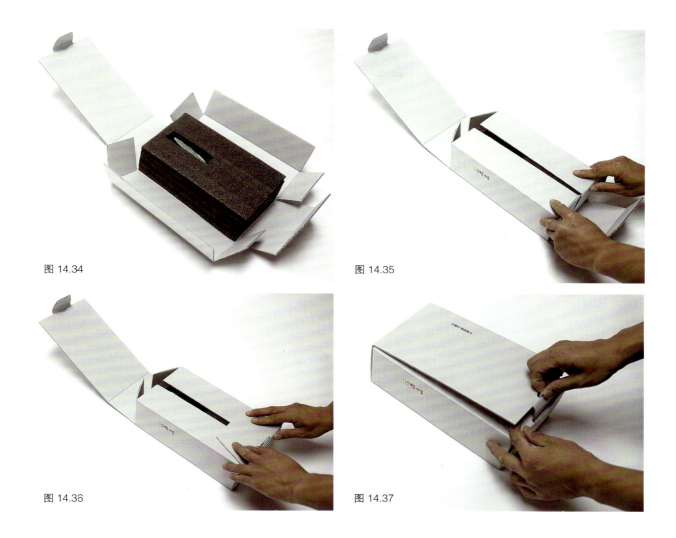

图 14.34

图 14.35

图 14.36

图 14.37

案例六　铜壶的多用途装具

图 14.38 为本书第十一章第三节所述可拆解支撑系统的铜壶案例的装具结构，由一个两侧开口的天地盖式纸盒和十九个泡棉缓冲模块组成。缓冲模块从上至下依次为第 1 ～ 7 层，其中第 1、2、7 层为三个完整的模块，第 3 ～ 6 层皆由四个模块组成模块组。各个缓冲模块按照预定的相对位置装配后，可以为铜壶提供全面保护。

此包装除了具有存储文物的基本功能，还集成了文物保养和检修支架的功能。如图 14.39，将第 1 ～ 5 层模块翻转并倒序放置，可形成容纳倒立文物的型腔，文物装具便可作为文物检修支架。如图 14.40，文物被倒立支撑在用作检修支架的装具上，文物底面向上，露出可拆解支撑系统的外支撑、底部支撑等部件，便于文物保护工作人员对文物进行定期拆解和内部观察，确保内壁未积存冷凝水。如文物内壁发生进一步的病害，检修支架为文物提供安全稳定的支撑，为文物保护工作人员对文物的再处理提供最佳的操作角度。图 14.41 ～图 14.47 为铜壶及其可拆解支撑展具系统的拆解过程，相较于本书第八章第三节所叙述的手持文物进行拆解的方式，用检修支架倒立支撑的文物，更便于操作，且更加安全，将文物日常观察、管理、保养过程中的意外损坏概率减小到最低限度。

扫码观看第十四章案例六图 14.41 ～图 14.43
5 分 19 秒

扫码观看第十四章案例六安装过程
3 分 54 秒

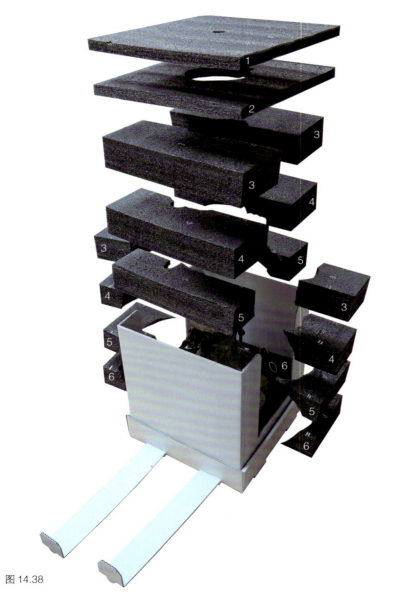

图 14.38

左页
图 14.38　铜壶及其装具的各个模块的相对位置

右页
图 14.39　将缓冲模块组合为文物倒置检修支架的模式
图 14.40　拆解螺丝
图 14.41　拆解外支撑卡扣
图 14.42　取下底部支撑模块
图 14.43　拆解断裂圈足

图 14.39

图 14.40

图 14.41

图 14.42

图 14.43

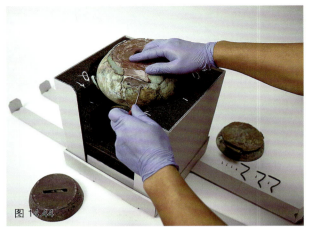

图 14.44

图 14.45

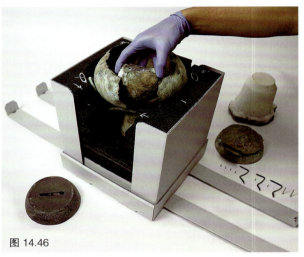

图 14.46

图 14.47

左页

图 14.44　拆解支撑模块连接结构

图 14.45　提出中央支撑模块

图 14.46　拆除侧方支撑模块

图 14.47　安全稳妥地完成拆解以便进一步维护

右页

图 14.48　展台展示方式

图 14.49　器物及其备用展具模块

案例七　提梁壶展陈与保管的系统化解决方案

图 14.48 所示为另外一件采用可拆解支撑展具系统处理的破碎文物，其支撑固定后可以直接摆放在展台上展示，视觉效果的完整性好，机械稳定性得以提升。图 14.49 为其展具模块，包括三叉形黄铜支架、法兰盘和自攻螺丝。如图 14.50，文物底部支撑模块上设置有多用途接口，可以将连接外支撑部件的螺丝取下，再如图 14.51 所示，连接黄铜支架，使得文物以背板展示的方式陈列。需要保管和搬运文物时，先拆除黄铜支架及其固定螺丝，将图 14.52、图 14.53 所示的运输托板与文物底部的支撑模块连接为整体。再配合图 14.54 所示可完全展开包装盒。如图 14.55、图 14.56，当包装盒的四个立壁合拢插接后，运输托板被限定，从而确保文物在包装盒内的稳定，使其不会撞击和摩擦包装盒内壁。本方案适合表面呈酥粉状、不便使用缓冲泡棉做接触式衬垫的文物的存储和运输。

图 14.48

图 14.49

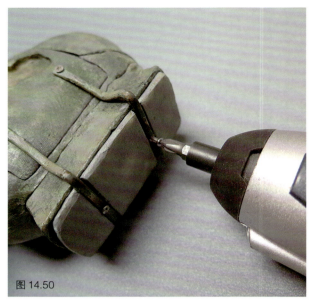

图 14.50

图 14.51

图 14.52

图 14.53

左页
图 14.50　取出螺丝使用多用途接口
图 14.51　背板展示模式
图 14.52　运输托板上的工艺孔
图 14.53　运输托板连接多用途接口

右页
图 14.54　用于在馆舍内存放和搬运的组合方式
图 14.55　运输托板卡扣固定于包装盒底面
图 14.56　文物被非接触式地固定于包装盒内

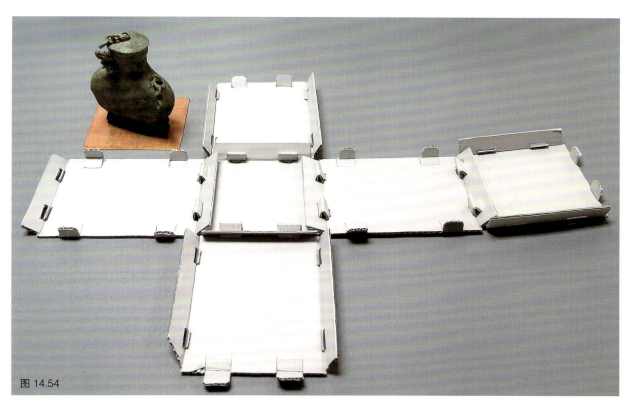

图 14.54

图 14.55

图 14.56

第十四章 展具与装具的系统化与集成化

综上，文物展具与装具采用系统化、集成化的设计，目的是预先为文物提供满足多种展陈需求的展具模块，以便在未来的展览中，能够利用模块化的展具部件快速布展。为了妥善管理和保存相关的模块化展具部件，将其设计为可拆解为扁平化结构，并且与文物一同存入装具，以备不时之需。而装具的设计，也要预先考虑到与博物馆其他工作环节的衔接，比如模块化的缓冲结构便于分层收纳文物及其展具，而对于一些特殊文物，装具还要集成一些特殊功能，便于博物馆其他环节文物工作的开展。总之，展具与装具的设计理念，要争取提供系统化的解决方案，便于博物馆各个工作环节的进行，并确保文物的安全。

参考文献

[1] 刘彦琪. 浅析破碎残缺青铜器的支撑、展陈与保存系统：以合浦文昌塔出土青铜提梁壶为例 [J]. 博物院，2021（4）：116-122.

[2] 刘彦琪，曹宏，王伟华，等. 展陈托架设计制作中的文物保护：兼论托架的系统化与模块化 [J]. 博物院，2020（1）：108-115.

[3] 刘彦琪，王玉芳，郑志利，等. 沧州唐墓出土漆盘残片的修复保护 [J]. 文物春秋，2019（4）：82-89，96.

[4] 刘彦琪. 文物展览用可拆解式黄铜支架的设计与制作 [G] // 祁国庆. 北京文博文丛：2018 年第 3 辑. 北京：北京燕山出版社，1998：93-98.

[5] 刘彦琪. 文物无酸包装的设计与制作 [J]. 华夏文明，2018（10）：31-36.

[6] 刘彦琪，周春水. 致远舰出水加特林机枪结构及安装方式复原研究 [J]. 中国科技史杂志，2017，38（4）：420-429.

[7] 中国书法大字典编辑组. 中国书法大字典 [M]. 北京：世界图书出版公司，1992.

[8] 万如意. 展具设计 [M]. 杭州：浙江大学出版社，2013.

[9] 何人可. 工业设计史 [M]. 4 版. 北京：高等教育出版社，2010.

[10] 苏远，汤伯森. 缓冲包装理论基础与应用 [M]. 北京：化学工业出版社，2006.

[11] 崔占全，王昆林，吴润. 金属学与热处理 [M]. 北京：北京大学出版社，2010.

[12] 时海芳，任鑫. 材料力学性能 [M]. 北京：北京大学出版社，2010.

[13] 李敏. 精密测量与逆向工程 [M]. 北京：电子工业出版社，2015.

[14] 中国就业培训技术指导中心. 锻造工：中级 [M]. 2 版. 北京：中国劳动社会保障出版社，2011.

[15] 乌日根. 焊接技术 [M]. 北京：化学工业出版社，2014.

[16] 于国瑞. 色彩构成 [M]. 北京：清华大学出版社，2012.

[17] 齐玫. 博物馆陈列展览内容策划与实施 [M]. 北京：文物出版社，2015.

[18] 萨马拉. 图形、色彩、文字、编排、网格设计参考书 [M]. 庞秀云，译. 南宁：广西美术出版社，2013.

[19] 刘彦琪，曹宏，王伟华，等. 基于环保与预防性保护理念的博物馆文物展具与装具设计 [J]. 博物馆管理，2021（4）：84-93.

[20] 刘彦琪. 一种免胶粘插接式文物无酸包装盒：201820333235.6 [P]. 2018-10-12.

[21] 刘彦琪. 一种文物展览用夹具：201820318495.6 [P]. 2019-02-15.

[22] 刘彦琪 . 一种文物的可拆解式托架系统: 201920676107.6 [P] . 2020-01-21.

[23] 刘彦琪 . 一种脆弱文物的无酸免胶展托: 201920675698.5 [P] . 2020-01-21.

[24] 刘彦琪 . 一种装裱结构: 202021213851.1 [P] . 2021-05-11.

[25] 刘彦琪 . 一种环保插接纸板包装盒: 202021232207.9 [P] . 2021-03-16.

[26] 刘彦琪 . 一种展陈支架: 202021233722.9 [P] . 2021-03-16.

[27] 刘彦琪 . 一种可完全开放的插接式环保包装盒: 202020887809.1 [P] . 2021-03-16.

[28] 刘彦琪 . 一种纸板插接环保包装盒: 202020887812.3 [P] . 2021-03-16.

[29] 刘彦琪 . 一种可拆解式文物修复方法: 202010597463.6 [P] . 2021-05-11.

[30] 刘彦琪 . 破碎文物支撑系统: 202010637455.X [P] . 2021-09-24.

[31] 刘彦琪 . 一种单元模块及包装盒: 202120768529.3 [P] . 2021-12-14.

[32] 刘彦琪 . 一种展陈空间系统: 202121454674.0 [P] . 2022-01-14.

后 记

2016 年，老父来京小住，当时我买了一个设备箱，因设计有小缺陷，不便使用，于是我用环氧树脂动手成形了改装结构，将它装配好并粘接到设备箱上，改进了不良设计。沾沾自喜之余，把这些小伎俩拿给同样喜欢动手实践的老父看，炫耀如何以"四两拨千斤"的巧妙招数解决了大问题。老父听后，评价说："有好的设计应该申请专利，不然，只在这里和我吹吹牛，并无意义，没有他人知道，也不会有他人从你的改进中受益。"然而，当时我感觉申报专利就如同天方夜谭。2017 年，因为修复项目中完成处理的文物需要长途运输，购买或定做文物装具的计划无法达成，手边现有技术又遇到瓶颈，只好自学包装设计，购买相应材料，自己动手设计了新的包装结构，解决了问题。和老父聊天提起此事，想起老父建议申请专利一事，于是有了尝试申报专利的想法。当年报出了第一项专利申请，次年得到了专利证书。2019 年 5 月，老父病重，我接到母亲电话后订票次日归家。预感此行需要不少时日，当晚整理好了专利申报的说明书和材料并完成邮件递交。归家后，在老父病床前畅聊了近期的工作和所获专利，忆起老父前几年的"英明"决断与建议，还有老父培养我从小动手实践的往事，老父甚是欣慰。两周后，老父病故。

此后，每次遇到展具、装具设计制作中不易解决的难题，总会忆起和老父一同度过的往事，以及老父的忠告和建议。奇妙的是，不久后总会闪现灵感，时常半夜醒来，在手边的"点子本"上勾画草图和简单标注，次日一早到了办公室便开始动手尝试。通过如此方式，现已陆续申报了十数项专利。回想起来，老父的培养和当初的鼓励是这一切的基础，父爱与恩情长留心中，不敢忘怀。

老父去世不久，家中又迎来小儿出生，家务倍增。老娘担心我对工作的投入减少，操劳着家中的大部分家务。尤其是整理此书资料的半年时间，每个下班后的夜晚和大部分周末，我都沉浸于写作，无暇他顾。如果没有老娘与贤妻看护小儿并承担沉重家务，此书的许多内容势必不能实现，成书也不知要耽搁多少年。老娘与贤妻同千千万万勤劳持家的伟大中国女性一样，以默默无闻、不留名姓的另一种方式，为国家贡献着。

写作中涉及绘画和色彩理论的部分时，少时画画老师杨舟在身边启蒙的往事历历在目，此书中许多的绘图，皆因少时绘画训练才可达成。而书中涉及平面设计、工业设计和结构设计的部分，则有赖于在北京理工大学学习期间，老师为我打下的专业基础。这些老师的教育之恩，始终铭记。

2010年硕士毕业前，我的简历被合作研究青铜器的胡东波教授推荐给北京大学考古文博学院，波折再三和数月焦虑后，如愿等到了北京大学人事部的录用通知。假如没有最初的推荐并获得如此优秀的平台，想必本书的诸多思考和实践都无从发生和实现。在工作转移到赛克勒考古与艺术博物馆的这六年多时间，副馆长曹宏，同事王伟华、路菁和后来加入的新同事商晨雯，都在不同方面支持我在展览中文物预防性保护领域的思考和摸索。无此地利与人和的环境，此书中至少半数的案例都无从谈起。

2020年中，我正因许多工作实践和研究的案例不得发表，难以使其在同行间分享交流而愁眉不展，前辈华觉明先生建议我将过往工作整理成书。我受此启发，随后整理了著书目录和大纲。华觉明先生又大力相助，将目录和大纲推荐给了合作多年的大象出版社。我最初的计划颇为宏大，拟将多年来随白荣金先生所学文物修复、随苏荣誉先生所学青铜器研究及工作后的文物保护和展陈工作全部著入书中。事非经过不知难，通过对书籍内容的初步整理，我意识到仅仅将涉及展陈工作的相关内容著述清晰，就需要上千张图片和二三十万字的内容，成书后将有四五百页的体量。于是我调整了著述计划，将有关文物修复和青铜器研究的内容暂且搁置，另行筹划。即便如此，其余内容的著述依然压力不小，仍有许多内容需要补足和完善。由于此书图文并茂，只有采用彩色印刷才能使书籍内容得到更好呈现，更便于读者阅读理解，而这些都需要经费支持才有望实现。

2021年4月，看到北京市科委的"北京工业设计促进专项优秀青年设计人才"项目的通知，我尝试申报了项目支持，提出申报若干展具与装具专利并出版相关专著的计划。意外而可喜的是，自认为难以被关注的小众领域，真的获得了支持。也正因此支持，才使此书的整理、完善、写作和出版得到有力的经费保障。

刘彦琪

2022年5月8日于家中